Collection
TÉMOINS D'AUJOURD'HUI
dirigée par Jacques Le Bodo

HISTOIRE SECRÈTE DU TERRORISME

Charles VILLENEUVE et
Jean-Pierre PÉRET

HISTOIRE SECRÈTE DU TERRORISME

Les juges de l'impossible

PLON
8, rue Garancière
Paris

ISBN 2-259-01576-X

Avant-propos

Un an déjà... au moment où ce livre paraîtra...

Les élections législatives passées, les Français se sont rendormis, dans le trop-plein politique. En cette fin d'après-midi du 16 mars 1986, ils n'ont plus au-dessus d'eux un seul pouvoir politique mais deux... Cela s'appellera la *cohabitation.* A la grande surprise de quelques-uns, à l'immense déception de quelques autres, dans l'indifférence de la plupart, la « chose impossible » — dixit Raymond Barre — se réalise, s'épanouit, s'installe. Et va fonctionner tant bien que mal... de plus en plus mal.

La France profonde des idées toutes faites n'a plus d'idée du tout. Le Président reste de gauche. Le Premier ministre et la majorité parlementaire viennent de réhabiliter la droite. Qu'importe après tout puisqu'ils paraissent s'entendre...

On fera avec...

Seulement, le jeudi 20 mars 1986, à 18 h, au moment même où Jacques Chirac — du perron de son fief, l'Hôtel de ville de Paris — annonce sa nomination (par François Mitterrand) à la tête du gouvernement et qu'il parle de « renforcer les libertés des citoyens, (de...) restaurer la sécurité des personnes et des biens... », un grand bruit se fait entendre sur les Champs-Elysées.

Une bombe vient d'exploser dans l'une des galeries marchandes de la plus célèbre avenue du monde, la galerie *Point Show.*

Le premier déplacement public du nouveau Premier ministre consistera, peu après 20 h, à se rendre sur les lieux. Deux morts, trente blessés, dont huit grièvement touchés, ont laissé quelques traces sanglantes sur ce qu'il reste de vitrines ou de cloisons au centre de la galerie *Point Show*. Heureusement, à cet endroit, parce que l'espace est surplombé d'une sorte de dôme de verre, le souffle de l'explosion a pu être aspiré... vers le haut.

Jacques Chirac est atterré... on le serait à moins. Le seul comité d'accueil qui se soit manifesté pour son « retour aux affaires » — qu'il avait quittées le 25 août 1976, sous Valéry Giscard d'Estaing — porte un nom : *terrorisme*.

Pourquoi ce salut macabre au nouveau Premier ministre ?

Un signal, un message d' « inconnus » qui manipulent la terreur aveugle ? Mais alors, pourquoi ici, en France ? Et qui sont les « inconnus » ? Pourquoi les Français, depuis l'attentat de la rue Copernic, le 3 octobre 1980, sont-ils frappés chez eux, périodiquement ?

C'est ce que cet ouvrage veut expliquer...

Les auteurs.

Prologue :

1986, L'ANNÉE DE TOUS LES TERRORISMES

Fin 1985-début 1986, — un an déjà... un an à peine ! — avant même les législatives du 16 mars au résultat si prévisible, seul le vacarme des bombes terroristes a paru réveiller les Français de leur torpeur.

Avant Noël 1985, le 7 décembre : deux engins ont explosé en fin d'après-midi (1) dans les grands magasins les *Galeries Lafayette* et le *Printemps*. Panique — terreur au vrai sens du mot — de celles et ceux venus là pour acheter les cadeaux des réveillons de fin d'année. Explosif : hexogène. Bilan : trente-cinq blessés dont douze grièvement atteints...

Le terrorisme « aveugle » vient de réapparaître (2)... plus absurde et effrayant que jamais. Une habitude à laquelle les Français ne sont pas faits... Un terrorisme qui ne visant personne en particulier, touche tout le monde. Le 3 février 1986, en pleine campagne électorale, une bombe a déjà explosé dans un lieu public — la galerie *Claridge*, sur les Champs-Elysées (huit blessés dont trois dans un état grave) ; et le même jour, un autre engin explosif a été découvert et désarmorcé à temps sur la Tour Eiffel — symbole mondial, un peu vieillot certes, mais indiscutable de la grandeur française... Le

(1) L'heure est « choisie » : il y a beaucoup de monde et radios et télévisions pourront rendre compte dans leurs journaux de 20 h... Le terrorisme est d'abord « médiatique ».

(2) Le premier épisode en a été, en 1974, l'attaque du Drugstore Saint-Germain par « Carlos », puis les attentats de la rue Copernic en 1980, de la rue Marbeuf et de la rue des Rosiers en 1982, enfin l'explosion de l'aéroport d'Orly le 15 juillet 1983.

lendemain, 4 février, un incendie (consécutif à une explosion) s'est déclaré, toujours en fin de soirée, à la librairie *Gibert Jeune* (quatre blessés légers); et le surlendemain, 5 février, au troisième sous-sol du Forum des Halles, une bombe a explosé dans le magasin *Fnac-sports* (neuf blessés, dont un grièvement atteint)... Partout le même explosif : l'hexogène.

Le 17 mars 1986, au lendemain de la victoire de la nouvelle majorité — celle de la droite —, c'est le TGV Paris-Lyon qui a été attaqué. Dix blessés légers. Encore l'hexogène...

Enfin, en ce 20 mars où Jacques Chirac renoue avec le pouvoir — dans le cadre bizarre de sa cohabitation avec un Président de la République socialiste — il n'y a pas *que* l'attentat de la galerie *Point Show*. A la même heure exactement, dans le RER, un voyageur avisé, Pierre Robinet (un confrère de *Valeurs Actuelles*), ne manque pas de courage en jetant par la fenêtre de son wagon un sac « oublié » par son propriétaire à la station Auber-Opéra... Récupéré sur la voie, confié aux spécialistes, le sac contient un engin explosif particulièrement « vicieux » — l'hexogène encore comme à *Point Show :* la bombe elle-même a été entourée de gros clous... Des milliers de voyageurs sont évacués des stations du réseau.

Des millions de « Parisiens » (plus de dix millions d'habitants sont concentrés dans la capitale et ses banlieues) ont peur... Ne pourra-t-on plus aller dans les lieux publics, prendre le métro, vivre — tout simplement — à Paris ?

***

Jacques Chirac, à peine lue sa déclaration à l'Hôtel de ville, est mis au courant de la situation... Il est « ému et surpris » — nous confiera un membre de l'entourage de François Mitterrand.

Dans le propre entourage du nouveau Premier ministre, on est plus direct : « ... Chirac a été très secoué. Il a pris les attentats pour lui et pour lui seul. Un signal, un avertissement — " tu arrives, on te prévient " — et il a immédiatement pensé, comme tout le monde, qu'il s'agissait du sort des otages français au Liban »...

Dure première soirée pour le Premier ministre...

***

Le mardi 18 mars, vers 20 h 30, chez lui, M. Albin Chalandon reçoit un coup de téléphone de Jacques Chirac. Celui-ci est entré dans une difficile négociation entre les diverses composantes de sa majorité pour la distribution des portefeuilles et — cohabitation oblige — avec le Président de la République qui tient à donner son avis sur ses choix.

Albin Chalandon — qui vient de s'assurer un triomphe personnel dans sa circonscription du Nord — s'entend proposer le poste de ministre des Affaires étrangères... Il ne dit pas non : après tout, c'est une belle fin de carrière pour un homme qui, à 66 ans, est loin d'avoir raté sa vie... Mais ce soir-là, contrairement, paraît-il, à ses habitudes, il ne coupe pas le téléphone. Bien lui en prend. Vers 23 h, Jacques Chirac le rappelle : il ne s'agit plus des Affaires étrangères, mais du ministère de la Justice...

D'évidence, le Président Mitterrand pour qui les Affaires étrangères sont et doivent rester le premier des « domaines réservés », n'a pas voulu de l'ancien patron de l'UNR, Albin Chalandon, à ce poste : trop marqué politiquement, une personnalité redoutable...

Voici donc, le nouveau Garde des Sceaux en ce jeudi 20 mars au soir, saisi à son tour des informations sur les attentats. Et, comme tout le monde — il a lu et lira les journaux unanimes sur ce point — comme le Premier ministre, comme tous les autres ministres, y compris Charles Pasqua à l'Intérieur et Robert Pandraud chargé de la Sécurité, le nouveau ministre de la Justice « enregistre » la simultanéité des explosions avec l'annonce de la formation du gouvernement. Méfiant, cependant, il ne se prononce pas...

Le lendemain, vendredi 21 mars, Pasqua, Pandraud et Jacques Toubon, secrétaire général du RPR, qu'il a conviés à venir partager son déjeuner chez lui, n'ont aucune explication décisive... Les attentats, revendiqués la veille par un « comité de solidarité avec les prisonniers politiques arabes » (1) sont-ils liés au sort des otages français au Liban ? Ou dépendent-ils directement du sort de trois terroristes détenus en France... ?

L'un d'eux, Georges Ibrahim Abdallah, vient d'ouvrir le plus grand feuilleton terroriste que la France ait jamais eu à connaître. C'est avec lui, qu'Albin Chalandon va apprendre, pour une part,

(1) Ce CSPPA a revendiqué déjà l'attentat de la galerie *Claridge*, des magasins *Gibert Jeune* et de la *Fnac-sports*.

son nouveau métier de ministre de la Justice. C'est par lui qu'en septembre dernier, la France a vécu les coups sur coups d'attentats qui devaient faire onze morts en quinze jours (1).

⁂

A l'Elysée, François Mitterrand, lui, n'a pas été « frappé de stupeur »... Question d'habitude. Depuis son arrivée au pouvoir, le 10 mai 1981, il a eu fort affaire avec le terrorisme — et, avec lui, les diverses équipes mises en place pour lutter contre la « Multinationale de la terreur ». De Gaston Defferre bientôt flanqué de Joseph Franceschi, à Pierre Joxe, sur fond de diplomaties subtiles, mais quelquefois contradictoires — ce sera toute l'histoire de ce livre (2) — le régime Mitterrand a « fait face » comme il le pouvait... Le Président et quelques-uns des hommes qui l'entourent en ce 20 mars ne savent tout de même pas très bien, eux non plus, de quoi il retourne. Pas même les vieux « routiers » : Gilles Menage, directeur adjoint de son cabinet qui a pris en main les affaires de sécurité et de terrorisme; Jean-Louis Bianco, secrétaire général de l'Elysée; et Hubert Védrine qui fait le pont avec le Quai d'Orsay. L'expérience, le flair aidant, ils connaissent bien le marchandage aux otages mais ils ne voient pas clairement de rapport avec les attentats.

Robert Pandraud, nouveau ministre de la sécurité n'a lui aucune piste, aucune conviction. Pourtant, ancien Directeur général de la police nationale (jusqu'en 1981) — il a suivi Jacques Chirac comme directeur de son cabinet à la Mairie de Paris — il n'a pas perdu le « fil » avec les affaires secrètes et publiques du terrorisme. C'est lui qui informe, immédiatement, Charles Pasqua, nouveau ministre de l'Intérieur.

Mitterrand et ce qu'il lui reste d'hommes, à l'Elysée, d'un côté. Chirac, Pasqua, Pandraud, Chalandon de l'autre ne « savent » donc pas encore quel est leur adversaire. Classique, en matière de terrorisme, on comprend toujours un peu trop tard. Encore faut-il décider de ce qu'il faut faire. Les Français attendent le nouveau gouvernement, peut-être plus encore que sur les problèmes d'emploi et de finances, sur la question de savoir s'il les débarras-

(1) Voir Epilogue.
(2) Une histoire dont les racines plongent en vérité dans les années 70...

sera une fois pour toutes du terrorisme... Légitime attente. Et pari difficile pour la nouvelle équipe...

*
**

Deux hommes en savent — ou devraient en savoir — plus que quiconque sur la situation en ce printemps 1986.

Deux juges d'instruction au tribunal de Paris. L'un déjà connu, Alain Marsaud, 37 ans, qui depuis les attentats de décembre a été saisi de tous les dossiers de terrorisme.

L'autre, méconnu, Gilles Boulouque, 36 ans, ne sait même pas qu'il sait, qu'il a en main depuis le mois de septembre 1985 le dossier qui explique tout : celui de Georges Ibrahim Abdallah...

Très différents l'un de l'autre — quoique également compétents — les deux hommes se connaissent et s'apprécient... Pas au point de « croiser » leurs informations. Pas encore.

Ancien substitut du Procureur de la République de Paris, Alain Marsaud est passé à l'Instruction, à sa demande, le 4 janvier 1985. Pourtant, la 8e section du Parquet où il exerçait ses talents depuis 1981 est la « section noble » entre toutes — celle des « parquetiers » les plus confirmés de la « magistrature debout », des hommes ayant derrière eux, le plus souvent, des années d'expérience et qui en tirent gloire et prestige... Le substitut Marsaud a d'ailleurs acquis à la 8e section une vraie expérience du terrorisme puisqu'il a « réglé » un certain nombre de réquisitoires sur des affaires aussi retentissantes que les indépendantistes corses du FLNC et les Arméniens de l'ASALA (Armée Secrète Arménienne).

Mais Alain Marsaud, juriste inventif (1), costaud et pétardier s'ennuyait dans l'univers feutré des complots, des rivalités de personnes du Parquet. Rugbyman de cœur, le Limougeot grand et massif ne supportait plus son chef, Laurent Davenas, de dix ans plus âgé que lui, de gauche et de valeur, rouquin à la moustache en brosse. En outre, il se faisait mal au « devoir d'obéissance » des hommes du Parquet à l'endroit de leur hiérarchie : celle du ministère de la Justice. Homme de droite, et l'affichant volontiers — c'est dans sa nature — il a choisi de

(1) Voir Epilogue.

passer au royaume de « l'indépendance » (1) et de « la souveraineté » des juges du siège, spécialement à l'Instruction...

Naturellement, on l'y a boudé... Chiens écrasés, petites affaires de droit commun jusqu'à la fin de l'automne 1985... Le « corsaire » du cabinet n° 83-85 (2) — il y est resté un bon mois — fait parler de lui en publiant à cent dix jours des élections un article retentissant dans *le Monde* (3). Titre : « Pour un Conseil de Sécurité » — un « papier » prémonitoire où il préconise « un traitement politique et judiciaire du terrorisme » et propose pour la France une structure semblable à celle du Conseil national de Sécurité de Washington, le prolongement à quatre jours du délai de garde à vue, et la centralisation des compétences antiterroristes... Le R.P.R., après avoir gagné les élections du 16 mars 1986 — et spécialement M. Jacques Toubon — s'inspirera largement de ces propositions.

C'est ainsi, en tout cas, que le président du Tribunal, chargé de distribuer les dossiers aux juges d'instruction, s'aperçoit tout à coup qu'il existe un juge Marsaud. Lequel sans plus attendre reçoit à instruire les attentats des *Galeries Lafayette* et du *Printemps* le 9 décembre 1985... Une décision inattendue dans l'univers clos et comploteur des magistrats instructeurs du tribunal de Paris. « — Tiens, pourquoi n'est-ce pas Bruguière ou Corneloup qui a été désigné ? » Que signifie ce choix de Marsaud ?

Le Premier juge d'instruction Bruguière, « spécialiste » depuis 1982 des affaires de terrorisme, en ressent, c'est vrai, quelque amertume. Son complice Jean-Louis Debré l'aiguillonne d'autant plus qu'il va quitter la magistrature : il est candidat à la députation dans l'Eure — ô paradoxe ! aux couleurs du RPR cher à Marsaud. Bruguière, qui se veut sage, cache son dépit sous un air d'indifférence à l'endroit du « petit nouveau » (4). Quant à l'autre « grand » du terrorisme, Yves Corneloup, « on » dit au Palais qu'il a avisé le président du Tribunal de son désir de ne plus être saisi d'aucune affaire d'attentats... Calme et serein, Corneloup, comme Bruguière, comme Debré — et maintenant Marsaud et

(1) Théoriquement...

(2) Le cabinet « passe-partout » de l'instruction, qui jouxte les toilettes de la deuxième galerie du Palais de Justice — et sert à tous les juges de cabinet de confrontation. Autant dire que le juge Marsaud n'avait pas de bureau à lui...

(3) N° du 21 décembre 1985.

(4) Bruguière reconnaîtra dès 1986 les qualités de fougue et de sérieux de son collègue Marsaud — lequel rendra hommage à la compétence du premier.

Boulouque — a pu mesurer les difficultés, l'isolement, l'oubli qui accablent les magistrats instructeurs chargés des dossiers de la terreur.

Le terrorisme ? Désormais, tout est pour Marsaud... Du jamais vu ; ce juge d'instruction-ci brise les tabous... Il ne comprend pas grand-chose aux « données » des attentats. Au lieu de faire semblant, il va aux « sources » — forcément politiques selon lui. Et il n'a pas tort. Il va voir Joxe, encore ministre socialiste de l'Intérieur, au lendemain de la salve de février. « Qu'est-ce que c'est que le C.S.P.P.A. ?... Où dois-je mettre mes pieds... Est-ce qu'il y a une négociation secrète sur les otages ? »

Joxe lui-même, malgré le contre-espionnage (DST), les Renseignements Généraux de la Police Nationale — n'en sait trop rien...

Même démarche auprès du ministre socialiste des Relations extérieures Roland Dumas. Au Quai d'Orsay, le juge voit Marc Perrin de Brichambaud, directeur du cabinet. Mêmes questions : réponses plus subtiles. La piste des otages recoupe peut-être la revendication du comité de solidarité avec les prisonniers politiques arabes (*CSPPA*)... Car il vient de se produire, le 5 janvier 1986, un « ratage » en ce qui concerne la libération des otages français détenus au Liban (1).

Et pour couronner le tout — on est en février 1986, à un mois et demi des législatives — le juge Marsaud va tranquillement rendre visite aux « trois prisonniers » que réclame le CSPPA. Une visite qu'il renouvellera dans d'autres circonstances au mois de septembre suivant... 1) Varouj Garbidjian, un Arménien, chef du commando de l'attentat d'Orly du 15 juillet 1983 (huit morts) condamné à perpétuité, détenu à Fresnes ; 2) Anis Naccache, un Libanais aux ordres des Ayatollah de Téhéran, qui a tenté d'assassiner en 1980 l'ex-dernier Premier ministre du Shah, Chapour Bakhtiar, condamné à perpétuité, détenu à la centrale de Clairvaux ; 3) Georges Ibrahim Abdallah — celui des trois qui a le moins fait parler de lui — arrêté (par hasard ?) en octobre 1984 pour usage de faux papiers, inculpé d'association de malfaiteurs, détenu à Fleury-Mérogis...

Sur ce dernier, le magistrat trouve une lettre au texte sibyllin, évoquant les membres d'une grande famille qui — d'évidence — a franchi les étroites frontières du Nord-Liban d'où l'inculpé est originaire...

(1) Voir épilogue.

***

Le juge Gilles Boulouque, placide, résigné, a hérité, dans des circonstances particulières, lui aussi, un dossier Ibrahim Abdallah. Inculpé à Lyon, celui-ci doit y être jugé au mois de juillet suivant... Ce dont le juge Boulouque se trouve saisi, c'est de deux autres informations, à Paris cette fois, concernant des assassinats de diplomates en... 1982. Il ne s'en préoccupe pas, pour l'instant. Il attend le jugement du tribunal de Lyon... Ce jugement, qui interviendra au mois de juillet 1986, et l'intervention du Garde des Sceaux, Albin Chalandon, sur le dossier Abdallah, vont hausser le juge Boulouque au rang de vedette discrète de l'actualité...

Au moment même où, en septembre, la deuxième « salve » d'attentats aveugles à Paris (onze morts, cent soixante-trois blessés dont une vingtaine infirmes à vie) créera une véritable psychose collective.

***

1980, 1982, 1983... C'est à peine suffisant pour comprendre comment et pourquoi le terrorisme s'est épanoui de nouveau, en 1986, sur la terre de France. En suivant dans leurs recherches ces cinq juges chargés des dossiers terroristes qui « marquèrent » l'actualité — attentats de la rue Marbeuf, de la rue des Rosiers, de l'aéroport d'Orly — nous serons obligés d'aller en trouver les fondements largement en amont des faits... Et de mesurer les difficultés — dues pour beaucoup au côté secret de toutes ces affaires — rencontrées par les magistrats instructeurs de l'impossible...

PREMIÈRE PARTIE

Mars-Avril 1982

UNE NOUVELLE VISION DU TERRORISME

Chapitre premier

JEAN-LOUIS DEBRÉ FACE AU COUPLE BRÉGUET-KOPP

Au Palais de Justice de Paris comme ailleurs, les semaines sont longues. En ce vendredi 19 février 1982, pourtant, une certaine ébullition règne dès le milieu de l'après-midi, dans le vaste édifice. Du plus humble appariteur aux plus nobles et dignes magistrats, en passant par les gendarmes mobiles qui assurent la sécurité de cet univers kafkaïen, chez les greffiers et greffières, chacun ne songe plus qu'à refermer ses dossiers pour ne les retrouver que le lundi matin. Parce que, en ce 19 février, il y a — si l'on ose dire — « fête au Palais » : un prétexte parfait pour quitter un peu plus tôt le bureau...

Un procureur de la République adjoint doit en effet recevoir du Procureur Général une décoration : il y aura donc, vers 18 h, au self du Palais un cocktail auquel toute la magistrature — parquettiers et juges du Siège — a été conviée. Vers 16 h, le juge d'instruction Jean-Louis Debré travaille sur un dossier sans grand intérêt. La réception du Procureur Général ne l'excite guère : fils de son père (ancien Premier ministre du Général de Gaulle), les réunions de ce genre, il a connu ça toute sa jeunesse. Les mondanités, si elles n'ont pas une finalité particulière et précise — comme du temps où il était dans les cabinets successifs de Jacques Chirac (1) — lui paraissent superflues. Perte de temps pour ce jeune homme à peine mûrissant qui n'éprouve de plaisir qu'à aller au bout de ses « affaires » — et qui s'est déjà fait

(1) En 1975, notamment, lorsque celui-ci fut pour la première fois Premier ministre.

un nom (1), ou plutôt un prénom. Mais enfin, la « maison, c'est la maison » — et il compte bien faire une apparition au « pot », vers 18 h-18 h 15, s'y montrer dix minutes, présenter ses respects aux Présidents des Chambres et... rentrer chez lui retrouver femme et enfants.

Vers 16 h 30, le téléphone sonne. Madame le juge délégué pour l'attribution des dossiers est à l'autre bout du fil. Mme Chevalier agit au nom de M. Diemer, premier vice-président, représentant lui-même le Président du Tribunal... Au Palais, on délègue beaucoup.

— Allô, bonjour, j'ai là un dossier à vous confier. Le Parquet vient d'ouvrir une information... Il s'agit de deux personnes... l'affaire paraît curieuse...

— A votre disposition, Madame...

— Je vous en remercie... Je vous transmets le dossier immédiatement...

Le mardi 16 février, par le plus grand des hasards — et parce qu'il advient que les vigiles de sécurité des garages fassent correctement leur travail — deux personnages ont été arrêtés. Un homme et une femme qui tournaient autour d'une vieille 504, garée dans le parking souterrain George-V, en ouvraient le coffre, en tripotaient les portières. Comportement curieux, ou banal : s'agit-il de voleurs de voitures ? Les vigiles sont intervenus, ont conduit le couple dans leur bureau. Et voilà que l'homme sort de sous sa veste un pistolet Herstal GP 35, « braque » tout le monde et s'enfuit. A l'extérieur, la police urbaine alertée par l'un des vigiles se lance à sa poursuite. On le rattrape, rue de Berri... L'homme se retourne, brandit de nouveau son arme en direction des policiers. Le pistolet s'enraye... Il est arrêté à son tour.

Fait divers quotidien. Mais qui a pris un autre relief dès que l'on a procédé aux premières investigations : dans le coffre de la voiture, il y avait une mallette. Elle contenait un autre GP 35, des grenades quadrillées et cinq kilos de ce qui pourrait bien être un explosif (2). La Brigade Criminelle est prévenue. Le couple est conduit au 36, quai des Orfèvres. Le commissaire Leclerc et l'un de ses adjoints,

(1) Notamment en démantelant le réseau « Eric Botey » de proxénétisme à Pigalle.

(2) Il s'agissait de 5 kilos de penthrite — un explosif encore rarissime à l'époque, mais dont la suite de l'enquête montrera qu'il avait déjà été utilisé dans l'attentat de la rue Copernic, le 30 octobre 1980. Les années passant, on établira que la penthrite est utilisée par les troupes du *Pacte de Varsovie*, et par les réseaux terroristes d'origine proche-orientale.

Ange Mancini, flairent que la prise est *peut-être* importante. Au moins, pour ce qui est de la voiture, évidemment maquillée et qui contient un tel armement. Ils décident la mise en garde à vue de l'homme et de la femme. Ils n'ont répondu à aucune question, lors du premier interrogatoire. Tout ce que l'on sait, très vite, c'est qu'il s'appelle, lui, Bruno Bréguet et qu'il est suisse ; quant à elle, elle se nomme Magdalena Kopp. Elle est allemande.

Hormis cela, rien. Tout le monde est « dans le bleu ». La presse ne s'intéresse même pas à ce « fait divers » dont les éléments sont à peine exploités dans les colonnes des journaux du lendemain.

C'est ce dossier qu'hérite, en ce vendredi soir 19 février 1982, le juge Jean-Louis Debré. Sa première affaire en prise directe sur le terrorisme. Mais, pour l'instant, il n'en sait rien. Ni lui, ni personne.

***

Vers 18 h, à l'heure même où commencent les festivités en l'honneur du Procureur adjoint, Jean-Louis Debré reçoit successivement en son cabinet Bruno Bréguet et Magdalena Kopp. Les suspects — dont l'un, Bréguet, a tout de même « braqué » un policier — ne font l'objet d'aucune mesure spéciale de sécurité. Des gendarmes mobiles les conduisent tour à tour dans le *cabinet 73*, menottes aux poignets.

Nous ne saurons que beaucoup plus tard ce qui s'est passé alors. Rien de plus simple : Bréguet, refusant de répondre à toute question, s'est contenté d'une brève déclaration : « *J'appartiens à une organisation révolutionnaire internationale. Nous n'avions et n'avons aucune intention de nuire aux intérêts français ni même de commettre aucune action dans votre pays.* »

Décision : mandat de dépôt, poursuite des investigations. Il faut toujours aller au fond des choses. Sinon, à quoi servirait un juge d'instruction ?

Nous sommes aussi à la réception en l'honneur du Procureur adjoint. Il n'est jamais inutile de flâner dans ces réunions souvent assez mornes où, au demeurant, on parle plus souvent du passé que du présent. Prescription oblige...

Et *nous* sommes encore là, vers 19 h, quand Debré, ayant momentanément « bouclé » son dossier, arrive verre en main. A la fois poupin et athlétique, l'œil rieur, il salue d'abord, bien sûr, le nouveau décoré.

— Alors, comment ça s'est passé ? lui demande celui-ci avec une sorte d'impatience.

— Ecoutez... répond sobrement Debré embarrassé. Sous-entendu : « Vous savez bien qu'il n'est pas question que je vous parle *en public* d'une affaire dont je viens d'être saisi. »

Nous sentons qu'il est en train de « se passer des choses ». Et soudain, reprend Debré :

— Pourquoi ? Pourquoi cette question, qu'est-ce qu'il y a de spécial dans ce dossier ?

Le Procureur adjoint d'insister :

— Ils ont parlé ou ils n'ont pas parlé ?

Puis, sentant qu'on les observe et qu'on les écoute, les deux magistrats prennent du champ.

Un peu plus tard, toutes ses politesses faites, Debré s'apprête à quitter le self du Palais. L'un de nous réussit à l'approcher.

— Alors, Monsieur le juge, qu'est-ce qui vous a retenu si tard dans votre cabinet ?

Le juge Debré se montre souvent disert et même prolixe. A condition que ce soit lui qui mène le jeu. Il a horreur des questions directes. Lorsqu'il se trouve ainsi acculé, son regard que l'on trouve habituellement empreint de gaieté, sa face de jeune homme amusé, se figent. L'œil se fait dur, il vous scrute. Les arrondis « charmants » du visage se creusent soudain — quelque chose de son père, du tribun de la « Colère » républicaine, Michel Debré, réapparaît...

— ... Vous savez bien, dit-il, que je ne réponds jamais à ce genre de question.

— Mais, voyons, vous pouvez au moins me dire si vous avez été saisi d'un nouveau dossier ?

— Oui, bien sûr... C'est même peut-être une affaire qui va « chauffer »... Ou alors elle est complètement « bidon »... Deux personnages très bizarres, peut-être des terroristes... Mais je n'en sais pas plus et ne vous en dirai pas plus.

En vérité, personne, en ce vendredi soir, ni le samedi ni le dimanche suivants, ne mesure encore l'importance de la prise.

⁂

Le lundi matin, comme tous les jours, Jean-Louis Debré qui vient de déposer ses enfants à l'école, fait l'ouverture du Palais de Justice. Ombres fantomatiques, dans les longs couloirs des galeries, quelques femmes de ménage finissent de nettoyer le carrelage. Pas un gendarme en vue. Il est 8 h 45 environ. Le juge se sent seul dans un Palais étonnamment désert, non protégé. N'importe qui pourrait s'y déplacer à son aise sans être soumis au moindre contrôle. Ah ! beautés du « secret de l'instruction » : les portes des cabinets des juges instructeurs ne sont munies que de méchantes serrures à quatre sous que le premier « monte-en-l'air » venu ouvrirait en quelques secondes.

Réalité hallucinante : l'énorme édifice où s'entassent des tonnes d'archives sur les affaires passées, où s'accumulent sur les bureaux des magistrats les innombrables dossiers d'affaires en cours... personne ne le garde, au long de ses innombrables galeries (1).

Dans le courant de la matinée, Jean-Louis Debré reçoit le commissaire Mancini jeune responsable de la section antiterroriste de la Criminelle. Il est accompagné de deux de ses inspecteurs chargés de poursuivre l'enquête sur le couple Bréguet-Kopp. Cette pratique du tête-à-tête entre magistrats instructeurs et policiers est relativement nouvelle. Ce sont des magistrats du type Debré qui l'ont instaurée au cours des trois ou quatre années précédentes, dans les affaires de grand banditisme.

Le juge — c'est une doctrine conforme au code de procédure pénale — doit être le « patron » de l'enquête. C'est à lui de l'orienter, d'exploiter tout élément nouveau — éventuellement de transformer un dossier banal en une « affaire » énorme. Pas souvent facile.

Au départ, les policiers ont fait la sourde oreille : Comment ? « On » allait s'emparer de leurs enquêtes, les diriger ? Et ce serait un homme seul, le juge d'instruction, qui aurait cette autorité ? Grincements de dents : atteinte au privilège et au prestige de la police judiciaire...

Mais des magistrats comme Debré — et avec lui Jean-Louis Bruguière, Yves Corneloup, Martine Anzani, Alain Verleene, Jean-Pierre Michau et d'autres... — ont tenu bon. Non pas par défiance envers les policiers — encore qu'il leur ait été donné aux uns comme aux autres d'observer que ceux-ci, souvent, gardent pour eux les résultats de leurs recherches... Non, si Debré ne se contente plus de recevoir « tout ficelés » les dossiers d'enquête de la police, s'il veut intervenir dans les investigations, c'est d'abord parce qu'il en a le

(1) Désormais, mais c'est tout à fait récent, les magistrats instructeurs chargés des « dossiers sensibles » ont droit à la présence devant la porte de leur cabinet, lorsqu'ils s'y trouvent, de deux gendarmes.

droit et, même, qu'il s'en fait un devoir. Le devoir de faire respecter l'indépendance de la magistrature.

Seuls les juges, en effet, sont et doivent être indépendants : les policiers, eux, sont des fonctionnaires. Ils obéissent à leurs patrons. D'échelon hiérarchique en échelon hiérarchique — Préfet de police, Directeur général de la Police Nationale, ministre de l'Intérieur — les policiers reçoivent consignes et directives. En fait, ils dépendent du gouvernement c'est-à-dire du pouvoir politique. Rien de choquant à cela : un gouvernement est fait pour gouverner au nom de ses principes (ou de son absence de principes) ; il est normal qu'un ministre de l'Intérieur exprime auprès de ses exécutants — les policiers — ses grands choix ; il est tout à fait logique que l'expression de ces choix (par exemple : « *Pas de vagues autour des problèmes du terrorisme, nous allons nous y prendre autrement* ») redescende jusqu'au plus humble des inspecteurs.

Oui, mais... Comme leur nom l'indique, les officiers de police *judiciaire* sont aussi *au service de la Justice.* Et la justice dans une démocratie ne doit pas être entravée par quoi que ce soit. Et surtout pas par le gouvernement. C'est ce qu'énonce la Constitution de la République en posant le principe de la « *séparation des pouvoirs* » : l'Exécutif-gouvernement ne doit pas inférer dans le Judiciaire-juges d'instruction, juges des tribunaux : les deux pouvoirs doivent « cohabiter », ou même « coexister » sans que le premier n'exerce de pression sur le second.

Et même — la loi le prévoit expressément — l'Exécutif doit aider la Justice chaque fois que celle-ci le lui demande. C'est ce qui se produit lorsqu'un juge d'instruction (1) donne *commission rogatoire* à des policiers pour qu'ils poussent leur enquête.

Contradiction difficile, donc, entre le métier des policiers et la fonction des magistrats instructeurs. Les fonctionnaires de police sont dépositaires d'une orientation politique générale. Le juge d'instruction exige — il en a le droit, pas toujours ni souvent les moyens — que ces mêmes fonctionnaires *se mettent à son service* en oubliant les ordres « venus d'en haut ».

La présence des hommes de la Criminelle chez Jean-Louis Debré en ce lundi matin signifie bien autre chose que ce strict respect de la

(1) Il a pour mission d'établir (« d'instruire ») le dossier qui sera transmis aux juges du tribunal qui pourront alors, en toute connaissance de cause, former leur conviction sur la culpabilité ou la non-culpabilité du ou des inculpés et rendre leur sentence.

loi. Le magistrat instructeur leur a demandé un entretien — soit : ils ne pouvaient pas le refuser, ils sont « à ses ordres ». Mais, il y a autre chose. Mancini, et ses hommes ne sont pas spécialement connus pour favoriser la thèse « *réconciliation Pouvoir-terrorisme* » (1). Mais, cette fois, se rendre à l'invitation du Juge n'est pas pour leur déplaire.

Ils ont une révélation — énorme, incroyable — à faire au juge Debré, à propos du couple Bréguet-Kopp.

(1) Thèse que l'on croit officielle et qui l'est, en partie, depuis l'élection de François Mitterrand en 1981.

Chapitre II

LE SECRET

Bréguet et Kopp — comme on dit dans le jargon de la « maison » — ce sont « de gros poissons »... Voilà ce que Mancini vient annoncer au juge Debré.

Comment les membres de la SAT (Section Antiterroriste de la Brigade Criminelle) en sont arrivés à cette conviction ? Parce qu'on les en a informés. Et qui les a informés ? Les Renseignements généraux, les services spéciaux français ? La DGSE, la DST ? Absolument pas... Comme d'habitude, dans ces « services », personne n'est au courant de rien. La police judiciaire, depuis belle lurette, agit seule et ignore — étant elle-même tenue dans l'ignorance — ce que savent ou ne savent pas les « spéciaux » du contre-espionnage (1) notamment. La non-communication entre les services — voilà la règle. Elle sera rarement transgressée, aujourd'hui encore en 1986-87.

Les informateurs de la Brigade Criminelle ? Eh bien, ce sont tout simplement leurs collègues allemands du BKA (2). Le BKA est l'une des organisations policières les plus efficaces. Il a introduit l'informatique dans son arsenal de recherche et d'analyse depuis 1970, précisément pour lutter contre le terrorisme (*Bande à Baader*, etc.). Fait significatif : ce sont les Allemands qui ont appelé les Français — et non l'inverse. C'est ce léger détail qui stupéfie le juge Debré. C'est clair : les services spéciaux allemands ont réagi, eux, à l'arrestation du

(1) La Direction de la Surveillance du Territoire (D.S.T.).
(2) Bundes KriminalAnt (office fédéral du crime d'ores et déjà spécialisé dans la lutte antiterroriste).

couple Bréguet-Kopp qui remonte à seulement quatre jours. Les hommes du BKA de Wiesbaden ont fait parler leurs machines à mémoires.

Ce matin-là, confiera Jean-Louis Debré, « ... je suis vraiment tombé de haut ».

*
**

Le jeune juge — 38 ans, docteur en droit — serait tombé d'encore plus haut s'il avait appris, les jours suivants, quelques autres petites choses. Par exemple, la DST était parfaitement au courant de la présence de Bréguet en France, au moins depuis le mois de janvier précédent.

C'est un rapport secret de l'Elysée, transmis par le général Jean Saulnier à Gaston Defferre, ministre de l'Intérieur, au cours du mois suivant l'arrestation de Bréguet-Kopp, qui nous l'a révélé...

Jean Saulnier était chef d'état-major particulier de François Mitterrand. Dans son bureau du 2e étage du 14 de la rue de l'Elysée, il recevait chaque mardi (à la veille du conseil des ministres) tous les hommes du Renseignement. Pilote de chasse, bon buveur de whisky, il était depuis le début du septennat, le « contact » du contre-espionnage avec la présidence de la République. Marcel Chalet, directeur de la DST, n'avait pas d'autre correspondant avec le sommet de la hiérarchie politique française.

Très sympathique, Jean Saulnier n'en est pas moins né « homme du secret ». Il finira chef d'état-major des armées (c'est-à-dire le Premier des officiers français) sans s'être fait un seul ennemi dans les entourages successifs du Président. Les militaires n'aiment guère cet ex-général de droite qui s'est mis au service d'un Président de gauche au point de devenir l'un des « gardiens du temple » élyséen. Jean Saulnier sait très vite par les rapports hebdomadaires de Marcel Chalet, de quoi il retourne avec Bruno Bréguet et Magdalena Kopp. Mais *rien* ne filtrera jamais vers le cabinet du juge Debré. Secret oblige.

Les agents de la DST ont retrouvé le point de chute de Bréguet à Paris (le domicile d'un ancien contractuel de l'ambassadeur de France à Bonn). Deux Allemands le rencontraient souvent : deux anciens de la bande à Baader, Werner Wittman et Katarina Defries. Les mêmes « contre-espions » de la DST ont observé que, le 27 janvier précédent, « Bréguet avait rencontré un personnage qui exerce une intense activité en faveur de plusieurs organisations terroristes. Il s'agit du ressortissant belge L... G... (1) qui avait, dès 1979, des contacts avec un agent palestinien du Fatah, et qui participe à des trafics d'armes au profit de l'ETA (basque)... Il a également des rapports avec les Irlandais de l'IRA... ».

Le rapport précisait encore que G... avait « ... fait récemment un voyage en France en compagnie du financier de l'ETA... (et que) au cours de leur séjour à Paris, ont été détectés des contacts clandestins entourés de mesures de sécurité avec notamment... un journaliste d'extrême gauche... (et) Tony Herbert, Britannique, qui a des liens étroits avec des membres importants de l'ex-réseau Curiel... ». Conclusion : « La surveillance du groupe G... se poursuit en vue notamment de préciser la nature du lien qui l'unit au couple Bréguet-Kopp... Une explication plausible des relations entre le Fplp-os (2) et le milieu ETA politico-militaire auxquelles semblent se rattacher principalement les activités de G... pourrait être l'aide commune fournie aux deux organisations par le Yemen du Sud... Il est établi que des armes et explosifs ont été entreposés à l'ambassade du Sud Yemen, à Paris, à la disposition des organisations terroristes allemandes... »

Certes, le juge Debré eût été bien soulagé dans ses recherches — et, avec lui, les policiers de la section antiterroriste du commissaire Mancini — si, spontanément, on lui avait servi toutes ces informations sur un plateau.

Le personnage de Bréguet en eût pris immédiatement un autre poids, une autre dimension, comme celui de Magdalena Kopp. Mais telle est la règle à la DST : « on » ne livre rien qu'au plus haut niveau politique — et encore peut-on être sûr qu' « on » ne livre pas toujours tout... Il est vrai aussi que cette attitude de secret absolu, de non-coopération avec les autres services de police et la magistrature, peut s'expliquer. Le monde du Renseignement a *ses* lois, *sa* cohérence, et *ses* finalités.

Problème : ces usages contrecarrent forcément ou même paralysent l'action de la justice. L'affaire Bréguet-Kopp est à ce titre exemplaire. La mission du juge d'instruction Jean-Louis Debré qui vient à croiser dans ces parages du « secret » en est rendue impossible.

(1) Nous ne nous hasarderons pas à livrer l'identité de ce personnage qui, à notre connaissance, n'a jamais fait l'objet d'aucune condamnation dans aucun pays au monde.

(2) Front populaire de libération de la Palestine — opérations spéciales. (Nous y reviendrons et souvent...)

CHAPITRE III

PAS DE VAGUES, PAS DE VAGUES...

Le juge Debré, rentrant chez lui ce soir-là, ressasse son dossier... Il ne pense qu'à ça : comment, pourquoi est-ce qu'il a fallu recourir aux services allemands pour en savoir un peu plus sur le couple Bréguet-Kopp ? Pourquoi les « services » français n'ont-ils eu rien à en dire ?

Il allume cigare sur cigare. Nerveux, déterminé. Lorsque sa femme lui annonce, à son arrivée, qu'ils vont sans doute devoir quitter leur appartement (sur le Palais-Royal), la Banque de France faisant de nouvelles pressions pour s'emparer de l'immeuble, Jean-Louis Debré ne parvient pas à fixer son attention sur ce problème domestique pourtant crucial.

Il appelle son ami Jean-Louis Bruguière, 39 ans, lui aussi juge d'instruction au tribunal de Paris. Bruguière n'est pas chez lui. Debré, en fin d'après-midi, s'est rendu dans le cabinet de son « collègue », qui jouxte le sien. Celui-ci était en pleine audition sur une affaire d'ailleurs sans importance ; mais les deux hommes n'ont pas pu bavarder.

Ils se voient dès le lendemain matin.

Ils ont pris l'habitude de se consulter l'un l'autre à l'occasion des grandes affaires dont ils ont été saisis depuis plusieurs années : proxénétisme, drogue, banditisme. Ils n'ont, en fait, qu'un point commun : un désir rigoureux que soit respectée et accomplie, dans les règles, leur mission de juge d'instruction.

A part cela, tout les sépare. Ils se sont connus par hasard (1).

En dehors de ce que l'on pourrait appeler leur « fraternité professionnelle », leur sens commun du Droit et du bon usage qu'il *faut* en faire, tout les différencie.

L'un, Debré, est le pur produit d'une grande bourgeoisie parisienne. Authentique et de qualité. Un grand-père paternel, célèbre professeur de médecine, un grand-père maternel architecte, patron de l'école nationale des Beaux-Arts, un père ancien Premier ministre, ancien ministre des Finances, ancien ministre de la Défense. Le jeune homme n'aime pas les mondanités vaines. Il n'en est pas moins un mondain, au vrai sens du mot. Il connaît les rouages, les interactions, les « combines » de la société contemporaine. Il les connaît en « politique ». On n'est pas impunément l'héritier de l'une des plus grandes voix du gaullisme.

Rien du nouveau riche. D'ailleurs, à ses débuts dans la carrière de juge d'instruction, il a demandé à être spécialisé dans les affaires financières. Pour traquer les gagne-petits de la haute finance, débusquer les tricheurs que l'on appelait jadis les B.O.F. (beurre, œufs, fromages), fraudeurs, spéculateurs abusifs, finissant par gagner gros illicitement. Mais, il ne dédaigne pas les multiples conforts BC-BG de son héritage : son appartement du Palais-Royal est le modèle d'une classe à la fois discrète pourtant aveuglante : un soupçon de désuétude qui laisse le visiteur rêveur. Ses enfants — deux garçons, une fille — sont parfaits de bonne tenue. Un peu de tennis, un peu de piscine, des maisons de week-ends en Normandie, en Touraine (chez papa), des relations choisies... et un ami disparu. L'un des seuls vrais amis de J.-L. Debré : Aymeric Simon Lorière, qui fut député maire de Sainte-Maxime et qui, gravement accidenté au volant de sa voiture a fini par se suicider.

Bruguière — ainsi va le monde, il se prénomme également Jean-Louis — c'est aussi la tradition ; mais plus à l'antique et complètement paysanne. A la différence de Debré, il n'aime pas le monde. Personne ne sait où il habite. Peut-être suffirait-il de le lui demander — mais une telle idée paraîtrait incongrue. Latiniste, helléniste — aujourd'hui encore, par plaisir, il lit Homère dans le texte — il vit sa vie dans le secret le plus absolu. Des femmes ? Oui, il semble. Mais jamais marié. De vieux parents dans la banlieue sud de Paris, qu'il

(1) Bruguière effectuait son service militaire au cabinet de Michel Debré, ministre de la Défense en 1973. C'est ainsi qu'il rencontra et se noua d'amitié avec Jean-Louis Debré qui se rendait fréquemment auprès de son père.

voit régulièrement — un père ancien haut magistrat à la retraite, lui-même successeur d'une lignée de six magistrats. Et un arrière-fonds de terroir du Sud-Ouest, à la fois épicurien et méfiant, prudent de tout, avisé de tout mais n'en disant rien.

Debré fume le cigare : symbole de sa connivence et de son intégration dans la collectivité sociale. Bruguière fume la pipe. Méditatif, renfermé, on le trouve souvent dans l'attitude des vieux bergers béarnais. On ne peut que les laisser à leurs rêveries. Debré : tennis et piscine — activités où l'on voit du monde, où l'on côtoie les autres. Bruguière fait de l'avion : on y est seul, ou, au pire, en compagnie d'un moniteur. Dans l'espace, au-dessus de la mêlée des autoroutes...

On pourrait poursuivre à l'infini la comparaison des deux personnages. Résumons : l'un, Debré, est un extraverti total. Il sait pourtant ne pas sombrer dans le parisianisme qu'il a la capacité, au demeurant, de parfaitement utiliser. Bruguière : un introverti presque aussi absolu. Il ne dédaigne pas les dîners en ville — à condition de n'avoir pas à se soucier de l'addition. Mais il y joue alors le même rôle : méprisant les papotages, enregistrant les informations sans jamais en donner aucune — un verre de whisky ou de bon vin, un regard de connivence avec son interlocuteur, voilà qui suffirait presque à décrire sa relation avec « le monde ». En tout cas, c'est à peu près tout ce qu'il en montre...

Jean-Louis Debré, homme d'habitudes, fait souvent l'ouverture du Palais de Justice. Bruguière, lui aussi est homme d'habitudes, mais pour ses libertés. Il arrive au Palais quand il en a décidé. Sans prévenir : un juge d'instruction n'a aucun compte à rendre à qui que ce soit sur son emploi du temps. L'usage judiciaire lui laisse le loisir de mener ses investigations où il le veut, quand il le veut, comme il le veut.

Ce matin-là — nous sommes le mardi 23 février 1982 — Bruguière ouvre la porte de son cabinet vers 10 h 30 (1). Debré, du bureau à côté, l'entend. Il se précipite.

— Tu sais ce qu'il m'arrive ?

— Hum hum, répond l'homme à la pipe. Bien sûr, « on » m'en a parlé. Mais qu'est-ce que c'est que cette affaire ?

— Du sérieux. Debré a pris son regard rigide. Jusque dans son

(1) Le ciel, plafond bas, l'aura sans doute empêché d'effectuer son entraînement de pilote I.F.R. (vol aux instruments : pas d'amateurisme !).

port de tête, dans ces moments-là, il rappelle les effets de tribune de son père. Du sérieux... répète-t-il devant un Bruguière massivement calé dans son fauteuil et dont seuls les yeux montrent une mobilité qui est celle de l'esprit en alerte.

— Pourquoi du sérieux ?

— Eh bien parce que j'ai, par le BKA, un début de fiche signalétique de mes deux inculpés. Et leur « back-ground », ce n'est pas rien...

— Comment ça ? Tu les as inculpés ? Quel est le délit ?

— Transport d'explosifs, détention d'armes, tentative de meurtre sur un vigile du parking George-V... Mais ce n'est pas cela le plus important. Le plus important, c'est que j'ai eu mes tuyaux par le BKA allemand. Ici, personne n'a bougé. Mancini et ses hommes enquêtent mais je reste sceptique. Si les Allemands du BKA ont pris l'initiative de nous prévenir c'est qu'ils avaient été alertés par leurs propres services de renseignements. Et nous, et moi, qui suis chargé d'instruire, je n'ai rien en provenance des Français... Toi, le Sioux, qu'est-ce que tu ferais à ma place ?

Lorsque le juge Bruguière sourit, on ne sait jamais trop s'il se moque de lui-même ou de son interlocuteur. Bruguière sourit, se racle la gorge comme à l'accoutumée, avale la moitié des mots qu'il énonce (la dernière moitié se perd dans un murmure) :

— « On » a déjà fait pression pour que tu laisses tomber ? Mon sentiment à moi, c'est qu'il faut que tu fonces... Après tout, les terroristes ne sont que des criminels comme les autres, inclus dans un « milieu »... Plus tu en apprendras par Mancini et la SAT, plus tu « remonteras », mieux ce sera. C'est ça notre boulot, et il est toujours payant, tu le sais bien...

— « On » n'a pas fait pression, pas encore, répond Debré. Mais les « spéciaux » ne se sont toujours pas manifestés. On nous prend pour des imbéciles ou quoi ?

— Oui, murmure Bruguière.

⁂

De fait, jusque-là, les journaux n'ont fait aucun sort particulier à l'arrestation de Bruno Bréguet et de Magdalena Kopp. Etrangers n'ayant commis aucun délit — excepté la tentative d'homicide non encore établie contre le vigile du parking — les « terroristes » n'intéresseraient guère le grand public. C'est donc dans l'indifférence générale que les hommes du commissaire Mancini se sont mis au travail.

Le climat social, il est vrai, favorise cette indifférence. Il n'y a même pas un an que le nouveau pouvoir socialiste s'est mis en place.

Une allégresse bien réelle s'est emparée de millions de Français, bien plus, il faut le reconnaître, au nom du « changement » que par satisfaction idéologique. Même dans les rangs des adversaires politiques de François Mitterrand, nombreux sont ceux qui disent : « Après tout, voyons les socialistes à l'œuvre : il en sortira peut-être quelque chose de bon... » C'est l'état de grâce, qui perdure en ce mois de février 1982.

Dès le 4 août 1981, le premier Garde des Sceaux du gouvernement socialo-communiste, Maurice Faure (1), a fait voter deux lois à l'Assemblée. La première était une loi d'amnistie qui visait les auteurs de délits antérieurs au 22 mai, et, notamment, les auteurs « d'incidents d'ordre politique ou social » n'ayant pas entraîné mort d'homme. Un texte qui concernait tous les membres des réseaux ultragauchistes, *maoïstes*, *Action Directe*, détenus dans les prisons françaises, pour la plupart condamnés par la Cour de Sûreté de l'Etat. Etrange coïncidence des dates : celle du 4 août 1789 où la première Assemblée Nationale de la France a procédé à « l'abolition des privilèges » (sur proposition d'un député de la noblesse, le vicomte de Noailles) ; et ce 4 août 1981 où un ministre radical-socialiste, ardent défenseur de la vertu républicaine, réputé franc-maçon, et entraîné dans l'envolée de la gauche fait voter ce que l'on pourrait bien appeler « la restitution des privilèges » aux « terroristes » qu'on se garde bien d'ailleurs de qualifier aussi précisément. C'est la politique du grand pardon.

La deuxième loi que M. Maurice Faure a fait voter en ce 4 août 1981 concernait la Cour de Sûreté de l'Etat, purement et simplement dissoute. Sur le fond, personne n'y a rien trouvé à redire. Et spécialement dans la magistrature : les corps judiciaires, en France, n'aiment guère les juridictions d'exception. Créée par le Général de Gaulle pour sanctionner ce qui avait été, dans les années 60, le

(1) Maurice Faure n'est resté Garde des Sceaux que du 22 mai au 22 juin 1981, pour être remplacé par Robert Badinter, président du Conseil constitutionnel depuis 1986. Le texte de la loi n'en a pas moins été présenté au nom de M. Faure devant les Assemblées.

« terrorisme » de l'OAS (1), la Cour de Sûreté, depuis lors, ne servait plus guère qu'à juger les affaires d'espionnage et d' « activisme »... Appareil d'Etat, fait pour servir l'Etat, comme toute juridiction d'exception, cette cour ne pouvait prétendre jouir de la fameuse indépendance du Judiciaire par rapport à l'Exécutif... La décision de la supprimer n'est pas sans retombées immédiates, ni sans lien avec la loi d'amnistie.

Jusqu'ici, en effet, c'était la Cour de Sûreté de l'Etat qui avait à connaître des méfaits « activistes » ou « terroristes ». Ce qui revenait à conférer à leurs auteurs un label « politique » en quelque sorte ennoblissant, et, du même coup, souvent, à les protéger de trop de rigueur. Les dernières condamnations qu'elle a prononcées ont pour la plupart été étonnamment laxistes — qu'il s'agît des autonomistes corses, bretons, basques ou d'un certain nombre de personnages qui se réclamaient depuis mai-septembre 1979 d'un mystérieux mouvement *Action Directe* (2).

C'est que le précédent régime, celui de Giscard d'Estaing, s'était étonnamment complu dans un certain libéralisme de principe envers les « terroristes ». La hantise de voir s'instaurer en France un activisme ultra-anarcho-gauchiste à l'italienne ! Pour éviter cela, une idéologie assez confuse. Les services de police s'en plaignaient déjà amèrement. En résumé : « N'entrons pas dans le jeu terroriste... Coupons autant que faire se peut le cycle provocation-répression... Moins on aura à punir, moins on punira, plus tôt sera retrouvée une situation d'équilibre. » D'où la relative clémence de la Cour de Sûreté et même — en amont — certains freins mis à l'action des services de police.

En ce 4 août 1981, c'en était fini de tout cela. Les auteurs d'exactions — bientôt de crimes — terroristes ne pourraient plus venir haranguer les foules depuis leur banc d'accusés, étaler leurs idéologies « politiques » au demeurant souvent confuses, pour contourner la justice. Désormais, la Cour de Sûreté de l'Etat n'existant plus, ils seraient poursuivis, interpellés, jugés comme n'importe quel délinquant ou criminel de droit commun.

(1) Organisation de l'Armée Secrète, créée en 1961, en Algérie après le putsch des généraux contre la politique du Général de Gaulle qui devait aboutir à l'Indépendance.

(2) 1er mai 1979 : Mitraillage du CNPF. 1er septembre 1979 : Mitraillage du ministère du Travail. Selon nos sources, le premier attentat est « imputé » à *Action Directe*. Le deuxième, seul, a été revendiqué et signé par la nouvelle organisation.

Fait capital pour la suite de l'histoire — secrète et publique — du terrorisme en France. Car ont ainsi surgi des oubliettes où le système judiciaire les avait jusqu'ici plongés des hommes étonnants, les juges d'instruction.

***

L'inspirateur de ce train de lois est un personnage hors série. Il a été appelé, dès sa constitution, au cabinet de Pierre Mauroy, au titre de conseiller technique. Personnage difficile à comprendre, discret et même secret. Idéologue passionné. Il s'appelle Louis Joinet.

A son arrivée au cabinet de Pierre Mauroy, Louis Joinet a 48 ans. Il n'a jamais été inscrit dans aucun parti politique — en tout cas pas au Parti socialiste. Pourquoi, alors, le Premier ministre fait-il appel à ce magistrat ? Parce qu'il est un spécialiste, reconnu, des problèmes des relations internationales : expert auprès de la commission des droits de l'homme des Nations Unies (1) sur les problèmes de reconnaissance ou tout simplement d'identification des mouvements de libération nationale du tiers-monde.

En somme, c'est un habitué des micro-univers « périphériques », qui visent à s'intégrer dans le concert planétaire. S'agissant du terrorisme international — qui se réclame si souvent d'objectifs analogues — Joinet, dès son arrivée à Matignon, se trouve tout naturellement placé en première ligne. Et il impose, de sa voix à la fois métallique, rapide et toujours retenue (les murs ont des oreilles) sa conception générale : il faut dialoguer, surtout dialoguer. Indirectement lorsqu'il s'agit de mouvements terroristes.

L'appartement qu'il occupe avec sa femme (médecin, spécialiste de la réinsertion des toxicomanes) est ouvert à toutes les marginalités. Les services de police ne tardent pas à s'en émouvoir et à taxer le couple Joinet de gauchisme crapuleux.

La réalité est plus complexe. L'homme, certes, préconise la stratégie de l'amnistie. Mais il la complète et la justifie par un autre objectif : la dissociation des malfaiteurs de leur milieu d'origine et

(1) Il a travaillé aussi auprès du Président Allende, en 1973, à l'élaboration de la constitution chilienne. Il est l'auteur d'une expertise sur le « Génocide arménien ». Il a également été consulté par les *Monteneros* uruguayens à la recherche de leur reconnaissance internationale — qu'il n'a d'ailleurs pas pu leur établir juridiquement, ce qui lui a valu des menaces de mort — ainsi que par l'ETA basque, dans le même but.

leur « normalisation » dans la société. En fait, Joinet — certains « spécialistes » le reconnaissent volontiers aujourd'hui (1) — agit comme une sorte d'agent de renseignements, qualification qu'il n'aimerait pas se voir attribuer, mais qui est objectivement vraie.

Fils d'un épicier de Nevers, dans une famille de 6 enfants, il a reçu une éducation religieuse et a fait son droit. Mais il a voulu — par vocation — être « éducateur de rues » à l'époque des « blousons noirs » (il avait 18 ans). Il est devenu, après son passage à l'école nationale de la magistrature l'un des fondateurs du Syndicat de la Magistrature (que la droite traditionnelle récuse). Louis Joinet n'est pas fondamentalement un « négociateur » : il n'admet pas le crime. Il applique en solitaire — et personne ne le comprend, jusque dans son entourage politique — sa « stratégie de récupération ». Tout mouvement subversif abrite des « durs » irréductibles, et des « mous » normalisables. Joinet agit pour mettre ces derniers à l'écart, ce qui ne peut que déstabiliser les premiers. Il y réussira avec une partie des deux cents *Brigadistes* italiens réfugiés en France, et avec une fraction de l'Asala arménienne (2).

Mais cette stratégie « Joinet » immédiatement mise en application par les lois du 4 août 81 est doublement mal comprise.

D'abord par la plupart des corps de la police, et une grande partie de la magistrature qui reprochent aujourd'hui encore au gouvernement Mauroy d'avoir amnistié les membres d'*Action Directe* et d'avoir également libéré les soixante Corses du FLNC emprisonnés.

Ensuite par le public, y compris les socialistes les plus convaincus, qui ne voyaient dans les nouvelles lois que les premiers couplets de l'hymne à la joie de la Gauche au pouvoir. Sur le thème : les « activistes », ultra-gauchistes, ex-maoïstes, ex-GARI, etc. sont tout de même de gauche. Ils comprendront que notre politique du pardon est due au fait que notre pouvoir est lui aussi de gauche. Des hommes de gauche, même anarchistes, ne vont tout de même pas s'attaquer à un état qui veut revitaliser les valeurs traditionnelles de la gauche : justice sociale, justice économique, justice internationale par l'aide aux pays les plus pauvres, etc. Ne sommes-nous pas en train, nous aussi, par des voies légales, de saper l'ancien état bourgeois par les nationalisations, la réduction et l'abaissement du temps de travail,

(1) Et notamment M. Yves Bonnet, patron de la DST de fin 82 à mai 85, ainsi que plusieurs membres de ce service spécialisé dans le « renseignement » et la « déstabilisation » d'agents étrangers dont l'activité se révèle nuisible au pays.

(2) Armée Secrète Arménienne pour la Libération de l'Arménie.

l'abaissement de l'âge de la retraite ? Il serait inconcevable que le « terrorisme » de gauche vienne compromettre une telle entreprise.

Ce malentendu, qui repose plus sur le non-dit que sur des déclarations très claires du gouvernement, a pénétré à ce point l'opinion publique qu'il a engendré un climat de quasi-indifférence à l'endroit du terrorisme.

*
**

Ainsi, se produisent en ce début de mois de février 1982, deux « nuits bleues » du Front de Libération Nationale de la Corse (FLNC). Sur l'Ile de beauté elle-même et à Marseille, pour commencer — dans la nuit du 11 au 12 février, avec comme bouquet final le mitraillage de trois légionnaires dont l'un est tué. Deuxième opération, précisément en cette nuit du 16 au 17 février — alors que Bruno Bréguet et Magdalena Kopp se trouvent en garde à vue — une vingtaine d'explosions de faible puissance, à Paris et dans le Val-de-Marne, devant des établissements bancaires, des perceptions, des agences des PTT, l'Ecole militaire, etc. Opération spectacle visant plus à frapper l'opinion, à la réveiller, plutôt qu'à faire des dégâts. La volonté de ne pas tuer qui que ce soit, à Paris du moins, est évidente.

Lors de la « nuit » du 16 au 17, une passante de la rue de la Tombe-Issoire a été abordée par un inconnu qui lui a dit : « Rentrez chez vous, vite ! Ça va sauter » — avant de disparaître.

Après la mort du légionnaire assassiné en Corse — une bavure, semble-t-il, due à des excités pris au « jeu » — Gaston Defferre, certes, a fait une énergique proclamation : « ... Aucun gouvernement ne pourrait accepter de se laisser dominer par la violence. »

Pourtant, saisi trois jours plus tard de l'affaire Bréguet-Kopp (le 19 février), et après quelques jours seulement d'enquête de la section antiterroriste, la coïncidence (1) entre l'arrestation de Bréguet-Kopp et la « nuit bleue » du 16 février ne peut pas ne pas frapper le juge Debré. Il se renseigne au Parquet. Autre surprise de taille : aucune enquête, aucune demande d'information n'a été déclenchée à Paris après les agissements du Flnc...

(1) Ce qui ne signifie nullement que l'explosif saisi dans le parking George-V était destiné au FLNC. De « gros morceaux » comme Bruno Bréguet et Magdalena Kopp ne sont pas *envoyés* en France simplement pour participer à une « nuit bleue » des indépendantistes corses. Leur mission ne pouvait être que beaucoup plus importante.

« Pas de vagues, pas de vagues... » — l'instinctif mot d'ordre qu'il n'y a même plus à prononcer, des fonctionnaires de police désireux de ne pas se mouiller, et des magistrats du Parquet préférant rester au sec, a retenti partout. Partout les parapluies se sont ouverts — dans l'attente d'injonctions précises, venues du Ciel, et qui ne sont pas venues. En ce temps des bombinettes, ce sont les plus hautes sphères de l'Etat démocratique que le terrorisme dit « national » terrorise.

CHAPITRE IV

LES POIDS DU PASSÉ

« Pas de vagues, pas de vagues... » — ce réflexe conditionné remonte à l'année 1977. Le vendredi 7 janvier de cette année-là — cœur du septennat de M. Giscard d'Estaing — la direction du contre-espionnage appelle M. Robert Pandraud (1), alors Directeur général de la Police nationale. Les fonctionnaires de la DST viennent de recevoir des informations par les services allemands du BND (2) eux-mêmes alertés par les Israéliens du Mossad (3).

Le plus grand par la taille (1,80 m) des membres d'une délégation palestinienne qui vient d'arriver à Paris pour les obsèques de Mahmoud Saleh, paraît être un cas « intéressant ». Mahmoud Saleh, directeur de la librairie palestinienne, au n° 2 de la rue Saint-Victor, a été assassiné le 3 janvier précédent. Le « géant » (tout est relatif, les Palestiniens ne sont pas très grands) s'appelle Abou Daoud.

C'est l'un des hommes les plus recherchés par les services allemand et israélien : il a été l'un des organisateurs de la tuerie des athlètes israéliens aux Jeux Olympiques de Munich le 5 septembre 1972 (onze morts israéliens et six Palestiniens abattus). La première grande tuerie du terrorisme palestinien. L'événement a profondément choqué — au sens propre du mot — tous les esprits en Europe, et dans le monde entier.

(1) Ministre délégué à la Sécurité publique depuis la constitution du gouvernement Chirac de mars 1986.

(2) Le BND-bundesnachrichten dienst : Service fédéral de Renseignement.

(3) Le Mossad, service secret israélien, s'est servi du BND pour — on va le voir — « piéger » les responsables politiques français.

A la suite du carnage de Munich, le service israélien de renseignement, le Mossad, a désigné à son service « Action », onze cibles à abattre : Abou Daoud est le troisième nom de cet organigramme de la vengeance. Une vengeance que les Israéliens n'ont pas hésité — Golda Meir à leur tête — à envisager immédiatement et à exécuter méthodiquement, dans les années qui ont suivi (1).

Voici donc, en ce 7 janvier 1977 — cinq ans après Munich — le Directeur général de la Police nationale avisé de la présence à Paris de Abou Daoud.

— Que faut-il faire ? lui demande Michel Lacarrière, chef de cabinet de M. Marcel Chalet, Directeur de la DST. On l'arrête ? On le « couvre » ? On l'oublie ?

M. Poniatowski, ministre de l'Intérieur, prend quelque repos dans sa maison du Rouret, au-dessus de Grasse.

Robert Pandraud connaît la dilection de son ministre pour les affaires spéciales au niveau européen. Klaus Croissant, l'avocat allemand de la bande à Baader, déjà sérieusement décimée en RFA, quelques semaines auparavant, venait d'être extradé de France. Le chancelier Schmidt n'avait pas cessé, durant le séjour dans l'hexagone de l'avocat des terroristes (2) d'appeler en direct M. Giscard d'Estaing. Il insistait *lourdement* pour obtenir son arrestation. M. Poniatowski avait fait le nécessaire : M. Pandraud avait d'ailleurs été reçu à ce sujet par le Président de la République en personne, sans attendre que des mesures policières fussent prises contre Klaus Croissant.

M. Pandraud demande tout de même à son interlocuteur de la DST un peu de temps de réflexion sur le problème Abou Daoud. Que faut-il faire ?

Pour le haut fonctionnaire, en l'absence de son ministre, deux décisions s'imposent : 1) Vérifier, authentifier l'identité d'Abou Daoud. Ce sera chose faite quelques minutes plus tard. 2) Prendre une mesure conservatoire dans le droit fil des relations de coopération franco-allemandes : on arrête Abou Daoud et on verra bien ce qu'on

(1) Les deux premiers noms étaient ceux de Abou Youssef, chef de « Septembre noir » (OLP) et de Ali Hassan Salameh, chef opérationnel de cette organisation de la terreur supervisée à l'époque par le n° 2 du Parti Fatah (Arafat), Abou Iyad. Un homme dont on reparlera en 1982, 1983, et 1986 à Paris. Les 11 hommes de la liste israélienne avaient tous été abattus dès 1980. Seul Abou Daoud est, à ce jour (1986) toujours vivant.

(2) Celui-ci, recherché par la police allemande, multipliait en France les contacts, donnait des interviews...

en fera. D'autant que les Allemands ont fait savoir qu'ils envoient, le soir même, à Paris, un de leurs agents.

L'arrestation est rapidement et discrètement effectuée dans le hall d'un hôtel — la Résidence Saint-Honoré, à deux pas du ministère de l'Intérieur. Le n° 3 de *Septembre noir* une fois mis sous les verrous, la DST informe les « services amis » (RFA — USA — Grande-Bretagne — Italie et même le Mossad israélien). Spécialement les Allemands car ils ont diffusé un avis de recherche d'Abou Daoud.

Le seul élément, d'importance, dont M. Pandraud n'était pas en mesure de tenir compte, était une autre face de la politique internationale du régime Giscard : une face secrète, ne procédant bien sûr d'aucun accord écrit, et visant à assurer les meilleures relations possibles entre la France et les Palestiniens (OLP d'Arafat). M. Sauvagnargues et M. Arafat s'étaient rencontrés à Beyrouth en octobre 74.

Conclusion : les gens de l'OLP, de passage sur le territoire français, et ne s'y rendant coupables d'aucun délit, ne seraient pas inquiétés — quels qu'aient été leurs agissements antérieurs en d'autres lieux...

En échange, la France n'aurait pas à subir les méfaits du terrorisme palestinien. On ne saurait être plus... munichois.

Ainsi s'était établie, sans que les plus hauts fonctionnaires de la police ne le sachent, un système de relations que nous appellerons couramment la *Jurisprudence Abou Daoud* ou *Doctrine de la sanctuarisation* de la France.

Au nom de cette convention secrète, Abou Daoud, arrêté un vendredi soir, gardé à vue le samedi et le dimanche, sera expulsé le jeudi suivant, 13 janvier 1977. « C'était une bavure », confessera dès 1984, M. Pandraud (1) devenu directeur de cabinet de M. Jacques Chirac à la Mairie de Paris. Une « bavure » significative. Non-communication : les polices ne communiquent pas entre elles, communiquent peu ou pas avec la magistrature. L'affaire Abou Daoud montre qu'il existe aussi, parfois, une non-communication entre les responsables politiques d'un même gouvernement.

(1) Trois autres hommes ont pris la décision de renvoyer le Palestinien : Maurice Ulrich (Dr du cabinet du ministre des Affaires étrangères, aujourd'hui (86-87), Dr du cabinet de Jacques Chirac à Matignon) ; Yves Cannac (secrétaire général adjoint de l'Elysée) et Jean-Claude Perier (Dr de cabinet du Garde des Sceaux, Olivier Guichard).

***

Nous avons mis des années à l'identifier : l'homme qui a remporté la décision du départ d'Abou Daoud de Paris — dans ces conditions désastreuses — était, à l'époque, un agent du SDECE. Il refera parler de lui tout au long de l'histoire du terrorisme en France, jusques et y compris en 1986 et 1987. Nous l'appellerons Jean-Baptiste *Menuet* (1).

Il a déjà un passé — secret, bien entendu, mais que nous avons pu reconstituer, avec beaucoup de patience. Officier, ancien de Saint-Cyr, un peu guindé, travaillant son élocution dans le sobre et le « mezzo-voce », *Menuet* est un islamologue averti. Les clans, les factions, les groupes et groupuscules, qu'ils soient palestiniens ou syriens, ou libanais, ou irakiens, ou jordaniens, ou saoudiens ou maghrébins — il les connaît de l'intérieur. Il s'est fait des amis partout — des amis au sens proche-oriental du terme : des alliés sûrs avec qui la confiance totale est réciproque... A moins d'incident de parcours, bien sûr.

Le passé immédiat de *Menuet,* au moment de l'affaire Abou Daoud, est double. Depuis deux ans, sans qu'il ne perde pour autant ses contacts avec le Proche-Orient, l'officier appartient au « service Action » du SDECE. Son chef immédiat est Alain de Marolles qui le considère comme l'un de ses dauphins — celui qu'il préférerait. Le « Grand Chef », c'est Alexandre de Marenches. Si l'on ajoute un autre Alain — de Lignières — on voit que la particule aristocratique est fort prisée dans la *piscine.* Le siège du SDECE, Porte des Lilas à Paris, 148, Bd Mortier est dénommé *piscine* en raison de sa proximité du bassin des Tourelles... La double activité de *Menuet ?* La « chasse à Carlos » et la « neutralisation de *Greenpeace* » (2). Deux domaines qui auront des suites — c'est le moins qu'on puisse dire.

(1) C'est évidemment un pseudonyme. Les auteurs ont eu en 1985 et 1986 plusieurs entretiens avec *Menuet.* Comme on le verra dans la suite de cet ouvrage, et particulièrement à partir de l'attentat du 9 août 1982, rue des Rosiers à Paris, l'homme a pris une dimension tout à fait singulière de diplomate officiel mais secret, redoutablement efficace. L'un des rares connaisseurs des univers antagonistes du Proche-Orient. Pour l'instant, le portrait que nous traçons ici de lui correspond à ce qu'il était en 1977, au moment de l'affaire Abou Daoud.

(2) Nous aurons à reparler de Carlos au chapitre suivant — qui éclairera sur les raisons et les méthodes que le SDECE pouvait avoir de « chasser » le déjà célèbre terroriste. Quant à *Greenpeace,* la funeste mésaventure, au cours de l'été 1985, du SDECE devenu DGSE, c'est-à-dire le « coulage », avec mort d'hommes, par les « Spéciaux » français du *Rainbow Warrior* est dans toutes les mémoires.

Voilà l'un des premiers « personnages » du jeune officier : une silhouette plutôt compassée, quoique raide, celle d'un jésuite habillé en civil, venu intoxiquer (pardon : « évangéliser ») quelque peuplade obscure. Prêt à tout au demeurant.

Greenpeace ! Objectif (déjà !) : dégoûter la flotte des écologistes, l'empêcher d'aller observer les tirs nucléaires français dans le Pacifique. Mais pas par n'importe quel moyen.

Menuet, Marolles, Lignières sont les adeptes convaincus — et convaincants — des méthodes dites « douces ». Pas question, par exemple, en ces années 75-77, d'aller couler un bateau dans le port d'Auckland... Mais combien d'équipages d'écologistes de la Paix verte n'eurent-ils pas à subir plusieurs « épidémies » de diarrhée au moment de quitter le port ? Qui avait compris que parmi les cuistots de l'armada « écolo » l'un d'eux était un agent infiltré « sachant » faire la cuisine ? Combien ne se montrèrent point étonnés qu'à quelques brasses du quai, l'hélice de leur navire se détachât brutalement de son arbre ? Quant aux équipages eux-mêmes, combien ne furent gagnés pas la suspicion envers tel ou telle camarade de bord — cette suspicion devenant vite conflit ouvert ?

Sept « unités » du Mouvement vert eurent à vivre de tels aléas. Autant de petits malheurs qui, ajoutés les uns aux autres, vous sapent le moral. En tout cas, ils retardent l'exécution des missions... objectif atteint pour la petite équipe d'agents (un radio, deux « traitants » infiltrés dans *Greenpeace*), que supervisait sur place *Menuet,* dans une discrétion parfaite. Le colonel Charrier (1) (oui, le frère du comédien, ancien mari de Brigitte Bardot) assurait de Nouméa la coordination de l'opération et toute la logistique de repli.

Nous ignorions tout de *Menuet* à l'heure même où couvait le « scandale Abou Daoud », au cours de ce fâcheux week-end des 8 et 9 janvier 1977... Tout ce que nous avons appris, tout à coup, c'est que l'un des tueurs de Munich, dûment arrêté, allait être relâché. Et que — ô comble de l'affliction et de l'indignation — c'est un certain *Max* (2) du SDECE qui a pris les choses en main. Il vient d'être reçu par le Secrétaire général de l'Elysée, Jean-François Poncet. Et c'est lui qui a emporté, pour une bonne part, la décision de se débarrasser au plus vite de ce Palestinien encombrant.

De fait, *Menuet-Max* s'est beaucoup agité depuis le vendredi soir

(1) Aujourd'hui dans le cadre de réserve.

(2) « Max » était bel et bien le nom de code de *Menuet* à cette époque dans le « service ».

7 janvier. Il a été alerté directement par Azzedine Kalak, qu'il connaît bien. Kalak est le représentant à Paris de l'OLP de Yasser Arafat. La rencontre a eu lieu dans un des bureaux dont la Ligue arabe dispose dans la capitale française.

Les deux hommes sont aisément tombés d'accord. Il y a eu gaffe — et même série de gaffes — dans les divers services français. Robert Pandraud, en bout de chaîne, n'en a été que l'ultime et bien peu responsable décisionnaire. Par exemple : Abou Daoud a demandé et obtenu sans la moindre difficulté, en donnant sa véritable identité (1), son visa d'entrée en France. Consultés par l'ambassade de France à Beyrouth, les hommes du Quai d'Orsay ont accepté. De même, le SDECE — informé — n'a pas bougé. M. Abou Daoud, respectable citoyen palestinien quoique redoutable terroriste, est donc venu très légalement sur le territoire français muni de passeport et visa en règle. Quelques heures à peine avant de se voir « interpellé » Abou Daoud a été reçu au ministère des Affaires étrangères où le Directeur adjoint de l' A.N.M.O. (Afrique du Nord, Moyen-Orient), M. Henri Servant, a conversé avec lui...

Le point d'accord entre *Menuet* et Kalak c'est que, dans ces conditions, si la France ne relâche pas Abou Daoud, il faut s'attendre à des représailles : attentats, actes de terrorisme, etc. A éviter par-dessus tout. Informé, Marolles est vite convaincu. Et sans aucun doute le patron du SDECE, Alexandre de Marenches (2). L'affaire, vue sous cet éclairage, est remontée à l'Elysée. Pour en redescendre, avec engueulades soignées à la DST, le SDECE lui-même, le Quai d'Orsay. Et, bien sûr, Robert Pandraud...

Enfin, « on » a évité le pire : Abou Daoud sera très vite « évacué » dans un simulacre judiciaire. Parmi ses avocats : un futur ministre des Relations extérieures, Me Roland Dumas (3).

(1) Mohamed Daoud Audeh. On observera que tous les responsables palestiniens ont un nom de guerre. Abou signifiant « Père », ce premier patronyme est généralement suivi du prénom de leur premier enfant. Exemples : Abou Nidal, Abou Iyad, Abou Jihad, etc.

(2) Qui, en 1986, dans *Le Secret des Princes* (Stock), son long monologue avec Christine Ockrent, affirme le contraire. (???).

(3) A partir de la fin de l'année 1984.

CHAPITRE V

LA CRISE DANS LA POLICE

Au cours de la semaine du 22 au 28 février 1982 — cinq ans plus tard — il se peut bien que le juge Debré, avec son dossier Bréguet-Kopp sur sa table, se souvienne du retentissement de l'affaire Abou Daoud. L'indignation, dans la presse occidentale, avait été unanime : tous les journalistes, pris à chaud par l'information (une « fuite », déjà, sans doute organisée par l'ambassade d'Israël), avaient accumulé commentaires acides et critiques acerbes (1) à l'encontre d'un gouvernement pris à son propre piège. La France venait de libérer l'un des responsables du massacre de Munich. Incroyable, impensable !

S'il s'en souvient, le juge Debré ne peut avoir — compte tenu de son caractère — qu'un seul réflexe initial : on ne lui refera pas, à lui, le coup d'Abou Daoud.

Il tient ses deux « coupables ». Sa seule tâche consiste à étayer son dossier au vu des résultats des investigations de la Brigade criminelle. Aller au bout des recherches, trouver d'autres voies, peut-être, pour orienter l'enquête. Deux ou trois fois par jour, il téléphone au commissaire Mancini. — Où en est-on ? A qui est la voiture ? Bréguet-Kopp étaient-ils simplement de passage à Paris, ou s'y étaient-ils installés ?

Il se peut bien, il est même très probable que, en cette même

(1) *New York Times :* « The french abjection » ; *Daily Mail :* « ... Il n'est qu'un mot pour qualifier l'action de la France : méprisable » ; *l'Express :* « Abou Daoud : comment la France a perdu la face » ; Résumé de la presse israélienne : « La France au maximum de la lâcheté ».

semaine du 22 au 28 février 1982, le procureur général de la cour d'appel — le célèbre Pierre Arpaillange — se souvienne lui aussi de l'affaire Abou Daoud.

S'agissant du procureur général, il est même certain que, si par mégarde la mémoire lui a fait soudain défaut, « on » s'est chargé très vite de la lui rafraîchir.

Car, sous le nouveau régime de François Mitterrand, la doctrine de la « sanctuarisation » de la France se marie très bien avec la doctrine Joinet — celle du dialogue encore et toujours avec les responsables politiques du terrorisme... Jamais au contact direct, toujours par un intermédiaire.

Pierre Arpaillange, troisième personnage de la haute hiérarchie judiciaire française, homme du Parquet, c'est-à-dire représentant les intérêts de la République, se trouve au contact des responsables de la Chancellerie, de l'Intérieur, de Matignon et, bien sûr, de l'Elysée.

Or, se produit au cours de cette semaine-là — la première semaine de l'instruction Bréguet-Kopp — un événement notable.

L'un de nous flâne, le mercredi ou le jeudi, dans les couloirs du Palais. Poignées de main aux avocats, aux substituts... Seule façon de rester « branché », dans ce Vatican aux mille coteries, aux complots sans cesse refaits et défaits entre clans de magistrats...

Soudain, apparaît à l'autre bout de la troisième galerie le juge Debré visiblement pressé, un mince dossier sous le bras. Pas de cigare aujourd'hui...

— Et où courez-vous si vite, monsieur le juge ? Qu'est-ce qu'il vous arrive ? Ce sont ces Bréguet-Kopp qui vous tracassent ?

Debré s'arrête, arbore son sourire de bon jeune homme à qui, tout de même, on ne la fait pas :

— ... Me tracasser ? Pas mon genre. L'enquête progresse, je ne peux rien vous dire de plus...

— Mais où courez-vous ? La Criminelle vous a trouvé du nouveau ?

— ... Pas du tout... Je vais chez le procureur général Arpaillange qui m'a prié de passer le voir.

— Arpaillange, mais qu'est-ce qu'il vous veut ?

— Vraiment pas la moindre idée, vraiment pas. Mais je tiens à être à l'heure. Politesse au Roi... A bientôt !

Et Debré s'en va.

Notre « équipier » reste stupéfait. Que peut bien vouloir de Debré le grand sérénissime Cardinal Arpaillange ? Pourquoi ce rendez-vous ? En quoi un procureur général peut-il s'intéresser aux dossiers d'un jeune juge certes dynamique et efficace — *mais qui ne relève pas de sa compétence.* Le juge Debré en effet instruit ses affaires pour le tribunal de Grande Instance de Paris. Son interlocuteur « naturel », au Parquet, c'est le procureur Bouchery — pas le procureur général qui sévit au niveau supérieur, celui de la cour d'appel.

Etrange, étrange...

Le soir même, en discutant de la chose, la mémoire nous revient. Bréguet-Kopp = terrorisme (actif ou pas, rien pour l'instant, n'a vraiment filtré de l'enquête). Terrorisme = problème d'Etat. Souvenons-nous du cas Abou Daoud : grosse affaire ! Voilà pourquoi Arpaillange s'est « dérangé » : Bréguet-Kopp = Abou Daoud ?

Ce n'est pour l'instant qu'une supposition (1). Mais *nous nous plaisons à imaginer* l'onctueux Arpaillange accueillant le jeune Debré.

— Alors, mon cher, je suis bien heureux de vous connaître enfin. Comment vous portez-vous ? Et monsieur votre père ?

— Le mieux du monde, merci, monsieur le Procureur Général... Puis-je vous demander ce qui me vaut l'honneur de votre invitation ?

— Asseyez-vous, mon cher, asseyons-nous... Voyons, parlez-moi un peu de cette affaire Bréguet-Kopp... Voyez-vous, je le sens mal ce dossier — étant bien entendu que c'est à vous et à vous seul d'en juger... Mais il m'intéresse... Où en êtes-vous ? Ne pensez-vous pas que, peut-être, il vaudrait mieux ne pas aller trop loin ? Vous savez comme moi combien ces affaires de terrorisme demandent presque toujours à être apaisées plutôt que de se trouver stimulées...

... N'est-ce point votre avis ? Qu'en est-il de l'inculpation de tentative de meurtre ? Pour l'instant, elle ne tient pas, n'est-ce pas ?

— J'attends l'expertise balistique, monsieur le Procureur Général...

— Bien, bien... Mon sentiment est qu'il faut aller vite... Le plus vite possible, surtout ne pas traîner. Qu'en pensez-vous ?

— Ma volonté d'établir la vérité, monsieur le Procureur Général, toute la vérité n'a, en effet, aucune raison d'être retardée.

— Bien, bien... Mais, je vous en prie, réglons tout cela au plus tôt... A vous de voir, bien sûr. Je ne voudrais pas paraître m'immiscer dans votre instruction...

(1) Une supposition qui se révélera fondée quand des informations d'origine policière (de policiers mécontents de la tournure de l'affaire) nous révéleront qu'il y aura eu au moins deux rencontres Debré-Arpaillange, et qu'ils nous éclaireront sur ce que les deux hommes se sont dit.

***

C'est au cours de ces mêmes journées de la semaine du 22 au 28 février 1982 que Jean-Louis Debré en apprend un peu plus sur la véritable crise qui secoue son « organe exécutif de recherches » : la Brigade criminelle. Le commissaire divisionnaire Marcel Leclerc, Directeur de la brigade la plus scintillante du 36, Quai des Orfèvres est en passe d'être remercié.

Gaston Defferre en personne vient de le recevoir — en le priant de se faire accompagner de sa femme (1) — afin de le convaincre d'accepter le poste de Directeur du service régional de la police judiciaire (SRPJ) de Marseille. Leclerc a refusé tout net : son statut de commissaire de Paris l'autorisait à ce refus. Mais c'est assez pour comprendre que le patron de la Criminelle est d'ores et déjà condamné (2).

Voilà qui n'arrange guère le juge Debré : un véritable climat de mutinerie règne dans la Brigade criminelle. Ange Mancini, le patron de la section antiterroriste (et donc mobilisé sur le dossier Bréguet-Kopp) lui fait part à plusieurs reprises de ses inquiétudes. Les commissaires de la préfecture de police de Paris sont, à une écrasante majorité, indignés du traitement infligé à l'un des leurs. Bien que Leclerc soit plus un homme de la hiérarchie policière qu'un homme du « judiciaire » — qui servirait aveuglément les injonctions d'un juge d'instruction — le juge Debré se trouve bien embarrassé. Que va devenir son enquête sur le couple de terroristes germano-suisse qu'il a emprisonnés depuis quelques jours ?

Pourquoi Leclerc, réputé fidèle des fidèles de la hiérarchie, se trouve-t-il, en ce début de l'année 1982, mis au ban de cette hiérarchie ? Est-ce parce que ses convictions politiques personnelles l'opposent au nouveau régime socialo-communiste ? Sans doute, mais ce n'est sûrement pas le plus important. Ce qui lui a fait endosser un habit de « gêneur universel », c'est son opiniâtreté à défendre une conception de la police — qui doit garder pour elle ses « affaires ».

(1) « Belle femme, vraiment belle femme », a dit le malicieux Marseillais en introduisant le couple dans son bureau de la Place Beauvau.

(2) Marcel Leclerc se retrouvera au « cimetière des Eléphants » de la hiérarchie policière : l'Inspection Générale des Services (IGS), police des polices, dont il deviendra le directeur, en mai 1986, sous Robert Pandraud, ministre délégué à la sécurité publique.

Une position évidemment contradictoire avec la doctrine Joinet d'une part, et la doctrine de la sanctuarisation d'autre part.

Jean-Louis Debré, du coup, enquête sur son chef enquêteur. Il se renseigne, il veut comprendre. Il va jusqu'à *nous* consulter nous-mêmes.

— C'est quand même dégueulasse, nous dit-il. Leclerc, que je ne connais d'ailleurs pas, est un bon policier... non ?

C'est vrai. Ce Breton, à la voix étrangement fluette, au physique paradoxal (il n'est pas grand, tout mince) qui n'en a pas moins dirigé la Brigade antigang (1) avant de prendre en main la Criminelle, ce policier ressemble plus à un fonctionnaire gratte-papier qu'à un homme de terrain. Ce juriste, auteur d'une thèse (« Commissaire de police : fonctionnaire d'autorité »), est un remarquable analyste, un « gambergeur », un homme de réflexion. Parfait pour maîtriser une Brigade criminelle, dont le terrain d'action est souvent « sensible ».

Nous répondons à Debré :

— C'est vrai. C'est un bon... Mais il n'a aucune chance.

— Pourquoi ?

— Vous ne vous rappelez pas, il y a trois mois, l'affaire Georghiu ?

— Si, mais quel est le rapport ?

Debré s'étonne. Visiblement, il ne nous comprend pas. Que vient faire ce Roumain là-dedans ?

— Monsieur le juge, Georghiu n'était pas un Roumain. C'était un terroriste arménien de l'Asala (2)...

— Et alors ?

— Vous ne vous souvenez pas ? Georghiu, « traité » par Leclerc à la Criminelle après son arrestation, a été renvoyé à Beyrouth. Leclerc n'a pas supporté cette répétition de l'affaire Abou Daoud... Il y a eu des fuites, nous sommes bien placés pour vous le dire...

— Ah oui, je vois... « On » a encore saboté le travail de la police et les flics n'ont pas aimé ça ? C'est Leclerc qui a « balancé » ?

— Mais non... Vous savez bien que ça ne se passe jamais d'aussi voyante façon...

— Mais ça venait de la Criminelle ?

(1) Il ne s'y est d'ailleurs pas du tout entendu avec son déjà célèbre adjoint opérationnel Robert Broussard, préfet, Directeur national des polices urbaines en 1986-1987.

(2) Armée Secrète Arménienne pour la libération de l'Arménie, dont la base logistique se trouve à Beyrouth, dans le camp de Sabra. Le n° 1 de l'organisation s'appelle Hagop Hagopian.

— Oui... Et d'autres sources aussi. A plus haut niveau. Du Quai d'Orsay, de l'Intérieur, et même de l'Elysée...

***

En effet... Georghiu — c'est un pseudonyme bien sûr : l'homme s'appelle Monte Melkonian. C'est l'un des chefs de l'Asala. Il a bel et bien été « élargi » du territoire français dans le courant du mois de décembre précédent. (1981) Une « affaire » qui aurait pu être rondement menée et qui a un peu traîné parce que la presse, une fois de plus, en a révélé les contours — que seule la police connaissait, et en particulier, la Brigade criminelle.

Le mercredi 11 novembre 1981, à l'aéroport d'Orly-Sud, à 10 h 45, un certain Georghiu se présente au contrôle de la police de l'air et des frontières (la PAF). Il s'apprête à prendre le vol Paris-Beyrouth. Il attire sur lui l'attention. Son passeport est chypriote. Cela suffit pour que le policier de service sursaute... L'enquête sur l'attentat de la synagogue de la rue Copernic (1) a fait apparaître en effet que l'un des poseurs de la bombe meurtrière, un motard, était possesseur, lui aussi, d'un passeport chypriote. L'homme en question n'a, certes, jamais été retrouvé. Mais les services de police français l'ont parfaitement « reconstitué ».

Le réflexe du policier est loin d'être stupide. En fouillant les bagages de Georghiu, on trouve des tracts de l'Asala, 10 000 francs, et des coupures de presse relatant la prise d'otages effectuée (par quatre Arméniens, bien sûr) au consulat de Turquie à Paris, le 24 septembre précédent (2).

Le Parquet de Créteil (territoire judiciaire d'Orly) est alerté. On confie l'enquête à la Brigade criminelle de Leclerc. Seul résultat — de taille : le numéro du passeport de Dimitriu Georghiu est de la même série que ceux du motard de Copernic (3)... Mais Dimitriu Georghiu, obstinément silencieux, n'a rien d'autre à se reprocher que d'appartenir à l'Asala.

Comme pour Abou Daoud, en 1977, les services « amis », l'italien

(1) Le 3 octobre 1981 : 4 morts, 22 blessés. Une bombe avait été dissimulée dans la sacoche d'une moto abandonnée devant la synagogue, et avait explosé à l'heure de la prière.

(2) Un mort dans le service de sécurité du Consulat et un blessé, le Consul général adjoint.

(3) Le passeport de Georghiu a été délivré à Nicosie en 1979 sous le N° A 328140. Ceux du motard de Copernic, Panadriu, portaient les N^{os} A 308747 et A 303139.

notamment (1), tardent à se manifester... Personne, en vérité, ne tient à s'embarrasser du personnage, à risquer les mesures de rétorsion des terroristes : attentats, meurtres, communiqués... La garde à vue de quarante-huit heures touche à sa fin. Va-t-on inculper l'homme au seul titre de la détention d'un passeport authentique mais faux ? Le Parquet de Créteil donne alors l'ordre de le libérer et de l'élargir. Qu'on le conduise au Hilton et qu'il prenne le premier avion pour Beyrouth. Le prochain avion pour le Liban est justement ce vendredi...

— Ouf ! pense le prisonnier.

— Ouf ! pensent quelques hauts fonctionnaires du ministère de la Justice, de l'Intérieur, du Quai d'Orsay...

— M... ! pensent les hommes de la Criminelle : Comment ! Un homme lié à l'affaire Copernic va être élargi sans autre forme de procès ?

C'est l'affaire Abou Daoud qui recommence.

Le lendemain, samedi, *le Figaro* raconte toute l'histoire. En jouant de la corde la plus sensible : la tuerie de Copernic a été à la France ce que le massacre de Munich avait été à l'ensemble des Etats démocratiques du monde occidental : un choc terrible dans l'opinion, un sentiment d'horreur unanimement partagé. Il y a donc eu fuite — fuites plutôt. Elles proviennent d'inspecteurs de la Criminelle et de certains fonctionnaires de la chancellerie, idéologiquement opposés au régime Mitterrand.

Car, côté chancellerie — Badinter, Garde des Sceaux, n'entend pas faire de cadeau au terrorisme, surtout antisémite — et dans la nuit du vendredi au samedi, on a fait marche arrière. Ordre a été donné de déférer ce Georghiu devant un juge d'instruction. Injonction a été faite de ne pas élargir, sans enquête, un individu qui a peut-être été l'un des auteurs de Copernic. L'opinion française ne le comprendrait pas...

Voici donc Melkonian — Georghiu inculpé de détention de faux passeport — délit qui, la veille, n'apparaissait pas suffisant pour justifier son inculpation proprement mis en détention.

Il y aura procès, *très vite.* Condamnation à une peine *avec sursis.* Expulsion de Melkonian au début de décembre.

Les « colombes » du gouvernement Mauroy et de l'Elysée ont

(1) Melkonian alias Georghiu, 24 ans, revenait bel et bien d'Italie et ne faisait que transiter par Paris. Il portait autour du cou — nous a-t-il confié plus tard, à Beyrouth — un collier ornementé d'un fragment de la balle qu'il avait reçue dans l'épaule droite, au mois d'octobre précédent, à Rome, lors d'un attentat qu'il dirigeait contre un diplomate turc, Gokberk Ergenekon. Celui-ci survécut.

ressorti la « jurisprudence Abou Daoud ». Les faits leur ont donné raison : dès l'arrestation de Melkonian, l'Asala, de Beyrouth, a immédiatement constitué un *Groupe Orly*. Un communiqué menaçant a été diffusé depuis la capitale libanaise : les Arméniens annoncent qu'ils vont tuer des diplomates français, faire exploser en vol un appareil d'Air France.

On n'a pas à attendre ; quatre établissements français de Beyrouth font l'objet d'attentats à la bombe. A Paris même, dès le vendredi 13 — moment où Melkonian se trouvait élargi au Hilton d'Orly — une voiture de police roulant sur le périphérique a été visée par une grenade quadrillée. Une autre grenade, le samedi, a été jetée sur le port des bateaux-mouches à l'Alma. Puis ce seront, le dimanche et le lundi, le restaurant Mac Donald's, boulevard Saint-Michel (1) et la consigne de la gare de l'Est qui feront l'objet d'attentats à l'explosif.

Chantage inadmissible ? Bien sûr. Mais c'est l'essence même du terrorisme que d'être inadmissible. Et, chez les « colombes » de Matignon, de l'Elysée et du Quai d'Orsay, on n'oublie pas que c'est de la Brigade criminelle que sont forcément parties les premières fuites. Elles ont fait de l'affaire Georghiu une nouvelle « bavure historico-politique ».

— « Nouveau régime, mêmes fautes que celles du précédent », ont pensé amèrement la plupart des policiers de la Préfecture de police de Paris.

Un bien mauvais climat, que vient de sanctionner la « punition » infligée au commissaire Leclerc en ce mois de février 1982 où le juge Debré doit se dépatouiller du dossier Bréguet-Kopp — que d'aucuns trouvent déjà beaucoup trop encombrant...

(1) Là, la bombe n'explosera pas...

Chapitre VI

CARLOS MAÎTRE CHANTEUR DE LA TERREUR

Au pays des tulipes et des moulins à vent, les week-ends d'hiver sont souvent longs, mornes, tristes. Et même à La Haye, capitale administrative de la Hollande. Plus encore lorsque l'on est « de garde » à l'ambassade de France depuis le début du samedi. L'ambassadeur, lui, a fui dès la fin de la matinée, pour vivre sous d'autres cieux des moments de détente plus animés. En tout cas, moins accablants de vide et de silence que ce que La Haye peut offrir...

En ce lundi matin 1er mars 1982, après deux jours de pluie ininterrompue, l'homme « de garde » à l'ambassade, le premier conseiller Jacques Rummelhardt n'a guère le moral. Il est le numéro 2 de la légation diplomatique française. Il vient de passer deux jours à lire et relire les journaux du samedi (il n'y en a pas le dimanche en Hollande), à regarder la télé — spécialement les matches de foot. Fils d'un footballeur professionnel, il adore ce sport. Mais, vite, que les activités de la semaine reprennent...

Les choses ne tardent guère. Dès huit heures trente, le fonctionnaire chargé de la distribution du courrier dans les différents bureaux — un Français marié à une Hollandaise — frappe à sa porte. Il lui tend une enveloppe de format habituel en France. Jacques Rummelhardt ouvre immédiatement le pli. A l'intérieur, deux lettres manuscrites : l'une à l'attention de Gaston Defferre, ministre français de l'Intérieur ; l'autre à l'attention de l'ambassadeur de France Jean-Daniel Jurgensen.

Au bas de chaque feuillet les mêmes « signatures » : la graphie

25 Février 1982

S. Exc. M. Jean Jurgensen,
Ambassadeur extraordinaire et
plénipotentiaire.

M. l'Ambassadeur :

La lettre adjointe est pour M. le Ministre de
l'Intérieur et de la décentralisation.
Le contenu de cette lettre est strictement
confidentiel et de grand importance pour
la securité de la France.
Je vous prie de vous charger personnelment
le l'envoi de cette lettre pour M. Gaston
Defferre, au plus vite possible. C'est urgent!

Je vous remercie pour vôtre cooperation.

Carlos

25 Février 1982

A. Exc. M. Gaston Defferre,
Ministre d'État, ministre de l'Intérieur
et de la décentralisation.

M. le Ministre :

Je vous écris pour vous informer :
Primo : que deux militants de nôtre Organisation, MAGDALENA CÄCILIA KOPP et BRUNO BREGUET, ont été arrêté à Paris par les forces de securité françaises.
Secundo : que nos militants ont été arrêté pendant une mission qui n'étais pas dirigé contre la France, en suivant les ordres de ses Responsables.
Tertio : que nos militants ne meritent pas la prison comme rétribution à son dedi-cation à la Cause Révolutionnaire.
Quarto : que nôtre Organisation n'abandonne pas, jamais, ses militants.

Par décision de nôtre Direction Centrale, je vous donne l'avertissement suivant :
Nous n'acceptons pas que nos camarades restent en prison.

Nous ne tolérerons pas que nos camarades soient extradé a pays quelconque.

On vous demand :

1) Un arret immédiat aux interrogatoires de nos militants.

2) La libération de nos militants dans un délai de 30 jours à partir de la date de cette lettre.

3) Que nos militants soient relaché avec tous les documents incautés.

4) Que nos militants soient permetté de voyager ensemble, par avion de ligne regulier vers un pays et par la route de son choix. En porteurs des laissez-passer Français.

Nous ne sommes pas en guerre contre la France socialiste, et je vous prie, avec toute sincerité, de ne nous forcez pas à la faire.

Je vous assure que le contenu de cette lettre est considéré par nous comme un secret d'organisation. Pourtant, nous n'avons pas aucun intérêt de qu'il soit connu publi-

Nous esperons que cette affaire terminera bientôt et d'une faison hereuse.

Par L'ORGANISATION DE LA LUTTE ARMÉE ARABE — BRAS DE LA RÉVOLUTION ARABE.

Carlos

P.S. : Ci dessous les empreintes de mes pouces pour authentifier cette lettre.

d'un prénom — Carlos — et de chaque côté deux empreintes digitales et un label : OLAA — *Organisation de la Lutte Armée Arabe.*

Seul dans l'ambassade, à cette heure encore matinale, Jacques Rummelhardt se met en alerte — sans même avoir lu ni analysé le message adressé à son ambassadeur...

Carlos... un nom qui répand la terreur — tout spécialement ici à La Haye, tout spécialement ici dans l'ambassade de France. Car, en 1974, Carlos y a déjà fait parler de lui pour obtenir l'expulsion de France et la libération d'un terroriste japonais, Furaya Yutaka.

Machinalement, le conseiller se lève, va à la fenêtre, observe la rue presque aussi vide encore qu'elle l'était la veille et l'avant-veille. L'ambassade de France est un édifice relativement isolé, face à l'ambassade américaine, au ministère hollandais des Finances et au siège d'une compagnie d'assurances. A-t-on vu quelqu'un de l'un de ces bâtiments, samedi après-midi, durant la nuit de samedi à dimanche, pendant la journée du dimanche, etc. — jusqu'à ce lundi matin, heure de la première levée du courrier ? Quelqu'un a-t-il été vu, déposant l'enveloppe dans la boîte aux lettres de l'ambassade ?

La suite de cette mini-enquête rondement menée n'aboutira à rien. Les gendarmes affectés à l'ambassade depuis les événements de 74 ont fait leur ronde — consigne consigne. Mais ils n'ont rien vu non plus. A cette époque de l'année, il fait nuit noire dès 16 h 30. Il n'a pas cessé de pleuvoir — une sorte de neige fondue. La double lettre de Carlos peut avoir été déposée ce lundi matin, il y a deux heures, ou le samedi soir... Personne n'en saura jamais rien.

Dans toute la suite de l'affaire qui ne manque pas de rebondissements (tragiques), aucune enquête sérieuse ne sera menée à La Haye par les « Services » français.

Pour l'heure, le premier Conseiller lit et relit les deux messages.

Première chose à faire : alerter l'ambassadeur. Après une brève concertation téléphonique avec son Conseiller, celui-ci lui enjoint de prévenir Paris. A l'autre bout du fil, le haut fonctionnaire chargé des questions de défense au ministère de l'Intérieur, Henri Dumont (1) — un spécialiste du terrorisme puisqu'il a été lui-même témoin d'une prise d'otage en mars 1973 lorsqu'il se trouvait en poste à l'ambassade de France à Khartoum. La conversation se fait à demi-mot, bien que le téléphone soit en principe crypté. Dumont demande l'expédition immédiate des messages par le chiffre — c'est-à-dire par code secret

(1) Aujourd'hui ministre résident à Berlin.

« inviolable », en principe, toujours. Les originaux arriveront à Paris dès le lendemain dans l'après-midi par la valise diplomatique.

*
**

La carrière de diplomate — ronds de jambes et savantes analyses à destination du Quai d'Orsay — n'est plus tout à fait ce qu'elle était. Depuis plusieurs années, les représentants de la France à l'étranger vivent dans un danger potentiel permanent. Le terrorisme — « les » terrorismes, si l'on veut — ne connaît pas l'immunité diplomatique. Ou plus exactement, il s'y attaque avec acharnement parce que cette transgression est des plus spectaculaires, des plus payantes par son retentissement. Le terrorisme ne recule devant rien de ce qui valorise l'horreur (pour le public).

C'est à quoi pensent, en ce lundi après-midi, de façon méditative et non sans perplexité, l'ambassadeur Jurgensen et son conseiller Rummelhardt. Comment ne pas évoquer les assassinats, devant leur domicile, ici à La Haye, le 12 octobre 1979 du fils de l'ambassadeur de Turquie (par « les Justiciers du génocide arménien » (1) ; et celui d'un diplomate britannique (par les Irlandais de l'IRA) ? Comment oublier les récents attentats de diplomates à Paris, depuis le début de 1981 : en mars deux membres de l'ambassade de Turquie tués près de la Bastille (par l'Asala) ; en septembre 1981 (toujours par l'Asala), une prise d'otages au consulat de Turquie (2) : un mort, un blessé ; la tentative de meurtre, par les Fractions Armées Révolutionnaires Libanaises (Farl) contre un chargé d'affaires américain, Christian Chapman, qui s'en sort indemne ; l'assassinat de Charles Ray, attaché militaire adjoint à l'ambassade américaine, en ce mois de janvier 1982 par ces mêmes Farl (3).

Comment, enfin, les deux représentants de la France à La Haye ne penseraient-ils pas aussi à l'assassinat de l'ambassadeur de France au Liban, Louis Delamare, le 4 septembre 1981, quelques jours après la

(1) Cette organisation historiquement antérieure à l'ASALA, en est la concurrente : elle est dirigée par des Arméniens américains et se trouve en « sommeil » en 1986-87.

(2) Trois des quatre assaillants emprisonnés et jugés devaient être libérés au printemps 1986, après avoir purgé un peu plus de la moitié de leur peine (voir épilogue).

(3) Le diplomate israélien Barsimentov sera assassiné, à Paris toujours, le 3 avril suivant. Nous aurons à en reparler, en 1986, ainsi que de Charles Ray et, bien sûr des Farl.

rencontre du ministre français des Relations extérieures, Claude Cheysson, avec le bruyant Yasser Arafat, chef de l'OLP. Enfin, l'ambassadeur Jurgensen et son conseiller Rummelhart savent bien que le choix, par Carlos, de leur ambassade comme boîte à lettres de transit vers le ministère de Gaston Defferre, a été délibéré. Une simple lettre postée n'importe où en France, ou déposée dans n'importe quelle autre ambassade de France de n'importe quel pays serait également parvenue Place Beauvau. Non... si Carlos a choisi l'ambassade de La Haye, c'est qu'il y a déjà fait ses preuves en y remportant un succès éclatant.

L'affaire s'est passée en 1974, le vendredi 13 septembre exactement. Ilitch Ramirez Sanchez, dit Carlos, organise et réussit sa première prise d'otages : onze membres du personnel de l'ambassade de France à La Haye, retenus dans leurs locaux par trois Japonais de l'*Armée rouge japonaise* (1) qui se sont présentés déguisés en honnêtes touristes. Pourquoi cette prise d'otages ? Très simple : Carlos et ses Japonais exigent du gouvernement français la libération sans condition d'un dirigeant de l'*Armée rouge,* Yukata Furaya, intercepté à Orly quelques jours auparavant et incarcéré à Paris.

Les autorités françaises ont fait la sourde oreille et ont voulu atermoyer... Qu'à cela ne tienne : deux jours plus tard, le dimanche 15 septembre, Carlos en personne attaque le Drugstore Saint-Germain. « A l'algérienne » (2) : l'attaque est brutale, ultrarapide, sauvage, deux grenades sont lancées au milieu des consommateurs, Carlos disparaît tranquillement, téléphone aux journaux et revendique son action. (Deux morts, une trentaine de blessés...)

Du coup, Yukata Furaya qui se trouvait déjà à La Haye (mais sous bonne garde, *à l'intérieur* d'un avion français donc en territoire français), se retrouvera libre dès le lendemain, ainsi que les trois attaquants de l'ambassade. Le quatuor s'envolera vers le Moyen-Orient à bord d'un boeing grâcieusement mis à sa disposition par le gouvernement français.

(1) Un des groupuscules terroristes — commandé par une femme ! — qui s'étaient intégrés, après leur fuite du Japon au « Front Populaire de Libération de la Palestine — opérations spéciales » (FPLP-OS de Waddi Haddad). Ce groupe avait à son actif le massacre de l'aéroport israélien de Lod : 28 morts et 85 blessés — dont une majorité de pèlerins portoricains catholiques !

(2) Evocation des expéditions punitives aveugles pratiquées, dans les années 60, en France notamment, par des commandos du FLN contre des établissements (cafés, restaurants, etc.) jugés insuffisamment sympathisants à « la cause de la libération algérienne ».

***

L'épisode de La Haye n'a pas laissé indifférent le Pouvoir français... Le président Giscard d'Estaing et Michel Poniatowski, nouveaux aux affaires (comme Mitterrand le sera en 1982), commencent à envisager l'idée d'une riposte. Oui, mais laquelle? L'affaire de la rue Toullier à Paris, l'année suivante, où Carlos abattra deux policiers (sans armes) de la DST et son propre « chef de réseau » en France, Michel Moukarbal (1) — parce qu'il croit que celui-ci l'a trahi — ce triple meurtre fera naître dans l'opinion comme chez les gouvernants l'image que Carlos veut donner de lui : celle d'un insaisissable, invulnérable tueur que rien n'arrête... (2)

La DST essaie de le retrouver — en vain semble-t-il...

Carlos a quitté la France pour l'Allemagne de l'Est et, de là, ira se terrer au Sud-Yemen, refuge habituel avec l'Irak de Waddi Haddad, chef opérationnel de l'organisation palestinienne du FPLP-OS. Le personnage, dès ce moment, apparaît bien pour ce qu'il est : un mercenaire exécuteur de « contrats » pour les commanditaires les plus offrants — et pas seulement les Palestiniens. D'où la facilité qu'il a de passer d'un asile à un autre — sans que *personne* ne sache jamais exactement où il se trouve...

Michel Poniatowski a depuis belle lurette pris rang parmi les honorables correspondants du SDECE. Bien avant, en tout cas, d'avoir été nommé ministre de l'Intérieur par Valéry Giscard d'Estaing. C'est-à-dire qu'il fait partie de ces personnalités qui — de façon désintéressée, d'où le qualificatif « honorable » — rencontrent les hommes du Renseignement, répondent à leurs questions, leur donnent des avis... Comportement « patriotique », au nom du « service de l'Etat », mal compris en France — on se demande pourquoi? — alors qu'il est très courant dans les milieux d'affaires et dans le monde politique britanniques...

(1) Réseau du FPLP-OS de Waddi Haddad.

(2) Les autres « grandes dates » de Carlos : Décembre 1975, Vienne (Autriche) : enlèvement de onze des ministres de l'OPEP. (Depuis Carlos n'est jamais plus apparu physiquement.) Pourtant : le 13 octobre 1977, il est impliqué dans le détournement de l'avion de la Lufthansa vers Mogadiscio en Somalie. L'appareil, à son atterrissage, sera investi par les commandos du GS 9 allemand... Et nous le retrouverons en France en 1982, 1983 avant sa « disparition » réelle ou feinte du « marché » du terrorisme.

Toujours est-il que, sous Poniatowski à l'Intérieur, le SDECE reçoit le « feu vert » pour tenter une « chasse à Carlos » (1).

*
**

Les « vicieux » du SDECE sont saisis du problème : Alain Gaigneron de Marolles, patron du « Service action » s'entoure de deux de ses officiers préférés : Alain de Lignières et... le jeune commandant Jean-Baptiste *Menuet.*

Gamberge tous azimuts... Conclusion : si, décidément, on ne peut pas atteindre Carlos, là où il se trouve, hors de portée au Proche-Orient, eh bien ! il suffit de le *faire venir* dans un lieu soigneusement choisi, préparé, propice à l'*enlèvement* du terroriste... Car, pas un instant — c'est dans leur tradition, et de toute façon telle est la limite de la mission des trois « spéciaux » — il ne s'agit pas de supprimer physiquement Carlos. L'objectif est de l'enlever, de le transporter en territoire français. A ce moment, ce sera au pouvoir politique d'accomplir sa décision : la mise à disposition de la justice de Carlos — genre Eichmann ou Klaus Barbie.

Menuet sera le leader de l'opération. Le plan adopté est d'une diabolique simplicité : les hommes du Renseignement ont observé et soigneusement relevé un fait constant dans la vie et le comportement de Carlos — il se dit très attaché à sa mère (avec qui il a vécu un temps à Londres), et surtout à son père richissime brasseur d'affaires au Venezuela.

Le milliardaire père de Carlos — José Altagracia Ramirez Navas — ne manque pas de pittoresque : il a été petit séminariste, ensuite a fait son droit à Bogota, enfin a bâti une colossale fortune immobilière sur le port de Barcelona (Venezuela). Le tout en affichant d'inébranlables convictions marxistes — d'où le prénom d'Ilitch dont il a affublé son fils aîné en hommage à Lénine, bien avant que le jeune homme ne se trouve surnommé « Carlos »... par la presse britannique. (Ses compagnons ne le connaissent que sous les sobriquets de *Johnny* quand il est en Europe et de *Salem* quand il est au Proche-Orient.)

José Ramirez, son père, vit désormais en quasi-retraite dans une somptueuse propriété au nord du Venezuela. Il est déjà âgé... Ce sera lui, le piège, la « chèvre » pour attirer Carlos hors de ses caches.

(1) V. G. d'Estaing nous a confirmé, en 1986, qu'une telle opération avait bien été montée durant son septennat.

Comment cela ? Eh bien, il suffit que ce père tant aimé tombe malade, que Carlos craigne pour sa vie... Il viendra à son chevet — et, au moment le plus propice, les « Spéciaux » français pourront se saisir de lui.

Le « montage » prendra presque deux ans. Il a fallu « approcher la chèvre ». Pas si facile... Mais l'un des agents de l'équipe *Menuet* se trouve être un cyclotouriste acharné — passion que partage également le père de Carlos. Les deux hommes se croisent sur les routes, se saluent, font quelques parcours, quelques haltes ensemble... Finalement, l'agent français est reçu dans la maison de José Ramirez. Il y prend ses habitudes.

Un autre agent, plus direct — un sous-officier détaché des troupes aéroportées — a réussi quant à lui l'approche de « la chèvre » par des moyens plus grossiers : il a sonné à la porte, demandé audience, expliqué que son admiration pour Carlos était sans bornes... Le vieux père a apprécié cette « fascination ».

Début 77, donc, tout est prêt, l' « approche » est accomplie. *Menuet* se rend sur place — très exactement en Colombie, à une vingtaine de kilomètres de la frontière vénézuélienne de l'autre côté de laquelle s'étale le domaine du père de Carlos. Tout est prévu : au feu vert de Paris, l'un ou l'autre des nouveaux « amis » de José Ramirez lui fera absorber une « potion magique » — rien de moins qu'un concentré de virus de l'hépatite A, que l'on complétera, si nécessaire, par une inoculation de virus B, par voie sanguine... Il n'y aura plus qu'à attendre la maladie du vieil homme, que son fils l'apprenne, qu'il vienne, qu'on s'empare de lui... Et un petit avion de tourisme (déjà prêt lui aussi) emmènera le prisonnier et les agents français en Guyane ou aux Antilles françaises...

Mais ce n'est pas un « feu vert » que *Menuet* reçoit de Paris... C'est tout le contraire : un « feu rouge » absolu — que lui fait transmettre Alain de Marolles... Toute l'équipe rentre à Paris. Le père de Carlos n'aura jamais à prendre le breuvage qui, d'ailleurs, aurait pu bel et bien le tuer... Il peut survivre en paix... Et Carlos aussi (1).

Qui a donné l'ordre ? Et pour quelle(s) raison(s) ? A quel niveau ? Celui d'Alexandre de Marenches ? Celui de l'Elysée ?

Nul n'en sait rien aujourd'hui encore... Rendons-lui cette justice (si l'on ose employer le mot dans une telle affaire), le responsable de

(1) Une seconde tentative était prévue sur l'île de Malte. Elle fut annulée, elle aussi...

l'interruption de la « chasse à Carlos » ne fut sûrement pas l'homme qui, le 24 avril 1982 — cinq ans plus tard — écrira dans les *Dernières Nouvelles d'Alsace :* « ...Carlos, il ne faut pas l'arrêter, il faut le liquider. C'est l'affaire des services dits spéciaux. »

Cet homme, en effet, ce sera Michel Poniatowski — à l'époque dans l'opposition, il est vrai... Mais il avait quitté ses fonctions de ministre de l'Intérieur dès août 1976 — et n'aurait donc pu être concerné par un « feu rouge » lancé de Paris au début de 1977.

Ou alors, c'est qu'il n'y avait — déjà — plus de morale !

Chapitre VII

LE JUGE SOUS PROTECTION

A Paris, dès réception, le 1er mars, du message crypté de l'ambassade de La Haye, les choses sont allées bon train. Et, pour quelques jours encore, dans le secret le plus rigoureux. Seuls, cinq ou six hauts personnages de l'Intérieur, autant au ministère de la Justice, autant au Quai d'Orsay sont dans la confidence du message de Carlos déposé à l'ambassade de France à La Haye.

Personnellement visé et menacé, Gaston Defferre fait multiplier autour de lui les mesures de sécurité. Tous les matins, entre 7 h 50 et 8 h 05, il continue de sortir de chez lui, son paquet de journaux sous le bras, son chapeau vissé sur la tête, le regard clair, lumineux — que l'on peut croire pétillant de malice, qui est plutôt froid et calculateur : l'homme ne cesse jamais de réfléchir... Mais, à partir du 2 mars, son chauffeur — que le ministre salue très urbainement en soulevant son chapeau — son chauffeur n'est plus seul au volant. La voiture, généralement une cx Pallas, abrite deux policiers. Au moins une autre voiture bourrée de « porte-flingues » suivra ou précédera celle du ministre. Le service de sécurité « ordinaire » — une 4 L Renault, banalisée, garée au coin de la rue de Lille et de la rue des Saints-Pères, juste devant l'Ecole des langues orientales — le service de sécurité a été renforcé et réanimé. La surveillance du domicile du ministre, de passive et routinière qu'elle était, est devenue active et intense : rondes de nuit dans toutes les rues du quartier, relèves fréquentes des équipes de jeunes policiers (en civil) chargés de donner l'alerte. De deux qu'ils étaient jusque-là, ils se retrouvent à quatre ou six. En liaison permanente avec le dispositif policier.

Naturellement, le juge Debré, l'amorce de son dossier « Bréguet-Kopp » sur son bureau, reste dans la plus totale ignorance de tous ces événements.

*
**

« Invité » pour la deuxième fois, par le procureur général Arpaillange, cette semaine-là, le juge Debré sent bien que quelque part, la partie est de plus en plus faussée. La première entrevue signifiait : alerte ! le pouvoir s'intéresse à votre affaire. La deuxième le surprend encore plus...

Lorsque l'on entre dans le cabinet de Pierre Arpaillange, on pressent que l'on en sortira « anesthésié ». Chacun sait cela au Palais. L'homme est terrifiant de « jésuitisme » — intelligence extraordinaire, compétence juridique indiscutable, sens aigu du non-dit, le tout enveloppé dans l'habillage méridional et très convivial d'une élocution châtiée, chantant la vieille mélodie des grands malins du Lot-et-Garonne.

Son physique est à l'image de son moral : il a l'élégance naturelle et fine d'un prélat romain de première qualité. Il est grand. En fait, il paraît plus grand que sa taille, à force d'acuité dans sa façon même de se mouvoir, qu'il marche ou que, assis à sa table, ses mains blanches et transparentes tracent — toujours avec retenue — quelque délicieuse arabesque dans l'espace.

Ce qu'il a à dire, ce jour-là, à Jean-Louis Debré fauche le jeune juge aux pattes. C'est que lui, Arpaillange, connaît l'existence de l'ultimatum de Carlos — ce qui est bien normal. Alors que Jean-Louis Debré n'en a, et pour cause de secret d'Etat, absolument pas entendu parler.

— ... Je suis très préoccupé, susurre le Cardinal, après les échanges de politesses. Sa façon même de prononcer cette petite phrase implique que, au grand jamais, il ne dira ce qui le préoccupe... Un long silence, peuplé des mille incertitudes du quotidien de la magistrature, s'instaure.

Jean-Louis Debré attend l'explication... qui ne vient pas.

— *C'est clair*, pense-t-il, *on veut arrêter l'enquête sur Bréguet-Kopp. Mais c'est inadmissible : j'irai jusqu'au bout.*

— Je suis très préoccupé, reprend Arpaillange — et de son œil limpide, jamais fuyant, il paraît dire : nous nous comprenons, n'est-ce pas ? Une bonne façon d'achever le début de knock-down infligé à son interlocuteur.

Debré, justement, n'est pas en mesure de comprendre. Il en reste à sa première réaction : « on » veut bloquer son dossier. Arpaillange, lui, sait que le juge ne sait pas. Il sait ce qu'il pense. Il faut donc corriger.

— Je suis très préoccupé... Mais, naturellement, vous restez maître de votre enquête... Vous me savez trop soucieux de l'indépendance absolue des juges, pour penser que je puisse vouloir peser sur vos décisions... Mais je vais vous donner mon sentiment — c'est mon devoir de représentant du Parquet... Et mon sentiment est que votre affaire doit être réglée au plus tôt.

(Evidemment : l'ultimatum de Carlos impose, comme délai à l'élargissement de Bréguet et de Kopp, la date du 29 mars suivant...)

— Mais, répond enfin Debré, je puis vous assurer que la section antiterroriste de Mancini travaille vingt-quatre heures sur vingt-quatre sur l'affaire... J'ai, moi aussi l'intention de mener mon instruction à son terme...

— ... Je sais, je sais... Et il est bon qu'il en soit ainsi... Mais vous savez comme moi combien ces dossiers de terroristes peuvent, à tout moment, déraper : nous ne devons pas oublier la sécurité des Français... Et d'ailleurs, à ce sujet, je dois aussi vous parler de vous...

— ... Mais pourquoi donc, Monsieur le Procureur Général ?

— Eh bien ! pour ce qui est de votre propre sécurité et de celle de vos enfants... Vous êtes père de trois enfants, n'est-ce pas ? Quel âge ont-ils ?

Debré répond... Aucun d'entre eux n'a plus de dix ans.

— Bien... bien..., reprend Arpaillange, de plus en plus procureur-prélat... Il faut prendre des dispositions. J'y veillerai, cher ami...

***

« On » aurait pu dire, à ce moment-là, au juge Debré : laissez tomber ce dossier. « On » lui fait dire : réglez ce dossier, en vitesse.

Il faut « emballer » l'affaire — comme « on » a emballé, avec plus ou moins de bonheur, les dossiers Abou Daoud et Melkonian.

Le juge Debré regagne son cabinet. Il est troublé : la situation lui échappe. Et pour cause ! La « raison d'Etat » vient de passer le bout de son doigt sur le paysage de l'instruction des terroristes Bréguet-Kopp.

On frappe à la porte du cabinet du juge : un gendarme passe la tête : — Monsieur le juge, le commissaire Broussard souhaite être reçu...

Debré en reste stupéfait. Il n'y a pas vingt minutes qu'il a quitté le cardinal Arpaillange... Et si le patron de la « Brigade antigang » (1) s'est déplacé aussi vite, sans même prévenir par un coup de téléphone, c'est qu' « on » met le paquet. Chercherait-on à faire peur au jeune juge ?

Broussard entre, de son pas décidé, échange avec Debré une poignée de main énergique. Madré comme un paysan des Charentes, son terroir d'origine, costaud et entier comme tout bon sous-officier de l'infanterie (2), il s'explique :

— Monsieur le juge, le procureur général Arpaillange et le directeur de la Police judiciaire, M. François Le Mouel, m'ont demandé d'assurer votre protection sans délai...

— Je ne peux refuser cette protection, répond Debré. Mais je n'en comprends pas bien les raisons... Sachez, en tout cas, que ce n'est pas moi qui l'ai demandée. Alors que dois-je faire pour me faire protéger ?

Broussard expose le dispositif. Trois de ses hommes, qui l'attendent dans le couloir, trois « fines gâchettes » de l' « antigang », accompagneront Debré, sa femme, ses enfants dans tous leurs déplacements. Le juge devra communiquer ses horaires, (arrivée au Palais, départ du Palais, rendez-vous en ville. Ces horaires ne devront plus être réguliers). Idem pour les itinéraires : on en changera le plus souvent possible... Et puis, conclut Broussard, « il va falloir vous armer, Monsieur le juge ».

— Vous voulez que je porte une arme ? sursaute Debré. Mais je saurai à peine m'en servir.

— ... Nous vous apprendrons, répond Broussard. D'un ton sans réplique.

Psychologiquement, le moment est important. Debré le premier — avant les juges Corneloup, Bruguière, Boulouque, Marsaud — comprend tout à coup que sa vie quotidienne va complètement changer. L'affaire qu'il a à instruire est-elle donc si grave ? — ou bien

(1) Brigade de Recherches et d'Intervention de Paris qui s'est illustrée, notamment, dans la liquidation du gangster Jacques Mesrine le 2 novembre 1979.

(2) Contrairement à la légende il n'a jamais été ni parachutiste, ni légionnaire, ni commando spécial avant d'entrer dans la police.

lui fait-« on » un peu de cinéma pour le déstabiliser, pour que d'une façon ou d'une autre il en vienne à *vouloir* laisser tomber ? Peur ? Pas vraiment, pas pour l'instant. Broussard vient de lui présenter ses « équipiers » ; les « porte-flingues » et leur patron se sont ensuite très vite retirés.

Mais, nous confiera le juge beaucoup plus tard. « ... Le moment où j'ai vraiment balisé, ce fut, ce soir-là, à ma sortie du bureau. Ça fait quand même tout drôle de voir soudain surgir à vos côtés trois hommes dont vous savez qu'ils sont armés... Vous avez l'impression, presque, que c'est à vous qu'ils en veulent... Balayant l'espace du regard, comme des automates, ils vous pressent, vous conduisent, vous précèdent, vous bousculent s'ils l'estiment nécessaire... J'ai éprouvé de nouveau ce genre de malaise, fugace heureusement mais salement intense, quelques minutes plus tard. Je devais passer dans une pharmacie, à la demande de ma femme qui souffrait d'un début de mal de gorge... Détour à faire, donc, par le drugstore du boulevard des Italiens. J'avais presque oublié la présence de mes anges gardiens... Lorsque je les ai vu bondir de la voiture à peine arrêtée, se déployer et se poster sur le trottoir, m'entraîner à l'intérieur du drugstore — l'un d'eux nous ouvrant un passage dans la foule — lorsque j'ai dû brutalement vivre cette scène de " thriller ", là je me suis fait peur... Heureusement on se fait à tout. Je me suis habitué à la présence constante, autour de moi (et de mes enfants qu'ils conduisaient à l'école), de mes protecteurs... Plus tard, le procès Bréguet-Kopp terminé, cette présence n'était plus qu'un poids supplémentaire dans le déroulement de mes journées. »

Le lendemain, autre scène, au greffe du tribunal de grande instance où les « antigang » ont conduit le juge, dès son arrivée au Palais. Le greffe, situé tout au bout de la longue galerie où s'égrènent les cabinets des juges d'instruction, est une véritable armurerie. C'est là en effet que, dûment expertisées, répertoriées, identifiées, les armes de toutes les affaires criminelles en cours ou déjà jugées se trouvent rangées. On présente à Jean-Louis Debré, sur un plateau, une panoplie de pistolets et de revolvers. On lui préconise un choix : ce 357 magnum Manurhin, par exemple — une arme magnifique, très efficace... Debré, ébahi, contemple les crosses, les canons courts ou longs, le métal luisant, les chargeurs alignés devant lui.

La vie, souvent, est un roman. Gai, drôle ou tragique. Les yeux de Debré, soudain, tombent sur l'étiquette accrochée à un petit revolver mafflu, à canon court. Sur cette étiquette, un nom, celui de son meilleur ami : Aymeric Simon-Lorière. C'est l'arme avec laquelle il s'est supprimé. Un 38 Smith and Wesson.

Le choix de Debré est fait. Toutes les bonnes raisons, qu'on lui expose patiemment contre sa « préférence », n'y changeront rien. Son arme — puisqu'il lui en faut une — ce sera celle-ci et aucune autre.

L'amitié vous joue de ces tours...

***

Le Président de la République française, M. François Mitterrand, vient d'arriver en Israël. Ce jeudi 4 mars il va prononcer un discours à la Knesset, le parlement israélien.

Ce voyage en terre de Sion est le premier qu'un chef d'Etat européen ait effectué depuis la création de l'Etat d'Israël.

L'émotion, l'indignation, la révolte grondent dans l'univers arabe, toutes tendances confondues.

L'un des plus modérés, des plus fins conseillers de Yasser Arafat, son « expert politique », le Palestinien Hani Al-Hassan, déclare au journal libanais *Monday Morning :* « ... La nouvelle position française au Proche-Orient crée de graves menaces pour la paix dans la région. En devenant le premier chef d'Etat européen à visiter Israël, François Mitterrand a mis fin à l'isolement de ce pays, *et le sang qui est répandu depuis lors en est le résultat.* Ce voyage, en effet, a donné à Begin les rênes plus libres dans les territoires occupés. Nous considérons la position de Mitterrand comme virtuellement hostile à l'OLP... » Hani Al-Hassan est, aussi, un conseiller très écouté de l'Ayatollah Khomeiny qui, depuis trois ans, règne sur l'Iran.

« Double jeu » — telle est l'accusation, en partie fondée, il est vrai, que les pays arabes portent à l'encontre de la France. Et qui correspond, à la « praxis » des hommes qui dirigent le pays. D'un côté, Cheysson qui reste dans le droit fil d'une politique traditionnelle du Quai d'Orsay : la « présence » et l' « influence » amicales de la France dans le monde arabe. De l'autre, Mitterrand qu'anime un désir sincère d'aider Israël, *ouvertement,* à sortir de son pétrin historique. Noble ambition d'ailleurs pour le Président que de vouloir surmonter ces inévitables contradictions.

Mais le nouveau chef de l'Etat français, même s'il n'est pas un sioniste fervent lui-même, et s'il se contente de prêcher la paix et les « arrangements » pour qu'Israël survive, n'en est pas moins entouré de sionistes convaincus et prosélytes : Attali, Badinter, Poperen, pour ne citer que ceux-là...

Bien sûr, les choses ne sont pas aussi schématiques. Il n'empêche qu'il faudra, au plus tôt, corriger un peu le tir si l'on ne veut pas se couper de l'univers arabe. L'un des gestes les plus signifiants, de ce point de vue, sera une coopération de plus en plus affirmée avec l'OLP d'Arafat — au moment même, malheureusement pour la France, où celui-ci connaîtra de très sérieuses difficultés avec ses dissidents palestiniens et ses adversaires des Etats arabes, comme la Syrie.

Ce sera l'évacuation des Palestiniens de Beyrouth assiégée par les Israéliens, au mois d'août suivant, la protection de leurs archives et de... leur trésor. Ce qui, après la tuerie de la rue des Rosiers (1), au mois d'août, ne manquera pas de nous remettre les Israéliens à dos...

Ainsi surgissent brutalement en ce printemps 82 les prodromes d'un imbroglio dont les éléments sont apparus bien avant 1980. Ils seront lourds de conséquences s'agissant de la France. Il explique pourquoi et comment la France va devenir une cible privilégiée du terrorisme international, voire de la « diplomatie coercitive » de certains Etats comme la Syrie et l'Iran par attentats et prises d'otages interposés.

Car la Syrie est mécontente : la France affiche son amitié pour son ennemi juré, Israël; la France soutient et ne cessera de soutenir l'autre adversaire majeur de Damas : Arafat et son OLP, trouble-fête des ambitions de Damas sur le Liban; Paris a envoyé ses techniciens les plus avertis en Irak, et continue de fournir des armes à ce pays — autre ennemi juré de Damas (2); enfin, dans la guerre Irak-Iran — où la Syrie soutient « objectivement » le régime Khomeiny — la France se trouve *de facto* contre Damas... puisqu'elle soutient Bagdad...

Les juges de Paris ne vont-ils pas avoir, en plus, le 10 mars suivant, l'audace de condamner lourdement les hommes qui avaient tenté d'assassiner, sur le sol français, l'ancien Premier ministre du Shah, M. Chapour Baktiar (3). L'Iran, de ce jour, n'est pas content non plus... D'un côté la France et son vieux rêve de puissance « tuté-

(1) Voir deuxième partie de cet ouvrage.

(2) Notre « ami » *Menuet*, on le verra, aura été pour quelque chose dans le prolongement de cette situation.

(3) Quatre des cinq membres de ce commando libano-iranien dont le chef est Anis Naccache seront condamnés à la réclusion à perpétuité, et le cinquième à vingt ans de prison.

laire » au Proche-Orient : une tradition qu'elle n'a peut-être plus tout à fait les moyens d'assumer, même si la demande des Arabes à son endroit est bien réelle. A quoi, elle surajoute l'ambition de régler la paix entre Israël et ses voisins. Une ambition sans doute démesurée — toujours cette question des moyens, ne correspondant pas au poids des deux superpuissances.

De l'autre côté, la Syrie, l'Iran qu'exaspère aussi le soutien français à l'Irak, son amitié pour Israël. La Libye, qui cherche, elle, à assouvir des rêves de grandeur historique, se prête à tous les appuis logistiques et financiers dont ces pays peuvent avoir besoin pour entretenir leurs équipes — souvent des mercenaires — de la terreur. Et, ballottés entre ces trois pôles protecteurs, les Palestiniens extrémistes, ceux qui ont déjà rompu avec Arafat, ou qui ne tarderont pas à le faire, qui voudront *faire parler d'eux* et de tous ceux qui, par conviction ou manipulation, ont rallié leur « cause ».

Telles sont les sources profondes du terrorisme qui, ceci expliquant cela, a déjà choisi la France comme champ de manœuvre. « La France, c'est le terrain le plus facile... et le plus payant » (1).

(1) Hagop Hagopian, chef de l'ASALA en juillet 1982. Voir IIe partie, page 144.

CHAPITRE VIII

AU ROYAUME DES FUITES...

La première page du quotidien *France-Soir*, daté du vendredi 5 mars 1982, est un véritable document historique. Cette publication correspond à la fin de la deuxième semaine d'incarcération de Bruno Bréguet et de Magdalena Kopp.

Le juge Debré en prend connaissance comme tout le monde, car les radios n'ont pas manqué de reprendre l'information étalée en manchette : « Exclusif : Carlos menace Defferre. » Et Debré, les policiers de la section antiterroriste, les « Spéciaux » de la DST et de la DGSE en restent abasourdis. Voilà qui donne un poids nouveau au dossier Bréguet-Kopp.

Il ne s'agit plus, d'ailleurs, de Bréguet-Kopp. Désormais, ils sont *les amis de Carlos*.

Il y a eu « fuite » (1). Une de plus... Par définition, le message de Carlos à Defferre *devait rester secret*. Le rendre public équivalait à rompre toute possibilité d'arrangement avec le plus mystérieux et — à l'époque — le plus redoutable prestataire de services du grand terrorisme. Cette « fuite » est un geste délibéré, éminemment politique : tout est bon pour saper le pouvoir.

Voici Gaston Defferre le dos au mur. S'incliner devant les exigences de Carlos lui est maintenant impossible. L'opinion publique ne le comprendrait pas. Plus question, non plus, d'arranger les

(1) On n'a jamais réussi à déterminer quelle pouvait être la « source » de cette fuite. Rappelons que, en principe, il n'y avait qu'une vingtaine de hauts fonctionnaires dans le secret. L'une des conjectures, le plus souvent évoquée, met en cause un magistrat de la chancellerie, fervent adversaire de son ministre Robert Badinter.

choses en douceur. Le dossier est en cours d'instruction chez un juge, Jean-Louis Debré, qui a la réputation d'être plutôt entêté et qui, de surcroît, est le fils d'un ancien Premier ministre du Général de Gaulle. On ne peut donc ni libérer Bréguet-Kopp comme l'enjoint Carlos, ni faire front. On ne peut plus qu'avoir peur, attendre les attentats qui ne vont pas manquer de se produire. Ilitch Ramirez Sanchez, dit Carlos, tient généralement ses promesses.

Le chantage à la terreur — pour les initiés en tout cas (1) — s'exerce à plein. Que faut-il faire ?

Pour le juge Debré, des sentiments contradictoires l'assaillent. D'abord, pourquoi ne l'a-t-on pas tenu au courant du chantage de Carlos. Encore une frustration : pas de doute, « on » tient le juge d'instruction pour quantité négligeable. Mais si on l'avait mis dans le secret ? Et si, au nom de la raison d'Etat, on lui avait enjoint d'élargir ses deux détenus — qu'aurait-il pu faire, lui, Debré ?

C'est pourquoi, en définitive, après la colère, la blessure d'amour-propre, l'humiliation, ce qui l'emporte en lui, c'est une espèce de sentiment de soulagement. Les politiciens, une fois de plus, se sont mis en porte à faux — qu'ils se battent entre eux. Ce n'est pas son problème. Il n'y a qu'à creuser, creuser encore, enrichir le dossier, aller au procès.

Ce ne sera pas si facile...

***

Les trois semaines qui suivront la divulgation de l'ultimatum de Carlos vont être décisives.

A l'instar des policiers qui travaillent sur ses commissions rogatoires, le juge Debré — pour l'instant encore tout feu tout flamme — ne les oubliera pas de sitôt.

L'enquête strictement policière d'abord. Bruno Bréguet et Magdalena Kopp continuant d'observer un mutisme intégral, la seule piste que les hommes de la section antiterroriste puissent suivre est celle de la voiture où étaient déposés armes et explosifs. Cette 504 en très mauvais état est une quasi-antiquité. Au point que, pendant longtemps, on se posera la question suivante : ce vieux tacot déglingué n'était-il pas destiné à être piégé avec les explosifs qu'il abritait ?

(1) L'opinion publique, en 1982, n'a pas encore été sensibilisée à la menace terroriste et n'en perçoit nullement les mécanismes.

Thèse d'autant plus défendable que, compte tenu de leur pedigree, on imagine mal Bréguet et Kopp jouant les « transporteurs » sans autre intervention de leur part.

Cela étant, avec leur pragmatisme et leur professionnalisme habituels, les limiers de la Criminelle écartent pour l'instant toute problématique sur ce sujet. C'est au juge, d'ailleurs, qu'il appartiendra de décider si, oui ou non, Bréguet et Kopp s'apprêtaient à commettre un attentat, le soir même de leur arrestation à Paris. Pour l'instant, tout ce que peuvent faire les hommes du commissaire Mancini, c'est rechercher et trouver le propriétaire de la voiture.

Méthode et patience... Bien entendu, les plaques minéralogiques du véhicule étaient fausses. Un seul numéro, celui du moteur (qui n'a même pas été limé (1)) est offert en pâture aux policiers. Pas si simple, pourtant. Le répertoire informatisé d'identification de tous les véhicules roulant en région parisienne, n'est pas accessible à partir des numéros de moteur. Bizarrerie administrative, erreur de conception dans la programmation ? — peu importe. Les policiers n'ont plus qu'une solution : consulter le constructeur, retrouver le premier distributeur de la voiture, lequel l'a vendue à un premier acheteur, lequel l'aura revendue à un particulier ou à un garage — les plaques d'immatriculation changeant chaque fois, etc. L'opération a pu se répéter plusieurs fois au cours des années.

Dans une affaire de ce genre, à chacune de ces étapes, les policiers doivent s'enquérir de l'identité des personnes ayant eu possession de la voiture — éventuellement les contrôler, pour le moins enquêter sur leurs activités... Ils ne peuvent risquer de laisser passer un suspect éventuel.

Tout ce travail mobilise, depuis le 21 février, une bonne demi-douzaine d'hommes de la SAT. Ils arrivent au bout de leurs peines autour du 16 mars.

***

Le téléphone sonne dans le cabinet du juge Debré. Le commissaire Ange Mancini, de l'autre bout du Palais (2), appelle.

(1) Même en cas d'explosion, on parvient presque toujours à reconstituer le numéro moulé sur le bloc moteur.

(2) Le fameux « Quai des Orfèvres » où sont installées la plupart des Brigades de la Police Judiciaire parisienne appartient à l'ensemble architectural du Palais de

— Monsieur le juge, ça y est... Nous avons retrouvé l'acheteur de la voiture... Et même mieux que cela.

— Formidable ! Mais, c'est quoi le « mieux » ?

— Ecoutez, on est en train de mettre au point les procès-verbaux... Le plus simple est que je vous envoie mes hommes. Ils vous raconteront. Vous êtes d'accord ?

— Bien sûr... Ils peuvent venir tout de suite ?

Quelques minutes plus tard, ayant exhibé leur carte de la Criminelle aux gendarmes qui protègent le cabinet du juge, trois inspecteurs de la section antiterroriste se présentent devant Jean-Louis Debré. Celui-ci ne cache pas sa jubilation. Depuis trois semaines, malgré ses appels répétés, la Criminelle n'a rien apporté — rien. Pas même le message de Carlos à Gaston Defferre (2), pas même un télex précis du BKA sur les *curriculum vitae* respectifs de Bruno Bréguet et de Magdalena Kopp. Il a appris ainsi que le « circuit » BKA allemand-police judiciaire française est, le plus souvent informel, téléphonique.

Le regard bleu du magistrat se fait tout douceur. Son visage a rajeuni de dix ans. Il accueille ses visiteurs d'un sourire éclatant.

— Alors, Messieurs, de quoi s'agit-il ?

— Eh bien, répond l'inspecteur T..., nous connaissons l'acheteur de la voiture.

Très content de lui, l'homme de la SAT essaie de se carrer confortablement sur l'inconfortable siège où il s'est installé.

— ... Et ce n'est pas tout, enchaîne l'inspecteur P... qui, lui aussi, se tortille sur sa chaise bancale. L'acheteur par lui-même n'offre guère d'intérêt. Mais ce qu'il y a autour — ça, c'est capital...

— Et qu'est-ce qu'il y a autour ? l'interrompt Debré. (L'impatience est aussi l'un de ses traits de caractère.)

— Les Corses, le FLNC... Ça y est, on les tient enfin, répond placidement le troisième homme de la SAT.

— Les Corses ?

Jean-Louis Debré en reste ébaubi. Dans un geste qui lui est

Justice : un labyrinthe d'escaliers et d'ascenseurs permet aux initiés de passer des immenses galeries, des salles des tribunaux et des Chambres, des bureaux du Parquet et du Parquet Général — du « temple de la Justice » — aux locaux de la police.

(1) Considéré comme « secret » malgré la divulgation de son contenu, le fac-similé du texte original n'est jamais sorti des coffres de la haute administration.

familier, il joint les mains, doigts tendus devant la bouche. Silence ; il réfléchit. Que peuvent bien faire les Corses dans son affaire ? Bréguet et Kopp auraient-ils travaillé pour eux ? Ils n'auraient été là que pour la « nuit bleue » du 16 février ? Cela ne correspond pas à leur carrure...

— Résumez-moi les faits, reprend le magistrat. Je comprendrai peut-être un peu mieux.

— Eh bien voilà... Et l'inspecteur T... fait son « résumé » :

— ... La filière de la voiture nous a finalement conduits chez un garagiste « spécialiste de l'occasion » à Montreuil. Ce garagiste a vendu la 504, le 16 février dans la matinée : *le jour même où Bréguet et Kopp ont été interpellés*. Son registre était à jour : le véhicule a été payé en liquide (8 000 francs) par un certain Liedevic qui a donné son adresse à Lagny. Mais voilà : ce nom et cette adresse étaient faux. Alors on est retourné chez le garagiste. Il ne savait rien d'autre sur l'acheteur...

— ... Oui, mais c'est là que ça s'est « corsé ». L'inspecteur P. prend le relais, ravi de son jeu de mots... Parce que l'acheteur, qui s'appelle en réalité Jacquot — et dont nos services n'avaient jusqu'ici jamais entendu parler — ce Jacquot n'est pas venu tout seul au garage... Et vous savez qui l'accompagnait ? Un Gaggini ! Ça ne vous dit rien ?

Jean-Louis Debré se renverse en arrière, lève les yeux au ciel, faisant appel à tous ses souvenirs... Gaggini ? Gaggini ? Non, décidément, le nom ne lui « dit » rien.

— ... Je ne vois pas, confesse-t-il aux policiers. Avec, toujours, son sourire bon enfant. Eclairez-moi un peu, voulez-vous ?

— Eh bien, intervient le troisième homme de la SAT — eh bien, le 11 septembre dernier, un certain François Gaggini a été interpellé à Levallois-Perret alors qu'il rangeait soigneusement dans sa cave 170 bâtons de dynamite — quelque chose comme 80 kg d'explosif... Il a reconnu appartenir au Front de Libération Nationale de la Corse. Il a expliqué à nos collègues qu'il mettait son arsenal à l'abri, mais que ça pourrait resservir un jour si — textuel — « la trêve était rompue »...

— La trêve, interrompt Debré, quelle « trêve » ? Il voulait parler de l'amnistie ?

— Bien sûr... Et voilà où nous mène cette politique aberrante... Le Parquet de Nanterre a bien demandé l'ouverture d'une information contre lui... Mais, suite logique, on l'a laissé en liberté...

— Et alors, reprend Debré, c'est ce François Gaggini qui a accompagné votre... votre Jacquot pour qu'il achète la voiture de Bréguet et de Kopp ?

— Non, concède le policier. Non, ce n'était pas lui. C'était son frère, prénommé Vincent. Mais vous savez combien ces Corses ont le sens de la famille...

***

Les hommes de la Crime ont fait du beau boulot, pense songeusement le juge Debré en lisant et relisant les procès-verbaux qu'ils lui ont transmis dans les heures suivantes. Vincent Gaggini « logé » par le garagiste — quasiment un voisin — abritait dans son « squatt » le dénommé Jacquot. Perquisition : les deux hommes étaient là. Plus des armes — un fusil à pompe, des cartouches, un pistolet Herstal 7,65 avec ses munitions.

Jacquot en a revendiqué la propriété. Gaggini, lui, n'a pas dit un mot. Les deux hommes sont en garde à vue.

Dans le « squatt » (1) de Gaggini, le groupe de Mancini a également trouvé des documents. Des tracts du FLNC, une affiche exhibant le visage du terroriste allemand Baader, et surtout une lettre, écrite au crayon, signée « Vittore », après un flamboyant « Saluda a tutti » (2). La missive fait notamment état de « ... GP 35, disponibles quand vous voulez, 4 500 pièces (3)... pistolets tchèques 14 coups, si on n'est pas pressé. Les GP 35 sont disponibles tout de suite. »

Plus significatif encore, le message commençait par ces mots : « Bravo pour tout... » Une allusion aux dernières « nuits bleues » ? Très certainement, puisqu'on y parle même d'une femme blessée légèrement... or, l'une des explosions a provoqué sur une passante des blessures superficielles.

La *conviction* du juge est faite : il y a connexion, via l'insignifiant Jacquot, entre le couple Bréguet-Kopp et les Corses du FLNC. Les deux terroristes internationaux que protège Carlos sont-ils venus donner un coup de main aux Corses ? Ou est-ce l'inverse ? Les deux

(1) Les « squatts » — autant de cellules de semi-clandestins légaux, tolérés et surveillés par la police — ont joué un grand rôle dans l'évolution, exactement à la même époque (printemps-été 82), du mouvement *Action Directe*.

(2) « Salut à tous » — en langue corse.

(3) Pistolets belges du type de celui brandi par Bréguet lors de son interpellation.

frères Gaggini travaillent-ils « à leur compte » dans la mouvance terroriste internationale ? Ou bien le FLNC en tant que tel est-il impliqué ?

Tout le monde se tait : le Suisse, l'Allemande, le Corse gardent obstinément le silence ? Que faire ?

***

Conviction n'est pas *preuve*. L'exercice du Droit n'a rien à voir avec la pratique des Beaux-Arts. Si, cet après-midi-là, Jean-Louis Debré avait pu lire certains documents secrets, sa conviction toutefois eût été encore renforcée. Ces documents étaient le fruit d'échanges incessants, depuis le 19 février, entre la DST et le BND allemand. Les « contre-espions » français, aussitôt alertés, ayant fait leur part de travail de renseignement : Bruno Bréguet et Magdalena Kopp ne sont pas vraiment n'importe qui...

Tout y est (1). Du toujours mystérieux Carlos, en passant par les réseaux palestiniens et les groupuscules de l'Euroterrorisme (allemand en particulier), Bréguet et Kopp *connectent* partout. Et, en plus, ils ne dédaignent pas le « petit » terrorisme français — *Action Directe*, Corses du FLNC, Basques favorables à l'ETA, autonomistes bretons via l'Irlande...

Bruno Bréguet : né le 29 mai 1950 à Coffram, en Suisse, utilise deux pseudonymes — Ernesto Ciceri et Henri Richoz (cela le juge Debré le sait). Ce qu'il ne sait pas : Bréguet a un enfant : Jean-Paul, Joël, né le 1er juin 81 à Berlin où vit sa concubine Wilhelmine Zischler, militante d'extrême gauche au *Secours Rouge*. Bien connue elle aussi des « spéciaux » allemands du BND et fichée au BKA. Bréguet a été arrêté par le contre-espionnage israélien (Shin Beth), le 23 juin 1970, pour transport d'explosifs, à Haïfa (pas très loin de la frontière libanaise). Condamné, en 71, à quinze années de prison. Après six années de détention, il a été gracié, libéré, expulsé le 24 juin 77 vers la Suisse. (Ce dernier point, lui aussi, a été communiqué au magistrat instructeur par l'habituel canal BKA-PJ et figurera dans les pièces du dossier.)

Avant de quitter le sol israélien, Bréguet a réaffirmé son appartenance à la *cellule européenne des opérations spéciales des Palestiniens du*

(1) Cf. supra : la note du général Saulnier, chef d'état-major particulier du Président de la République, adressée au ministre de l'Intérieur, Gaston Defferre, et insistant sur le rôle « coordinateur » du Belge L... G...

FPLP (section Mohamed Boudia). Boudia, c'est le nom du premier chef du réseau palestinien de la terreur en Europe, remplacé, après sa mort, par Carlos.

Rentré en Suisse, officiellement étudiant en architecture à l'université de Zurich, Bréguet a milité activement lui aussi au *Secours Rouge* et a fréquenté les extrémistes italiens et allemands. Il s'est montré au bureau de l'OLP de Genève. Sa dernière trace, avant l'inculpation que vient de lui signifier Jean-Louis Debré, a été retrouvée, en janvier 1978, *à Alger :* il y fréquentait le bureau du Fplp-os de Waddi Haddad.

Jean-Louis Debré (s'il avait connaissance de ce dossier secret) sursauterait sûrement en lisant que Bréguet, théoriquement d'idéologie ultra-gauchiste, est très lié au banquier suisse François Genoud connu pour ses convictions nazies, ouvertement propalestinien et militant anti-israélien au nom d'un antisémitisme farouche (1).

Enfin — et pour le juge français ce serait le plus important : Bréguet est également en relation avec des membres d'*Action Directe.* Tout particulièrement avec Evelyne Barge, arrêtée, condamnée, graciée en Israël comme lui, et qui, depuis son retour, s'est signalée à l'attention des services français.

Magdalena Kopp, ce n'est pas mal non plus. Née le 2 avril 1948, à Ulm (RFA), elle utilise, elle aussi, un pseudonyme. Sur l'un de ses deux passeports, la jeune femme a l'habitude — coquetterie très féminine — de se rajeunir de sept ans ; l'un de ses noms d'emprunt est Melchert Andrika. Elle a été très liée à Johanes Weinrich, membre des *cellules révolutionnaires allemandes* (héritières de la *Bande à Baader*). Weinrich arrêté à Paris en 1975, libéré la même année, était fortement soupçonné de l'exécution de l'attentat au bazooka contre un avion israélien d'El Al basé à Orly. Encore un exploit attribué au réseau Carlos.

Jean-Louis Debré sursauterait encore s'il apprenait que Magdalena Kopp a sans doute été l'une des maîtresses de Carlos. Et qu'elle est en relation avec un certain Vincent Gaggini, ancien militant de la gauche prolétarienne, et membre du *Secours Rouge* français.

Secours Rouge, Action Directe, Corses, *ETA*, réseaux palestiniens —

(1) Ce même financier, nostalgique éditeur d'œuvres exaltant le Reich hitlérien, serait le « recruteur » de l'avocat Jacques Vergès pour assurer la défense du criminel nazi Klaus Barbie. Me Vergès — dont nous reparlerons — assurera aussi la défense du trio Bréguet-Kopp-Jacquot, des Arméniens de l'ASALA et du chef présumé des FARL Georges Ibrahim Abdallah.

une telle addition — si elle était connue — révélerait une vérité éclatante : le mouvement terroriste est un tout ; ou, pour le moins, il sait former un tout, chaque fois que cela est nécessaire. L'idée, simpliste, sur laquelle « on » a vécu jusqu'ici : — terrorismes nationaux d'un côté (du type *Bande à Baader, Brigades Rouges* italiennes, *Action Directe* en France) et d'un autre côté, une « nébuleuse » terroriste du Proche-Orient — cette dichotomie ne tient plus.

Voilà le raisonnement — et ce pourrait être une idée vraiment nouvelle pour l'opinion publique française — *que ne peut pas tenir le juge Debré en cette mi-mars 82.* Il ne peut que « flairer » la connexion. Ne s'étant jamais frotté au terrorisme, il hésite.

L'affaire Bréguet-Kopp est la confirmation de ce que les « spéciaux » savaient depuis longtemps : les finalités terroristes se croisent au plan de la logistique, les hommes de chaque camp se connaissent, s'épaulent à l'occasion. Un service rendu en vaudra toujours un autre...

⁂

Pour l'instant, la garde à vue de Michel Jacquot et de Vincent Gaggini tire à sa fin. En ce 19 mars 1982, un mois jour pour jour s'est écoulé depuis l'inculpation et la mise au dépôt de Bruno Bréguet et de Magdalena Kopp.

L'ultimatum de Carlos à Gaston Defferre, lui aussi, tire à sa fin. Le terroriste, on le sait, a donné un mois au ministre français de l'Intérieur pour libérer ses « *amis* » Bréguet et Kopp qui « n'avaient pas l'intention de nuire aux intérêts français... ».

A la Brigade criminelle, le climat reste tempétueux. Le commissaire Leclerc, déplacé, a vidé ses tiroirs dix jours auparavant. L'Intérieur a proposé au divisionnaire Foll de le remplacer. Une belle promotion : celui-ci l'a refusée par solidarité avec son « patron ». Foll a seulement accepté d'assurer l'intérim — pour expédier les affaires courantes.

Parmi ces affaires courantes, le dossier Bréguet-Kopp, on s'en doute, tient la vedette — surtout depuis l'arrestation de Jacquot et de Gaggini. Ce rebondissement n'est-il pas l'occasion de dissiper quelque peu l'amertume, le dépit des « amis de Leclerc » qu'ils estiment victime d'une injustice flagrante au nom de la raison politique ? Si, à coup sûr. Et c'est pourquoi ils attendent beaucoup du juge Debré : qu'il continue l'enquête, qu'il y inclue la connexion corse, etc. Les hommes de la Criminelle — les « amis de Leclerc » surtout — ont besoin d'une revanche.

***

Le juge Debré, en fin d'après-midi, décroche son téléphone.

— Allô, Mancini ? J'aimerais vous voir... Pour tout dire, je souhaite que vous me rendiez ma commission rogatoire... Je clos le dossier Bréguet-Kopp... Et j'aimerais m'en expliquer avec vous...

— Quoi ? interroge le chef de la SAT — vous voulez clore ? OK, j'arrive tout de suite...

Reposant le combiné, Jean-Louis Debré, en attendant l'arrivée du commissaire, songe qu'il a encore une certaine chance d'avoir pour interlocuteur un homme de cette trempe. Avec d'autres, les choses seraient moins faciles...

Mancini, avec son physique méditerranéen (des jaloux l'appellent « le pruneau »), « pige » les situations les plus délicates. Il est le n° 3 de la Criminelle depuis 1980, à la fois homme de terrain (1) — il est sportif, en pleine forme physique — et « gambergeur » de première classe. D'où le choix de Leclerc qui l'a bombardé chef de la section antiterroriste — une « structure » qui n'a même pas de réelle existence administrative (2)...

— Voici votre commission rogatoire, Monsieur le juge...

— Merci, asseyez-vous, dit Debré, et faisons le tour de la question... Avant toute chose, il faut que vous sachiez qu'on m'a « piqué » la piste corse...

— Comment cela ? interroge le commissaire. Gaggini est toujours en garde à vue. Ne pouvez-vous pas l'entendre dans le cadre de votre instruction ?

— Non... Vous savez bien qu'il n'a pas répondu à vos interrogatoires. En outre, aucune charge reliée à l'affaire Bréguet-Kopp ne pèse sur lui... Quel délit a-t-il commis ? Aucun... Appartenir ou avoir appartenu au FLNC, après l'amnistie, n'est pas une faute en soi.

— C'est vrai, concède Mancini. Si vous l'entendiez, vous ne pourriez l'inculper de rien...

— Et c'est pourquoi, l'interrompt Debré, j'ai fait des pieds et des

(1) Après avoir rejoint Broussard en Corse dès l'été 1982, il créera avec lui le RAID (Recherche, Assistance, Intervention, Dissuasion) — sorte de GIGN de la police — et en deviendra le chef en 1985.

(2) Il en est toujours ainsi en 1986-87.

mains, depuis hier soir, pour obtenir l'ouverture d'une nouvelle information, consacrée exclusivement au FLNC, aux « nuits bleues »... Je suis allé en personne au Parquet pour obtenir satisfaction. Le Parquet m'a suivi. Une demande d'information a bel et bien été adressée au Président du Tribunal... Mais voilà, ce n'est pas à moi que ce dossier dans lequel j'aurais pu impliquer Gaggini, a été confié... C'est au juge Texier — je viens juste de l'apprendre... (1).

Un long silence s'instaure entre les deux hommes, peuplé d'ombres qu'ils connaissent bien. Les ombres des hauts personnages de la double hiérarchie judiciaire, en principe parallèle, non communicante : le Parquet, d'un côté et son Procureur de la République ; le Siège de l'autre — c'est-à-dire le Président du Tribunal. Apparemment, comme dans les systèmes de géométrie moderne, les deux parallèles, quelque part se sont rejointes. « On » ne voulait pas « alourdir » le dossier Bréguet-Kopp ; « on » n'a même pas voulu que le même magistrat puisse instruire *à côté* de ce dossier Bréguet-Kopp un autre dossier FLNC... et, surtout, qu'il pût établir une liaison entre les deux affaires.

— ... Et c'est pour cela que vous voulez clore votre instruction ? reprend enfin le commissaire Mancini.

— Entre autres raisons... Disons que celle-ci a emporté ma décision... D'autres considérations m'ont également conduit à cette attitude... Malgré tout votre travail, mon dossier reste mince. Par exemple, l'inculpation que j'ai portée sur Bréguet de tentative d'homicide ne tient pas pour l'instant : les témoignages des vigiles du parking, pas plus que ceux des policiers qu'il a menacés ne sont assez formels. Bréguet a-t-il ou non appuyé sur la détente de son arme ? Et...

— ... Et l'expertise balistique ?

— ...

Le juge Debré sourit. Mancini hoche la tête. Les deux hommes se sont compris. Le labo, comme d'habitude, traîne un peu les pieds (2).

— ...Et, reprend Debré, c'est là ce qui m'inquiète le plus. Si je m'obstine sur ce chef d'inculpation, mon cher Mancini, l'envoi en cour d'assises, nous en avons au bas mot pour six mois... Compte tenu du climat qui entoure toute l'affaire, un tel délai me fait craindre

(1) L'instruction ainsi ouverte n'eut aucune suite. Gaggini remis en liberté, assistera au procès Bréguet-Kopp-Jacquot en se permettant même d'y faire scandale !

(2) L'expertise ne sera pas produite lors du procès.

de devoir remettre mes inculpés en liberté. Certes, je pourrais m'y opposer. Mais je ne suis pas sûr que la Chambre d'accusation — qui serait alors saisie du conflit — me donnerait raison... Alors que vaut-il mieux ? Courir ce risque ? Ou « expédier » — on me l'a demandé, vous le savez — le dossier, n'y retenir que les inculpations tout à fait sûres (détention d'armes et d'explosifs) et m'assurer que Bréguet, Kopp, et Jacquot seront jugés très vite ?

Mancini réfléchit un instant.

— Je crois que vous avez raison, Monsieur le juge... Mais ça va être dur de faire avaler ça à certains collègues de la Brigade (1).

— Tant pis, mon vieux. C'est ça aussi la solitude du juge d'instruction.

***

Michel Jacquot, entendu par le juge Debré, le 19 mars, est inculpé et écroué : détention d'armes et usage de faux papiers.

Magdalena Kopp est entendue, elle aussi, mais pour la dernière fois, le même jour, en présence de Me Jacques Vergès. Son mutisme reste absolu.

Bruno Bréguet, Me Vergès à ses côtés, observera la même attitude, dans l'après-midi du 23 mars suivant.

Le juge informe ses trois inculpés qu'il « met un terme à cette instruction ».

L'affaire est close. Le substitut du Procureur de la République, M. Mouton, reçoit le dossier dès le lendemain, 24 mars. Le 25 mars, son réquisitoire définitif de renvoi devant le tribunal correctionnel est prêt : il l'a rédigé *dans la nuit*. Un modèle du genre — pour ce qui est de la rapidité ! Le substitut Mouton y relève que « l'inculpation de tentative d'homicides volontaires » avait pu paraître justifiée — mais y réclame un « non-lieu partiel : attendu qu'il ne résulte pas de l'information de charges suffisantes contre Bréguet d'avoir commis les crimes de tentative d'homicides volontaires... »

Jean-Louis Debré, dès le 26 mars, n'a plus qu'à reprendre les termes de ce réquisitoire dans son ordonnance de renvoi devant le

(1) De fait, en 1986 encore, certains « anciens » de la Criminelle, au cours de plusieurs entretiens avec les auteurs, ont estimé que le juge avait été un peu « tendre ». Qu'il s'était à la fois fait « rouler » par le Parquet, et qu'il s'était purement et simplement « couché » devant ses injonctions. (Ceci n'étant que *leur* opinion...)

tribunal correctionnel, pour que les inculpés soient jugés. Quarante-huit heures en tout, pour boucler ce dossier : record toutes catégories !

⁂

Tout le monde est content... Content ?

Pas content vraiment, le juge d'instruction qui s'est privé d'une affaire dont il pouvait légitimement attendre des développements intéressants et quelque prestige...

Pas contents du tout, un certain nombre de policiers de la Criminelle : « Encore un mauvais coup des socialos », disent-ils à qui veut les entendre...

Pas contents non plus, les hommes du Parquet : certes, le pire a été évité et « justice sera rendue », mais l'affaire a déjà fait trop de bruit dans le silence glacé des galeries du Palais...

Pas content — mais alors pas du tout — le mythologique Carlos. « On » l'a trahi en révélant son ultimatum qui expire à la fin de ce mois de mars. Et même si l' « on » a fait un effort en allégeant les inculpations de ses *amis*, ceux-ci vont être jugés.

C'est donc à lui de « parler », maintenant...

DEUXIÈME PARTIE

DE LA RUE MARBEUF A LA RUE DES ROSIERS

CHAPITRE PREMIER

L'ATTENTAT DE LA RUE MARBEUF

Carlos, en effet, fait très vite parler de lui...

Le 29 mars, une bombe explose dans le train « Le Capitole » (Paris-Toulouse) : cinq morts, vingt-sept blessés. Parmi les morts, deux femmes — dont la sœur d'un ancien ministre des Finances Jean-Pierre Fourcade — et un enfant. Cette bombe ravageuse marque l'expiration de l'ultimatum d'Ilitch Ramirez Sanchez.

Le 15 avril doit s'ouvrir à Paris le procès Bréguet-Kopp-Jacquot. L'audience est remise du fait d'une grève des gardiens de prison. A Beyrouth, une jeune femme blonde sonne à la porte de l'appartement de M. et Mme Cavallo, les bras chargés de fleurs. La porte s'ouvre. L'inconnue tire à bout portant, tue M. et Mme Cavallo, et s'en va tranquillement. M. Cavallo ne chiffrera plus jamais les messages secrets de l'ambassade de France au Liban. Sa femme n'enseignera plus jamais les mathématiques aux jeunes Libanais.

L'audience du 15 avril a été reportée à la semaine suivante, jour pour jour. Le 22 avril, donc, à 9 h du matin — heure d'ouverture du procès — une explosion secoue le centre-ouest de Paris, tout le quartier des Champs-Elysées. Une voiture piégée vient d'exploser, devant le nº 33 de la rue Marbeuf.

Par miracle, il n'y a qu'un mort (une femme). Mais on décompte tout de même soixante-trois blessés. Plus d'énormes dégâts matériels.

Le juge Yves Corneloup est immédiatement chargé d'instruire l'affaire.

***

Quitte à choquer certaines bonnes âmes trop partisanes, Gaston Defferre (1) a sans doute été le premier à mesurer la gravité de tous ces événements.

« Gastounet » ne s'y est pas trompé. Dès réception de l'ultimatum de Carlos, qui lui était personnellement adressé.

« Gastounet »... — le plus mauvais sobriquet dont on pût l'affubler. Il évoquait un personnage bon enfant, un peu léger, un peu fada : l'opérette style Canebière. En fait, l'homme Defferre était tout le contraire ; même si ceux qui l'approchaient (2) pouvaient, à l'occasion, découvrir chez lui un certain charme et une réelle courtoisie...

Le 2 mars précédent, à l'arrivée de l'ultimatum, et bien plus encore le 5 mars — lorsque la teneur du chantage Carlos a été rendue publique — Gaston Defferre s'est mis en colère. Dans ces cas-là, son regard gris-bleu se vide de toute expression. Il se fait fixe, impénétrable : un mur. Et, devant ses plus proches collaborateurs (le préfet Grimaud, celui de 68 ; Frédéric Thiriez, un « jeune pur et dur, qui ira loin » et qui se trouve en charge, au cabinet, des affaires de police, car Grimaud a passé la main ; Paul Roux, patron des Renseignements Généraux, lui aussi membre du cabinet), devant ces proches qu'il estime être ses « fidèles », Gaston grommelle :

— Carlos, Carlos... Où est-il ? Où se cache-t-il ?... En tout cas, nous ne céderons pas. Lorsqu'on a deux terroristes en prison, on les juge et on les condamne. Point final...

Ceci le 2 mars. A la lecture du *France-Soir* du 5 mars, qui révèle toute l'affaire, Defferre convoque à nouveau tout son monde.

— On vient de nous faire une saloperie... Nous ne céderons pas... Mais c'est vrai, maintenant Carlos est obligé — o-bli-gé, martelle le ministre de sa voix claironnante — obligé de frapper... Autrement, il passerait pour un fantoche. Et, ça, il ne peut se le permettre...

Silence médusé des compagnons du Marseillais qui continue son soliloque.

— ... Eh bien, je vais m'en occuper, moi, de ce Carlos. Trouvez-

(1) Le maire de Marseille est mort en mai 1986, à son domicile marseillais, seul.

(2) Ce fut le cas pour Charles Villeneuve, reçu longuement en juin 1985, par Gaston Defferre que Pierre Joxe avait remplacé à l'Intérieur. C'est de cet entretien, jamais publié, que nous extrayons un certain nombre d'informations de cet ouvrage. Jean-Pierre Péret, de son côté, a régulièrement « pratiqué » le maire de Marseille de 1960 à 1970 — années « noires » de la SFIO dont Defferre présidait le groupe parlementaire à l'Assemblée.

le-moi... S'il le faut, j'irai secrètement, à l'étranger. Je veux le voir face à face. Et je vais lui parler, moi... Parce que la clandestinité, le terrorisme ce n'est pas lui qui a inventé le genre... Dans la Résistance, nous aussi étions des clandestins et des terroristes... Je la connais sa combine. Je vais lui expliquer ce que sera la mienne — et croyez-moi, Messieurs, je saurai lui faire peur, moi aussi... Alors, trouvez-le-moi !

Le « cabinet de crise » reste silencieux. L'un des présents explique enfin que « justement, la difficulté avec Carlos, c'est qu'on ne sait jamais où il se trouve : il est signalé tantôt à Damas, tantôt à Tripoli (Libye), tantôt à Beyrouth, tantôt au Sud-Yemen — et souvent partout en même temps... Son " organisation " est numériquement réduite... Carlos " joue " avec un petit nombre de " pions " extrêmement cloisonnés — qui ne se connaissent sans doute même pas entre eux... Impossible de " remonter " tout ça... »

— ... Très bien, très bien, nasille, ulcéré, le ministre de l'Intérieur. Appelez Chalet à la DST, appelez Marion à la DGSE, appelez les gens du Quai spécialisés dans le Renseignement... Je veux les voir... Quant à moi, j'appelle l'Elysée, le général Saulnier et mon ami Grossouvre...

Vantardise marseillaise ? Oui, sans doute un peu. Mais il ne faut pas oublier que Defferre est de culture nîmoise et protestante. Ce qui implique rigueur de pensée, détermination dans l'action et courage... Sa volonté de rencontrer Carlos est sûrement sincère — bien qu'elle soit irréalisable...

François de Grossouvre lui-même se charge de le lui faire comprendre. Au cours d'une partie de chasse... Grossouvre, oreille, fidèle des fidèles du Président — le seul homme devant qui François Mitterrand pense à voix haute — s'interroge, doute... Le seul avec qui il repart quatre jours par semaine, en voiture, après la « journée de travail ». Un homme aussi, qui a le goût des affaires secrètes et qui, avec le général Saulnier, capte — en principe — toutes les informations importantes et significatives émanant des services de Renseignement (1). Grossouvre, enfin, est un ami personnel de Gaston Defferre.

Au cours de cette partie de chasse, Defferre, donc, expose son problème — retrouver Carlos, le contacter, organiser une rencontre secrète... François de Grossouvre, sceptique, interroge le ministre de l'Intérieur : « Est-il bien sérieux ? — Absolument », répond Def-

(1) Nous aurons encore affaire au personnage à la fin de cette année 1982.

ferre... Grossouvre explique que, à sa connaissance, aucun service français n'a « logé » Carlos.

— Eh bien, laisse tomber Defferre, si c'est vraiment le cas, c'est que nos services de Renseignement sont remarquablement inefficaces... Il faudrait leur fabriquer un meilleur carnet d'adresses... Je m'étais pourtant laissé dire que Poniatowski, alors qu'il était à l'Intérieur, avait « lâché les chiens » contre Carlos. N'aurait-il fait que du vent (1) ?

Chalet, pour la DST, n'a à connaître que des affaires se déroulant sur le territoire français. Ses services n'ont aucune idée de l'endroit où se terre Ilitch Ramirez Sanchez. Non sans amertume car, on ne l'a pas oublié à la S.T., Carlos a tué deux inspecteurs de la « maison » en 1975...

Marion, pour la DGSE, confirme ce qu'a dit François de Grossouvre... Ses agents ont perdu la trace de Carlos « ... entre Alger, Malte et Berlin-Est... Seuls les services algériens pourraient savoir où il se trouve... mais ils ont quelque rancune, eux aussi, à l'encontre de la star du terrorisme, et ils ne donneront aucun tuyau... ».

C'est l'impasse. Résigné, Gaston Defferre fait comme tout le monde : il attend la fin du mois de mars, l'expiration du délai de Carlos. A peine lui a-t-on communiqué, le 29 mars, les premiers éléments d'information sur l'explosion du « Capitole » qu'il déclare : « ... Il ne fallait pas divulguer l'ultimatum. Ceux qui ont failli à cette loi du silence sont des assassins. »

Ce n'est pas faux...

***

Carlos, invisible, omniprésent... Du Vénézuélien d'origine bourgeoise qui a reçu une éducation parfaite, qui, vers sa 18e année, est allé faire un tour à Moscou, à l'Université Lumumba, avant de se fondre au début des années 70 dans l'organisation palestinienne du chrétien-marxiste Georges Habache (2), de ce jeune homme, tueur de profession, personne à vrai dire ne sait rien ou presque...

Excepté, précisément, dans ces années 70 (jusqu'à l'affaire, en 75, de la rue Toullier, ce qui l'a obligé à ne plus se montrer en France)

(1) Voir chapitre VI de la première partie.

(2) Carlos combat en Jordanie aux côtés des Palestiniens contre les troupes du roi Hussein et se trouve de ce fait, historiquement, membre à part entière de l'organisation « Septembre Noir » (combats de septembre 1970).

quelques encore jeunes intellectuels très « branchés ». Des *pré-soixante-huitards,* anciens des comités Vietnam, ex-« porteurs de valises » FLN algérien et fascinés par les luttes de libération... Ainsi, le bruit courra, quelques années plus tard, que Régis Debray ou, pour le moins, certains de ses amis, comme lui passionnés par les luttes de libération nationale, auraient, à plusieurs reprises, rencontré et hébergé celui qui n'était encore qu'un des « fers de lance de la libération de la Palestine »... Malveillance, désir de nuire à celui qui, un jour, devint conseiller du Président Mitterrand ? — il est bien difficile de le savoir. La police, à l'époque, n'avait pratiquement nulle trace de ces passages à Paris de Carlos.

Paris, mais aussi Berlin, Rome, Londres où réside sa mère... Le jeune homme mène une vie plutôt dissipée — l'argent, les filles, l'alcool, la bonne chère. C'est, et il restera, un « jouisseur ». Tuer, tuer encore et toujours — cela fait-il partie de ses « jouissances » ? Question sans réponse : la psychologie du personnage est insaisissable. De toute sa vie jusqu'à ce jour, il a accordé en tout et pour tout une seule interview (1) où, relatant complaisamment ses crimes, il ne se livre pas pour autant. Tout bilan fait de ce que l'on connaît de sa carrière, il ne semble pas que le « méchant » Carlos soit un « vicieux » Carlos — que secoueraient les spasmes d'un plaisir pervers chaque fois qu'il lance une grenade ou qu'il arrose ses victimes de rafales de pistolet-mitrailleur.

Cette carrière présente des « trous » : Carlos, chaque fois qu'il l'a pu, a pris du repos, quelquefois longuement, pendant plusieurs années. Il s'est régalé des plaisirs ordinaires d'une vie luxueuse, clandestine certes, mais plus que confortable, de Syrie en Libye, de pays de l'Est en Yougoslavie, etc. Son « originalité » psychologique serait donc plutôt de pouvoir transformer le sybarite qu'il est naturellement, en un tueur froid, implacable, rigoureux dans ses méthodes — et prêt à tout. A condition que la prime du « contrat » en vaille la peine...

« ... Je renonce à tous ces plaisirs pour la Révolution. La Révolution est mon " euphorie " suprême », dit-il lors de son unique interview. Et ceci : « ... Je ne suis pas un tueur professionnel. Ce n'est pas facile de tirer dans les yeux de quelqu'un

(1) Interview publiée — coïncidence ? — dans le journal pro-irakien *A Watan Al Arabi* devant lequel devait exploser, rue Marbeuf, la voiture piégée du 22 avril 1982.

qui vous regarde... » Et enfin : « ... Tout ce que je sais, c'est que je serai assassiné un jour. C'est pour cela que je vis " à fond ". »

En somme : un intellectuel mégalomane à qui la « Révolution » donne beaucoup d'argent... Et, au nom de la « Révolution », tant pis pour les victimes innocentes qui assurent sa publicité... Les jeunes Allemandes, Françaises, Italiennes, Anglaises — pas toujours de première fraîcheur, d'ailleurs, ni d'une très grande beauté — contactées entre 70 et 75 en Europe, ont appris à venir servir le « maître » dans ses demeures les plus secrètes. A l'occasion, par des chemins détournés, elles repartent vers l'Europe alimenter en armes et explosifs leurs « copains de la base ». Elément à ne pas négliger. Comme nous l'a confié Hagop Hagopian (1) une sexualité passablement débridée régnait, jusqu'en 1982, dans les « camps » palestiniens de Beyrouth où « les Blondes » faisaient fureur...

Les « Blondes » des bombes !

Malheureusement — comme Magdalena Kopp dans le parking de l'avenue George-V, et combien d'autres ! — les « Blondes » ne se contentent pas d'*être* des bombes. Elles les transportent, les mettent en place, tirant à vue qui pourrait les gêner. Elles se font remarquer, surtout en Allemagne, par une hargne, une détermination totales. Mais la France compte aussi des vedettes féminines du terrorisme : Nathalie Ménigon, par exemple, qui lors de son arrestation (2) en compagnie de Jean-Marc Rouillan, en septembre 1980, vide deux chargeurs de son colt 45 — heureusement, elle ne touche aucun policier... Depuis lors, règne dans les « Services » une sorte d'adage diversement formulé : « Si tu te trouves en face d'un couple de terroristes armés, c'est la femme qu'il faut abattre en priorité... » L'Italie, l'Angleterre, le Japon ont aussi leurs « pasionarias »... Une étude du ministère allemand de la Justice (3) établissait « ... la participation record des femmes dans les groupes terroristes : 26 % — un taux de représentation que n'atteint aucun parlement des pays européens ».

Le 15 avril 1982, à Beyrouth, c'est bien une « Blonde » qui se fait ouvrir la porte du ménage Cavallo... Ils sont abattus sans un mot.

(1) Chef de l'Armée secrète arménienne pour la libération de l'Arménie — dont nous aurons à reparler...

(2) C'est à la suite de cette arrestation que les deux chefs d'*Action Directe* se trouvaient détenus au cours de l'été 81 et qu'ils bénéficièrent, lui de la loi d'amnistie, elle d'une mise en liberté avant tout procès. Nous aurons aussi à reparler d'eux...

(3) Citée par *Le Point* n° 468 du 7 septembre 81.

Trois jours plus tard, un autre membre des services de l'ambassade de France, Gilbert Houzé, est en train de dîner avec sa femme dans leur appartement sis dans la même rue que celui des Cavallo. Une « Blonde » — la même, une autre ? — est derrière la porte dont la sonnette retentit soudain. L'ayant observée par l'œilleton, le fonctionnaire français — rendu méfiant, on le comprend ! — n'ouvre pas. Sans faire de bruit, il se glisse près de l'une des fenêtres donnant sur la rue : des hommes en armes s'y cachent à peine, sans vergogne. Il alerte les services de sécurité de l'ambassade qui viennent le délivrer, sa femme et lui. Le lendemain, ils regagneront la France...

Une décision que l'ambassadeur, Paul-Marc Henry, ne peut appliquer au bénéfice de tous les fonctionnaires français qui l'entourent à Beyrouth. La France doit rester présente dans la capitale libanaise. Elle aura cher à payer pour cela.

***

Curieusement, le 13 avril 1982, dans la soirée, une « blonde » s'est manifestée aussi à Rome. Bah ! elle est peut-être brune — mais les teintures et les perruques ne sont pas faites seulement pour les coquettes ! Et puis, ce que cette dame accomplit dans la capitale italienne n'est en rien criminel. Tout simplement, elle restitue à l'agence Hertz de Fiumicino une voiture qu'elle a louée deux jours auparavant à l'agence Hertz de Ljublijana, en Yougoslavie.

Elle s'acquitte fort honnêtement du montant de la location et disparaît. Tout ceci se passe à deux jours du jeudi 15 avril — comme si on venait de la prévenir que le procès Bréguet-Kopp, en définitive, allait vraisemblablement être reporté de huit jours en raison d'une grève inopinée des gardiens de prison français. De fait, très peu de gens, au Palais, étaient au courant. Pour eux, et eux seuls, le report était une certitude, en ce 13 avril...

La semaine suivante, le 19 avril, *la même « blonde »* se présente de nouveau à l'agence Hertz de Ljublijana. Elle y loue une voiture rouge, de marque Opel, de type Kadett...

C'est cette voiture qui, trois jours plus tard, le jeudi 22 avril 1982, à 8 h 58 du matin, explosera devant le n° 33 de la rue Marbeuf, au cœur de Paris. La « blonde » n'a été que convoyeuse.

C'est un homme « au teint mat » qui a garé la voiture, la veille au soir. « Un homme de trente-cinq ans environ, de type oriental, le front dégarni et le visage barré d'une fine moustache (1)... Ce portrait est une reconstitution — diffusée une semaine après le drame par la Brigade criminelle le jour même où l'on enterrait Mlle Nelly Guillerme, la victime de l'attentat. Plusieurs témoins — des passants, des voisins — ont pu observer à loisir le personnage qui s'est payé le luxe de faire déplacer une autre voiture par son propriétaire, afin de se garer pile devant le n° 33...

Or, et voici que se boucle une boucle qui va compliquer l'enquête, au n° 33 de la rue Marbeuf, au quatrième étage, sont installés les bureaux du journal *Al Watan Al Arabi* — « la Patrie arabe ». Son propriétaire, un Libanais, M. Walid Abou Zaher, est un expert des microcosmes arabes — et farouche opposant au régime baassiste syrien qui s'est mis en place à Damas en 1970, sous la houlette du général d'aviation Hafez El-Assad. Une cible très précise... qui a déjà connu quelques ennuis au mois de décembre précédent : une bombe placée devant la porte de ses bureaux a été désamorcée juste à temps ! Des fonctionnaires de l'Ambassade de Syrie ont été impliqués dans cette première tentative. Mais... sans suite judiciaire.

Cette fois, après l'explosion de l'Opel Kadett rouge-orange à 8 h 58 — de nombreux enfants venaient tout juste de rentrer de l'école de la rue Marbeuf — les choses ne traînent pas. Le Garde des Sceaux, Robert Badinter, actionne le Parquet de Paris : il faut *immédiatement* ouvrir une information.

C'est ainsi que le juge Yves Corneloup, 36 ans, est saisi le jour même...

... Et Gaston Defferre, dans la foulée, annonce qu'il va expulser les deux diplomates syriens impliqués dans la première tentative d'attentat.

(1) *Le Monde* du 30 avril 1982.

CHAPITRE II

L'ENQUÊTE DU JUGE CORNELOUP

En ce 22 avril 82, puis dans les jours qui suivent, la DST se retrouve aux premières loges. Sous ses masques habituels, bien sûr.

Dès le 23, M. Cheysson fait déclarer « *personae non gratae* » les deux diplomates syriens que M. Defferre fera expulser sans tarder. Voilà qui n'arrange pas précisément le juge Corneloup dans ses investigations.

Car, ou bien les deux Syriens étaient réellement impliqués dans l'explosion de la rue Marbeuf et il n'eût pas été superflu de les entendre ; ou ils ne l'étaient pas — ce qui, pour le moins, pouvait épargner au magistrat instructeur un certain nombre de conjectures. Mais immunité diplomatique oblige, c'est la règle démocratique internationale. Et peut-être aussi, Gaston Defferre, convaincu que l'auteur de l'attentat est bien Carlos — au moins pour ce qui est de son organisation — a-t-il voulu faire d'une pierre deux coups.

Car, de toute façon, en expulsant les deux diplomates syriens, Gaston Defferre reste dans le droit fil de sa « politique » de bonne volonté à l'endroit des polices. Il venge, à sa façon, les hommes de la Criminelle qui s'étaient sentis floués le 19 décembre 1981 — lors de la première tentative d'attentat à la bombe sur le palier du journal *Al Watan Al Arabi*. Encore une affaire restée sans suite judiciaire. Pourtant, les hommes du commissaire Leclerc, toujours en fonction à la fin de 1981, avaient très rondement mené leur enquête : la bombe était cachée dans un emballage de magnétophone, facile à identifier, acquis quelques jours auparavant par M. Kassouha (1), attaché culturel à l'ambassade de Syrie. Le Parquet avait préféré ne pas suivre cette piste. L'argument d'une provocation, montée de toutes pièces, avait même été avancé : l'identification avait été trop facile — donc elle avait été « organisée »... Par qui ? Nul n'en savait rien... Argument auquel, cependant, il est facile de répondre que *si la bombe du 19 décembre avait éclaté,* son emballage de fortune eût été pulvérisé, rendant impossible toute remontée formelle vers l'ambassade de Syrie. Encore « une pilule amère » que les hommes de la Criminelle avaient eu quelque difficulté à avaler...

« ... Dans ces conditions, je vous serais reconnaissant de bien vouloir m'indiquer si la Brigade criminelle doit solliciter le témoignage de M. Kassouha, et je ne manquerai pas de me conformer aux instructions qu'il vous plaira de me faire parvenir... » — ainsi se terminait la lettre adressée par le Procureur de la République, Christian Legunehec à M. Pierre Arpaillange, Procureur Général auprès de la cour d'appel. Une lettre en date du 30 décembre 1981. On devine ce que furent les « instructions » : pas de vagues, pas de vagues. Le tout, onze jours exactement après la « tentative »...

Les techniciens du laboratoire central avaient désamorcé l'engin, le 19 décembre, à 20 h 13. Il était programmé pour 20 h 14... Il s'agissait de trois pains de TNT reliés à un détonateur électrique et branchés sur un mouvement d'horlogerie.

En fait, M. Kassouha aurait très bien pu être, au moins, « entendu » par le commissaire Foll chargé de l'enquête à la Criminelle. La Syrie, en effet, n'est pas liée par la convention de Vienne — qui prévoit expressément dans son article 31 qu'un agent diplomatique ne peut être obligé de donner son témoignage. Mais M. Legunehec, dans sa missive, faisait habilement remarquer que cette convention de Vienne « ... constitue cependant pour la France la référence générale des relations diplomatiques ». Perche tendue, aussitôt saisie. Il faut que le « ministre des Relations extérieures puisse utiliser la procédure 9-1 de la (même) convention de Vienne... », celle précisément qui permet au Quai d'Orsay de déclarer « *persona non grata* » tel ou tel diplomate. Le ministère de l'Intérieur se charge alors de l'expulsion proprement dite. On en est toujours à la fin décembre 81.

(1) La preuve ne fut jamais *formellement* établie que M. Kassouha ait, en personne, fait l'acquisition du magnétophone. Pour le moins, en tout cas, l'achat fut effectué en son nom...

La DST s'est déployée. M. Kassouha a été surveillé, son collègue — « attaché militaire et naval » de l'ambassade de Syrie, le commandant Ali Hassan — l'a été également...

En ce 22 avril 1982, quatre mois plus tard, quelques heures après l'explosion de la rue Marbeuf, ils sont l'un et l'autre déclarés « *persona non grata* »... Le choix *politique* est fait. Une date, s'il en est dans l'histoire du terrorisme en France : cette décision, en effet, met *pour la première fois* en cause un Etat, la Syrie. *La notion même de terrorisme d'Etat fait timidement surface.* Oh ! avec bien des prudences, et plus de silences que d'explications ! Mais, tout de même, M. Cheysson rappelle à Paris l'ambassadeur de France à Damas, M. Servant (1). Et bien que le ministre des Relations extérieures affirme, le jour même, que « ... les deux agents diplomatiques (...) ne sont pas nécessairement liés à l'attentat », il dit aussi que « ... leurs agissements n'étaient pas acceptables... ».

Voilà qui préfigure bien des propos entendus en septembre 1986, de diverses personnalités du gouvernement Chirac, et de M. Chirac lui-même... M. Cheysson n'ajoutait-il pas, en 1982, pour justifier sa décision, cette déclaration de fermeté : « ... Il n'est pas acceptable, *il n'est pas tolérable que des règlements de comptes auxquels la France est étrangère, aient lieu sur notre sol.* Le Gouvernement l'a dénoncé et il prendra toutes les mesures possibles. Cela dit, rendons-nous bien compte de la gravité de ce péril. Ce n'est pas la première fois qu'on tue aveuglément à Paris ou dans d'autres villes de France ou de l'étranger ! Rappelons-nous le " Capitole ", il y a quelques jours ; la rue Copernic, un drugstore, un cinéma... Quand des terroristes veulent tuer aveuglément pour la démonstration et non pas pour atteindre des personnes en particulier, la protection est singulièrement difficile. C'est la raison pour laquelle nous sommes décidés à être particulièrement sévères et stricts dès qu'existera le moindre soupçon. »

Ceci fut dit *avec fermeté* il y a de cela cinq ans...

Fermeté, rigueur et... prudence (2) : la France affecte encore de croire par la voix du ministre des Relations extérieures, que les hommes qui frappent les Français ne les visent pas, eux. Il s'agit de « règlements de comptes » entre factions proche-orientales. Dès le

(1) Le même diplomate avait reçu Abou Daoud en 1977...

(2) Les relations diplomatiques entre Paris et Damas ne seront pas rompues. L'ambassadeur Servant regagnera son poste dans la capitale syrienne dans le courant du mois de mai suivant.

début de l'après-midi du 22 avril, c'est Gaston Defferre, Premier ministre par intérim (1)qui a inventé la formule : « ... La méthode employée est révélatrice de la mentalité des auteurs de ce type d'attentat, qui n'hésitent pas à faire couler le sang sur le territoire des Français pour des règlements de comptes auxquels la France est étrangère. Le gouvernement mettra tout en œuvre pour démasquer les coupables, les mettre entre les mains de la justice et renforcer les dispositifs de protection de la population. »

Le seul malheur, c'est que la France — tout le démontrera par la suite — n'est pas du tout considérée par les auteurs d'attentats, ni par leurs commanditaires, comme « étrangère aux règlements de comptes ».

Elle est, au contraire et pour de multiples raisons, tenue pour partie prenante dans les conflits libanais auxquels se trouvent aussi mêlés la Syrie — au premier chef —, l'Iran, l'ensemble du monde arabe et Israël. Avec en arrière-fond les Etats-Unis et l'Union soviétique. Un *kriegspiel* à l'orientale, un puzzle dont une divinité maligne déplacerait sans cesse les pièces — voilà dans quoi la France se trouve impliquée parce qu'elle entend continuer de faire entendre sa voix au Proche-Orient. Rien de plus, rien de moins... Et en 1986 et 1987, on en sera encore et toujours là.

***

C'est par la radio, le soir même du 22 avril, que le juge Corneloup a pris connaissance de ces décisions et déclarations gouvernementales. Il revenait tout juste de la rue Marbeuf où il voulait mesurer l'ampleur des dégâts. Sa journée a été bien remplie. Il devait « traiter » Marbeuf tout en assurant ses autres affaires en cours. Les hommes du commissaire Jacques Genthial (2) n'ont pas cessé de l'appeler pour lui communiquer leurs trouvailles, leurs pistes éventuelles.

Et, en plus, il a dû parer lui-même au plus pressé : désigner les experts, les légistes pour la victime — Mlle Nelly Guillerme — et l'examen des blessés, convoquer le laboratoire central pour analyser l'explosif utilisé, etc.

C'est là l'un des « inconvénients » de la nouvelle politique de

(1) Pierre Mauroy se trouve en voyage officiel à Saint-Pierre-et-Miquelon.
(2) C'est le commissaire Genthial qui a finalement succédé au commissaire Leclerc à la tête de la Criminelle.

Robert Badinter : le juge d'instruction doit désormais être saisi très rapidement de son dossier. En soi, c'est une bonne chose : Corneloup, Debré, Bruguière et quelques autres en sont d'accord. Mais du même coup, le juge doit « se taper » mille corvées procédurières qui, dans les usages précédant l'arrivée du Garde des Sceaux socialiste (1), incombaient aux policiers sous le regard paterne des hommes du Parquet. Désormais, il n'en est plus ainsi : le « patron » de l'enquête, celui qui doit l'orienter, le plus tôt possible, en actionnant la police judiciaire, c'est le juge d'instruction. Lourd à porter. Le juge Corneloup, ce soir-là, se couchera tard.

Malgré son nom et l'aura qui l'entoure dans tout le Palais de Justice — compétence, sérieux, discrétion —, bien qu'étant alors indiscutablement l'une des vedettes de l'Instruction, le juge Corneloup n'est pas du tout, dans son personnage même, ce que l'on s'attend à découvrir en ouvrant la porte de son cabinet : un magistrat d'âge mûr, costume trois-pièces couleur muraille, lunettes d'écaille et physionomie pincée. C'est, tout au contraire, un homme encore jeune — il n'a que 36 ans en 1982 — au visage ouvert. Un costaud « bien dans ses pompes », au regard clair, tout à fait capable de rire à une plaisanterie, voire d'en énoncer une lui-même.

Il ne faudrait cependant pas s'y tromper. Le personnage n'a rien d'une « bonne pâte ». Comme Jean-Louis Debré, comme Jean-Louis Bruguière — les trois hommes formeront d'ailleurs le triangle de base de ce qu'on a pu appeler le « lobby de l'Instruction » de 82 à 85 — Corneloup, s'agissant de son métier, est d'une rigueur inflexible. Une règle d'or : ne jamais répondre aux questionneurs sur les affaires dont il a la charge. Cela devrait nous le rendre antipathique, à nous journalistes... Et ce n'est pas son moindre mérite que d'avoir su, d'instinct — ou si l'on veut : par nature — surmonter cet obstacle. De tous les juges d'instruction chargés d'affaires « sensibles » — celles du terrorisme notamment — Corneloup est sans doute le seul que la plume des confrères n'a jamais égratigné !

C'est qu'il y a en lui l'étonnant mélange spécifique des Bourguignons roublards dont il est issu : fermeté, mais jovialité ; intelligence, mais réserve un rien distante. Si, d'aventure, et après combien de vaines démarches, un journaliste parvient à l'approcher et à engager la conversation — pas de notes, encore moins de magnétophone bien

(1) M. Badinter n'a jamais milité au Parti socialiste. Il était et reste un fidèle et un ami du Président Mitterrand.

sûr ! — il sort enchanté de son entretien... Mais rappelant sur l'heure même ses souvenirs, reprenant une à une les questions qu'il s'était promis de poser, et qu'il a posées, notre journaliste doit convenir de ceci : il s'est fait piéger, il a cru que le juge répondait et le juge ne lui a *strictement* rien dit. Le tout dans la bonne humeur. Avec ses pantalons en velours côtelé, ses blousons de cuir et sa pipe toujours éteinte, sa décontraction apparente, réelle et feinte à la fois, Corneloup vous roule en douceur... Du grand art !

Tout ce qu'on sait de lui, c'est qu'il aime le sport (1) : le foot et le rugby auquel il a joué — et il en a la carrure. C'est aussi qu'il est divorcé et père de deux enfants, deux garçons qui vivent en province avec leur mère. C'est encore que, en 1982, il a déjà neuf années de fonction de juge instructeur : il a commencé à Brive en 1973, pour venir à Paris en 1978. Il était, l'année de son premier poste, le plus jeune juge d'instruction de France. Ses camarades de promotion à l'école de la magistrature s'appelaient Jean-Pierre Michau (2) et Jean-Louis Bruguière (3). Nul ne connaît ses opinions politiques.

L'autre impression — c'est bien le mot, on n'a guère de certitudes avec lui — que donne le juge Corneloup, c'est de n'avoir pas d'états d'âme. En cette soirée du 22 avril, alors qu'il s'en revient de la rue Marbeuf, ses seules préoccupations, sans aucun doute, sont de boucler ses procédures de premières expertises — et de réfléchir aux informations que les commissaires Genthial et Mancini lui ont communiquées. Les hommes de la SAT, il est vrai, ont fait vite.

Pour commencer, la plaque d'immatriculation de la voiture (W 691 814 — Autriche) a été récupérée quasi intacte après l'explosion. Une piste facile à remonter : le numéro n'a même pas été falsifié : il s'agit bien d'une Opel Kadett rouge-orange appartenant à l'agence Hertz de Vienne. Le loueur a indiqué sans difficulté que cette automobile n'a pas été prise à son siège de Vienne mais à l'aéroport yougoslave de Brnik-Ljubljana, le 19 avril. Par qui l'Opel a-t-elle été louée ? Rien de plus facile, indique le loueur yougoslave

(1) Comme le juge Marsaud fort amateur de rugby (voir dernière partie de cet ouvrage) qui fera son apparition — très remarquée et d'ailleurs remarquable — à la fin de 1985 et, surtout, en 1986...

(2) J.-P. Michau instruira dès 1986 l'affaire du « *Carrefour du développement* ».

(3) Comme Jean-Louis Bruguière, il sera élevé en 1984 au grade de « Premier juge d'instruction » — ultime échelon dans la hiérarchie des magistrats instructeurs du Siège. Comme celui de Jean-Louis Bruguière —, détail significatif du comportement de deux hommes profondément différents par ailleurs — le nom du juge Corneloup, sur le registre des permanences des juges d'instruction, n'est suivi d'aucune adresse.

qui, consultant ses dossiers, donne par téléphone aux enquêteurs français le nom de Mme Margit Staedelman, née le 15 avril 1950 à Zurich et domiciliée dans cette ville...

Là, les choses se sont un peu gâtées. Interrogées à leur tour, les autorités judiciaires suisses, à Zurich d'abord, puis à Berne (capitale de la confédération helvétique) affirment ne pas connaître de citoyenne suisse dotée d'un tel état civil. Le passeport et le permis de conduire de la locataire de l'Opel déposée devant le 33, rue Marbeuf étaient faux.

Qui est Margit Staedelman ? Personne n'en sait rien. Excepté — sans doute — le « Mad Max du terrorisme », l'insaisissable Carlos (1). Toute l'enquête, l'ensemble du dossier d'instruction, resteront dominés par cette simple question.

***

Gaston Defferre a fait coup double avec l'expulsion des deux « diplomates » syriens ; mais sa décision répond à un coup double de Carlos (2). La connexion de l'attentat avec l'heure d'ouverture du procès Bréguet-Kopp est bien dans sa manière — et la « Blonde » qui a convoyé la voiture piégée à Paris reste dans son style. Mais il est clair que le choix du lieu — sous les fenêtres du journal *Al Watan Al Arabi* — répond à des préoccupations syriennes... Conclusion : Carlos a agi pour son propre compte, mais il a également assuré un « contrat » syrien symbolique contre un journal pro-irakien et donc anti-syrien.

Une jeune femme tuée, soixante-trois blessés (dont un enfant qu'il faudra amputer) — tel est le prix payé par les Français pour l'accomplissement de ces étranges « marchés » proche-orientaux. Il faudra, jusqu'en 1986-87, en prendre l'habitude...

Naturellement, bien que l'affaire ait pris officiellement un tour diplomatique, personne ne prend contact avec le juge Corneloup — ni du Quai d'Orsay, ni de l'Intérieur, ni de la Chancellerie du ministère de la Justice... Le magistrat instructeur mesure, dès le lendemain, à la lecture des journaux, comme tout un chacun, l'importance de son

(1) *Carlos l'insaisissable*, ouvrage de Christopher Dobson et Ronald Payne (Albin Michel 1976).

(2) Entretiens avec G. Defferre en 1985, ainsi qu'avec le général Saulnier, chef d'Etat-major particulier du Président de la République jusqu'au 1er août 1985, date à laquelle il fut nommé chef d'Etat-major des Armées.

dossier. Dans des cas comme celui-ci, on est bien obligé de se dire que le respect de l'indépendance du juge a quelquefois bon dos! En l'occurrence, comme dans tous les autres dossiers judiciaires du terrorisme, le réflexe de l'administration politique consiste, tout simplement, à *oublier* qu'il y a une instruction en cours. On l'*oublie* aussi chez les « Spéciaux », DST, DGSE — d'où pourraient cependant sortir quelques renseignements importants sinon décisifs pour « l'établissement de la vérité »...

Non. Le juge reste seul, qu'il se débrouille!

Yves Corneloup entend bien, en effet, se débrouiller... Dès le lendemain, le 23 avril, il établit une commission rogatoire internationale, afin d'exploiter à fond la piste de la voiture.

Deux inspecteurs de la Criminelle — du groupe de la SAT dirigé par Ange Mancini — vont se rendre en Yougoslavie pour tenter d'identifier la mystérieuse Margit Staedelman... Ils ont pour mission d'établir son portrait-robot, de ratisser le plus large possible. Ils emportent avec eux un album de photos, répertoire des grandes figures du terrorisme international féminin — pour la plupart des Allemandes de la mouvance *bande à Baader*. Ils devront s'efforcer également de saisir les contrats de location de la voiture pour d'éventuelles reconnaissances d'empreintes digitales, voire des analyses graphologiques... Ils auront pour objectif, enfin, de repérer sur tout le territoire yougoslave des traces du passage de la personne qui s'est présentée sous le nom de Margit Staedelman. Recherche des hôtels où elle a pu descendre, des passages des frontières. Prise en compte de tout incident ayant pu se produire lors de ses déplacements (pannes de voiture, approvisionnement en essence, contraventions éventuelles, etc.).

Les deux « antiterroristes » de la Criminelle prennent l'avion le samedi 24 avril 1982 au matin. Ils sont de retour huit jours plus tard. Mme Staedelman fait désormais l'objet d'un signalement — au moins approximatif. Ils ont reconstitué l'itinéraire de la voiture — exploit difficilement réalisable en France, mais relativement aisé dans un pays suradministré comme la Yougoslavie : tout étranger y est fiché, suivi, pour ne pas dire surveillé... Au soir du 19 avril, jour de la location, Staedelman a séjourné dans un hôtel de Postojna. La veille de la location, elle a dormi à Zagreb... où, justement, venait d'atterrir un avion *Inter flug* en provenance de Berlin-Est...

Postojna, selon certaines sources, serait un haut-lieu du terrorisme international. C'est, notamment, dans cette petite ville de 7700 habitants, célèbre pour ses grottes à stalactites, que des réseaux spécialisés « arment » les voitures destinées à l'exécution d'attentats. Simple rumeur ? Il doit bien y avoir quelque fondement là-dessous.

Comme pour la Yougoslavie tout entière d'ailleurs qui, du point de vue du terrorisme, apparaît nettement comme un « pays d'accueil et de transit ». Dans la mouvance communiste, bien que n'appartenant pas au bloc de l'Est, de vocation « neutraliste », ce pays est fort bien placé au cœur de l'Europe. Il dispose d'une large façade maritime sur l'Adriatique. La Yougoslavie est un marchepied idéal pour qui, en provenance d'un pays de l'Est — Roumanie, Bulgarie, Tchécoslovaquie, — veut passer à l'Ouest. La suite des affaires de terrorisme le démontrera, organisateurs et exécuteurs empruntent quasi systématiquement des transits du genre Damas-Berlin-Est, Ljubljana, avant de venir frapper en France, en Autriche, ou en Italie...

Précisément, s'agissant de Margit Staedelman, la piste s'arrête à Postojna. Il est *vraisemblable* qu'elle est passée en Italie par le poste frontière de Trieste. Elle n'avait plus ensuite qu'à gagner la France par les autoroutes du nord de l'Italie, passer la frontière italo-française sans difficulté, et rejoindre Paris. Conjectures... simples conjectures. D'où venait-elle ? Où est-elle allée avant (et après) l'attentat ? Qui est-elle ?

Le juge Corneloup et avec lui les « antiterroristes » de la Criminelle vont ainsi piétiner jusqu'au 18 juin suivant. A cette date, une autre piste se trouvera ouverte. Ce 18 juin 1982, en effet, à l'aéroport de Rome Fiumicino, une certaine Christa Margot Fröhlich, est trouvée porteuse d'un paquet « spécial » : trois kilos et demi de plastic. Des horaires de train vers la France (Simplon-express) et en France (TGV), indiquent qu'elle a l'intention de franchir les Alpes. Sans doute pour commettre un attentat...

La DIGOS (1) prévient la Criminelle de Paris qui communique ces premières « découvertes » italiennes au juge Corneloup. Le magistrat ne peut pas ne pas faire un premier rapprochement. « TGV » = le train le « Capitole », c'est-à-dire l'explosion du 29 mars 1982, jour de l'expiration de l'ultimatum de Carlos.

Un deuxième rapprochement s'impose à lui avec encore plus de vigueur. Les ordinateurs allemands du BKA tracent de Mlle Fröhlich un portrait presque semblable en tous points à celui de la mystérieuse Staedelman, qui le 19 avril précédent, a loué en Yougoslavie l'Opel

(1) Police antiterroriste italienne.

Kadett rouge-orange (la voiture qui devait exploser trois jours après, le 22, devant le n° 33 de la rue Marbeuf). D'après la police criminelle fédérale allemande, Fröhlich = Staedelman au moins pour l'appartenance à la même mouvance (la Fraction Armée Rouge). C'était déjà le cas de Magdalena Kopp, la partenaire de Bruno Bréguet. Or pour Yves Corneloup, l'explosion de la voiture rue Marbeuf est liée à l'ouverture du procès des « Amis de Carlos »...

En conséquence de quoi... Fröhlich interceptée à Rome ne serait-elle pas Staedelman loueuse de la voiture mortelle de Marbeuf... ?

Au moment même où le juge se pose cette question, il fait un troisième rapprochement : celui des caractéristiques physiques... La description des témoins yougoslaves de Mlle Staedelman correspond aux détails fournis par la fiche informatique de Mlle Fröhlich...

Yves Corneloup peut légitimement s'attendre à une confrontation de la prisonnière Fröhlich avec les témoins yougoslaves qui ont vu Staedelman en avril 1982. Encore faut-il que ceux-ci viennent en Italie...

Fröhlich a été trouvée aussi porteuse de deux autres passeports. L'un au nom de Béatrix Odehnal, l'autre au nom de Marie Zimerman. C'est en enquêtant sur ces deux noms que policiers italiens et français découvriront plus tard que Béatrix Odehnal — autrement dit Fröhlich — a justement rendu à Fiumicino une voiture de location le 13 avril (deux jours avant la date initialement prévue pour le procès Bréguet-Kopp).

Le casse-tête recommence : Fröhlich = Zimerman = Odehnal. Mais est-elle aussi Staedelman ? Fröhlich refuse de répondre à toute question, comme Bruno Bréguet, comme Magdalena Kopp — un comportement habituel chez les terroristes « professionnels ». Tout spécialement aux policiers français que Corneloup réexpédiera à Rome, au début du mois d'octobre 1982...

Entre-temps, et plus tard aussi, la piste se confirmera. Au vu de la photo de Fröhlich les loueurs de l'Opel Kadett rouge de l'agence Hertz de Ljubljana ont déclaré qu'elle ressemblait au souvenir qu'ils avaient de Staedelman...

***

Mais que de secrets bien gardés ! Dont le juge Corneloup ignore tout, évidemment !

A la veille de l'attentat — plusieurs informations soigneusement recoupées nous permettent de l'affirmer aujourd'hui — *quatre groupes de personnes savaient ou auraient pu savoir qu'il allait se produire...*

Tout d'abord, le colonel Jean-Baptiste *Menuet* — oui, l'homme que nous avons croisé déjà au moment de l'affaire Abou Daoud en 1977, alors qu'il venait de recevoir l'ordre d'arrêter sa « chasse à Carlos ». Ses réseaux personnels au Proche-Orient ont déjà alerté l'officier du cadre dit « spécial ». Ses informateurs lui ont même donné la date — 22 avril — le lieu — Paris — et la marque et la couleur de la voiture : une Opel Kadett rouge-orange louée en Yougoslavie.

Menuet bien entendu, a informé... La surveillance du Territoire l'était déjà ! (1). Mystère des transmissions, l'information n'est pas bien passée — ou mal. Il a informé, en particulier, l'un des multiples organismes où il a ses entrées et bénéficie d'oreilles toujours attentives. Cette institution appartient au Quai d'Orsay. Là, le nécessaire est fait, du moins le croit-on...

Car, une fois encore, l'information se perd dans les sables. Pourquoi ? — Parce que, nous dira bien plus tard, en 1986, l'un de nos interlocuteurs : « ... Parce que, à l'époque, les canaux n'étaient pas au point (2)... Nous, on a eu le renseignement. D'autres, peut-être — en tout cas nous pouvions le penser — l'avaient aussi. On l'a passé... Et on a cru que ça circulerait. Mais voilà, le responsable du cabinet (3) — nous, nous n'avions pas de contact direct avec les services (DST, DGSE, RG, etc.) — le responsable du cabinet a passé l'info à son correspondant au ministère de l'Intérieur, qui lui-même la passerait à qui de droit, ainsi de suite... On croyait que cela serait transmis très vite. L'attentat de la rue Marbeuf nous a coupé les pattes. »

En fait, — il faudra en prendre l'habitude — l'information en France ne circule pas, surtout lorsqu'elle est classée « sensible ».

De plus, des employés et journalistes d'*Al Watan Al Arabi* avaient repéré la voiture dès la veille de l'explosion... C'est par eux que *Menuet* a eu confirmation de ses « tuyaux » personnels. Là, cela devenait plus précis : marque de la voiture, sa couleur, son numéro minéralogique — tout y était... Y compris son emplacement devant le n° 33 de la rue Marbeuf !

(1) Gaston Defferre écrira un démenti au journal *Minute :* « ... Dès le 8 avril, j'ai appris par la DST que des menaces pesaient sur le journal *Al Watan Al Arabi*. Le soir même, j'ai mis en place un dispositif de protection. » Ce dispositif avait été déployé à l'étage du journal et non dans la rue Marbeuf.

(2) En va-t-il différemment en 1987 ?

(3) Il s'agit du cabinet de M. Cheysson, ministre des Relations extérieures.

C'est le propre des démocraties que de connaître des moments de laxisme — correspondant, somme toute, aux horaires de travail « normaux », eux-mêmes en vigueur au nom de la justice sociale. Une fonction publique, tous services confondus, soumise à de tels usages n'est pas — et n'est toujours pas — en mesure de faire face à la folie paranoïaque du terrorisme international.

CHAPITRE III

LE PROCÈS BRÉGUET-KOPP

En attendant, en ce 22 avril 1982, il faut bien juger Bruno Bréguet, Magdalena Kopp et Michel Jacquot... Les magistrats se tiennent prêts — sauf l'un d'eux, en retard — à pénétrer dans le prétoire à 9 h, heure fixée pour l'audience. Le substitut Mouton relit une dernière fois le réquisitoire qu'il exposera tout à l'heure. Il n'y réclame que le minimum des peines prévues par le code pour les inculpations auxquelles le juge Debré s'est résolu.

Justement, voici le juge Debré... Il tenait à assister au procès. Il vient d'apprendre par la radio de sa voiture l'explosion de la rue Marbeuf. Jean-Marie Lefebvre, d'*Europe 1* — la station se trouve à quelques dizaines de mètres du lieu du drame — en a brossé, à chaud, une relation inquiétante : on ne sait pas encore combien il y a de morts, mais devant l'importance des dégâts matériels, on peut craindre le pire... L'horreur, l'émotion du journaliste qui se rendait à son bureau et s'est trouvé sur les lieux quelques dizaines de secondes seulement après l'explosion, la description qu'il a faite de l'événement, ont plongé Jean-Louis Debré — et avec lui tous les auditeurs d'*Europe 1* — dans une stupéfaction qui frise l'état de choc.

Garant sa voiture à la hâte, courant dans les couloirs-chicanes du Palais, Debré se précipite vers la salle de délibérations du tribunal, qui jouxte le prétoire proprement dit. Les juges en sortiront d'un instant à l'autre pour ouvrir le procès. Miracle, le président Diemer, ses deux assesseurs, les juges Michau et Mme Chevalier, et le substitut Mouton sont encore là, revêtus de leurs atours solennels. Jean-Louis

Debré communique la nouvelle à ses collègues. Stupeur générale... qui retardera l'ouverture de l'audience.

C'est que l'opinion publique — y compris chez les magistrats — n'est pas encore formée au décryptage des attentats, aux jeux de bascule des chantages, contre-chantages, avertissements, sanctions par lesquels le terrorisme vise à régner en maître invisible et invulnérable sur une société tout entière. De ce point de vue, l'explosion de la rue Marbeuf sonne le premier coup d'un glas qui sonnera très fort par-dessus tous les clivages politiques français jusques et surtout en 1986.

Jusque-là, y compris dans ce qu'ils pouvaient afficher d'antisémitisme (exemple : l'explosion de la rue Copernic), les attentats avaient été « vécus » par l'opinion comme autant de règlements de comptes, incompris d'ailleurs, d'exactions ponctuelles — engendrant un « ça n'arrive qu'aux autres » tranquillisant pour Monsieur Tout-le-monde.

Rue Marbeuf, les Français viennent de refaire connaissance avec le terrorisme aveugle, ravageur, systématique. Chacun, à Paris surtout, se sent une cible potentielle. Marbeuf, c'est la préfiguration des bombes anonymes qui exploseront en 1985 et 1986 dans les grands magasins de Paris, dans une cafétéria à la Défense, à la préfecture de police, à l'Hôtel de ville de la capitale, devant le magasin Tati de la rue de Rennes...

C'est dans ce climat d'angoisse — et de révolte — que, quelques minutes plus tard, s'ouvre le procès de Bréguet, Kopp et Jacquot. La sérénité de la justice, dans de telles conditions ? Bien altérée, sans doute, quelle que soit la vertu professionnelle de chacun des magistrats siégeant au prétoire.

***

Jean-Louis Debré quitte la salle des délibérations alors que ses collègues pénètrent solennellement dans la salle du tribunal.

Le procès s'ouvre dans une atmosphère tendue. D'abord par l'omniprésence spectaculaire de la gendarmerie — et pas de n'importe quel corps de gendarmerie ! Non. Sont là, visage fermé et affichant une détermination totale, les hommes du GIGN (1). Qui les dirige ? Le célèbre capitaine Paul Barril dont un certain nombre d'interventions — prises d'otages notamment — ont déjà forgé le personnage :

(1) Groupe d'Intervention de la Gendarmerie Nationale.

Tintin musclé pour les uns, officier non dénué d'intelligence pour les autres, et surtout au contact avec les terroristes, Paul Barril ne va pas tarder à refaire parler de lui (1). Pour l'instant, il surveille son monde en tenue de combat : treillis noirs, armes apparentes.

Scène pittoresque. Lorsque le juge Debré se présente à l'entrée publique du tribunal, il est soumis à la fouille — comme tout le monde. Soudain, l'un des deux hommes du GIGN qui l'inspectent — « poêle à frire » et palpation rapide — celui qui assure la vérification corporelle tressaille. Voici le juge, le bras droit soudainement replié dans le dos, l'autre bras solidement maintenu par le deuxième gendarme.

— Monsieur, vous portez une arme, dit sobrement le premier gendarme. En passant la main sous le veston du juge, il en extirpe le revolver dont les hommes de Broussard ont imposé le port à Jean-Louis Debré, deux mois plus tôt...

— Mon capitaine, cet homme est armé, lance le premier gendarme au capitaine Barril.

— Mais, bredouille Debré... je suis juge d'instruction et habilité à ce port d'armes. Je suis même le juge qui a instruit le procès qui s'ouvre.

Barril s'approche. Courtois, mais sur ses gardes. Et de sa petite voix un peu zézayante, tout en reprenant rapidement la palpation du juge :

— ... E-èchz-ce que vous pouvez le prouver, mons-chieur ?

— Bien sûr, répond Debré...

Par chance, ce jour-là, il n'avait pas oublié son portefeuille chez lui ou dans sa voiture. Reconnaissons qu'il eût été piquant que le juge instructeur fût mis au secret pendant que l'on jugeait « ses clients ».

*
**

Autre épisode spectaculaire du procès : l'apparition d'un personnage lui aussi déjà célèbre — inquiétant pour les uns, fascinant pour les autres : l'avocat Jacques Vergès. Il est le défenseur du couple Bréguet-Kopp comme il sera, en 1986, celui de Georges Ibrahim Abdallah.

(1) Cf. p. 166, à la suite de l'affaire de la rue des Rosiers instruite par le juge Bruguière...

Un personnage curieux, pour le moins spécial. Il reflète parfaitement les contradictions de la société française.

Existe-t-il en France, aujourd'hui, un seul homme, un seul service qui serait capable de retracer le pedigree de ce brillant avocat, toujours en vedette, et pas toujours pour la cause « révolutionnaire » ? Nous en doutons... C'est là, la dimension particulière, la spécificité de Jacques Vergès : il échappe volontairement à toute classification. C'est d'abord un provocateur...

Etonnamment cultivé, délicieusement courtois, mais sans aucun maniérisme, l'homme est d'abord un narquois, jubilant de l'être, de le paraître, de s'afficher tel. Il n'hésite jamais à « mettre le paquet ». Chaque fois que l'occasion lui en est donnée. Ce n'est pas pour rien qu'il fut premier secrétaire de la Conférence du Stage des Avocats de Paris. Ce n'est pas pour rien non plus qu'après avoir été l'avocat — hors PC et PSU avec qui il a brisé les ponts — des accusés du FLN dans les années 58-61, il a été suspendu pour un an du Barreau de Paris (1). A propos de quoi son « ami » Me Jacques Isorni — qui jadis défendit le maréchal Pétain — qui à l'époque défendait les partisans de l'Algérie française, lui dit publiquement : « Vous êtes l'honneur du Barreau... La sanction que l'on vous inflige, nous, avocats, la paierons au triple (2). »

S'agissant du couple Bréguet-Kopp, Me Vergès, à son habitude, ne plaide pas *dans* le procès mais *autour* de sa cause.

« Quel que soit votre jugement — dit-il de sa voix étonnamment vibrante au président Diemer —, quel qu'il soit, mes clients quitteront leur prison et rentreront chez eux. Vous le savez... *Leurs amis n'auront de cesse qu'ils ne soient libérés.* Et dans un jour, dans une semaine, dans un mois, il n'est pas possible que le gouvernement ne les libère pas... »

Evoquant l'ombre de Carlos dont la bombe vient d'exploser rue Marbeuf, Me Vergès dit aussi : « ... En se taisant et en attendant votre jugement, cet homme d'audace et de courage montre qu'il sait garder la tête froide d'un grand politique... » Et, au passage, flèche perfide : « ... Un accord *non écrit* existe entre un certain nombre d'Etats d'Europe et certaines organisations révolutionnaires en vertu

(1) Me Vergès mit à profit cette suspension, en 1961, pour démissionner du Barreau de Paris, quitter la France pendant une bonne quinzaine d'années, et s'y réinscrire en 1979, au mois de mai.

(2) Effectivement, l'année suivante, Me Isorni se trouva frappé à son tour d'une sanction de suspension de... trois ans !

duquel ces organisations épargnent les Etats dans la mesure où ceux-ci ne tiennent pas compte des infractions qui ne se sont pas déroulées sur leur territoire... C'est ce qu'a rappelé Carlos... Si (sa lettre) n'avait pas été rendue publique par la félonie d'un ministre ou la forfaiture, nous n'en serions pas là aujourd'hui. C'est cet homme *qui portera ou porte déjà la responsabilité du sang versé* en présentant l'expulsion comme une attitude de faiblesse... »

Ce n'est plus une défense : c'est l'apologie de Carlos ! L'acceptation pure et simple du système terroriste ! Au long de cette plaidoirie, la stupéfaction, puis l'indignation se sont peintes sur les visages des membres du tribunal. Et sur celui du juge Debré présent dans la salle. Là encore, il tombe de haut !

Date historique — encore une ! — que celle de ce plaidoyer qui *met à plat* le mécanisme extrêmement simple de tout acte terroriste : le chantage. Il faudra s'y faire, sous-entend de son air perpétuellement moqueur Me Jacques Vergès — cela ne fait que commencer.

C'est la première fois que ce discours si nouveau est dit et entendu publiquement... Le choc, dans le prétoire, est total. A sa façon, la proclamation de Vergès est une bombe dont l'impact est aussi meurtrier pour les consciences que l'a été l'engin qui vient d'exploser rue Marbeuf... Certains y verront — et y voient encore — une *provocation* du célèbre avocat, bien inutile. Ils ont tort : Vergès vient tout simplement, cyniquement bien sûr, d'expliquer à la France ce que sont et ce que seront les mécanismes du terrorisme.

Les « affaires » de 1986, autour du cas de Georges Ibrahim Abdallah, procèdent-elles d'une autre dialectique ?

L'effet est tel, dans le tribunal, ce 22 avril 1982, que le président Diemer et ses assesseurs prononcent un jugement qui va au-delà des peines que réclamait le Procureur Mouton : Bruno Bréguet pour qui le Procureur avait demandé trois ans de prison, Magdalena Kopp pour qui il en avait recommandé deux, écopent respectivement de cinq ans et de quatre ans d'emprisonnement. Ces peines seront confirmées, le 8 juin suivant, en appel, assorties pour les deux « soldats de la révolution » de cinq ans d'interdiction de séjour et de dix mille francs d'amende.

Le « lampiste » Michel Jacquot est condamné à seize mois de prison dont six avec sursis.

Bruno Bréguet sera libéré le 17 septembre 1985, sur remise de peine (1). Magdalena Kopp aura ouvert les chemins de la liberté, le 4 mai précédent. Me Vergès raconte comment il a pu aller « récupérer » sa cliente en Allemagne Fédérale où — selon lui « illicitement », et en tout cas en grand secret — les policiers français l'avaient conduite à l'heure de sa libération pour la « livrer » aux hommes du BKA. L'avocat réussit à faire sortir Magdalena Kopp d'Allemagne. Elle se rendit à... Athènes. A ce jour, on a définitivement perdu sa trace. Après l'avoir, une première fois, retrouvée à l'aéroport de Damas, d'où elle fut « refoulée » (2), elle parvint, dans le courant de l'été, à s'installer dans la capitale syrienne d'où elle a disparu.

(1) Il a bénéficié de cette remise de peine supplémentaire pour son « excellente conduite » dans la centrale de Clairvaux (il a mis son séjour à profit pour passer quelques diplômes supplémentaires de dessinateur-géomètre). A sa libération, il est immédiatement parti pour Lugano (Suisse) rejoindre sa compagne allemande et leur enfant. Il y vit toujours. Détail curieux : les autorités françaises ne lui ont pas rendu ses papiers d'identité lors de sa libération... (Entretiens, en 1986, avec Me Vergès.)

(2) A la demande d'Yves Bonnet, directeur de la Surveillance du Territoire, poste qu'il quittera au mois de juillet 1985...

CHAPITRE IV

LA SOURCE OMAR DE LA DST

Gaston Defferre nous l'a confié, alors qu'il n'était plus, en 1985, ministre de l'Intérieur (Pierre Joxe l'avait remplacé) : « ... Mes débuts à l'Intérieur ont été assez maladroits. J'ai été mal conseillé, trop orienté, par quelques syndicalistes de la police que je croyais bien renseignés et seulement soucieux du service public pour lequel je les consultais... En fait, ce qui les animait, c'était aussi le désir de " régler des comptes "... Toute cette première époque (81-début 82) a été une sorte de happening où tout le monde disait un peu n'importe quoi... C'est ainsi que j'ai remarqué un jeune homme de mon cabinet, un " énarque " qui me faisait rire. Il ne se déplaçait qu'à moto. Frédéric Thiriez, au moins, avait les idées claires. C'est pourquoi je lui ai confié tous les problèmes de police. Et il a agi du mieux qu'il était possible... »

Pour autant, Frédéric Thiriez (1) n'a pas réussi à enrayer la crise au sein de la police. A la suite du « débarquement » du commissaire Leclerc de la Brigade criminelle, au début du mois de mars 1982, le grand patron de la Police judiciaire de Paris, François Le Mouel, a solennellement démissionné (2) pour être remplacé par Pierre Touraine.

La « guerre des clans » a continué au sein de chacun des grands

(1) Aujourd'hui (1986-87), l'un des principaux responsables de la cellule de Michel Rocard chargée de préparer la prochaine campagne présidentielle.

(2) Il est aujourd'hui à la retraite après avoir fini sa carrière comme inspecteur général, et chef de l'unité de coordination de la lutte antiterroriste au ministère de l'Intérieur (UCLAT).

services de police. Le terrorisme vient de frapper par trois fois — et même plus que cela (1). Il fallait réagir. Gaston Defferre a voulu remettre un peu d'ordre dans sa « boutique ». Sur les conseils de Thiriez, il a fait un grand pas vers les responsables de la police française. Il les a convoqués Place Beauvau.

Pour tenter de ramener à lui le dessus du panier des services de police, pour dissiper l'opposition politique sous-jacente d'un certain nombre de ces hommes, pour gommer le soupçon qui en découle (le régime Mitterrand veut tuer la police, la paralyser au nom de chimères « socialistes ») et aussi parce qu'il a un sens suraigu du service de l'Etat, Gaston Defferre, il est vrai, a « fait fort ».

Le Nîmois autoritaire, le protestant rigoriste, peu soucieux des risques qu'il encourt vient de ressurgir sous les traits du Marseillais : tout ce qu'il a dit à « ses » policiers va à l'encontre de ce qu'a été jusque-là — ou ce que l'on croyait être — l'absence de politique sécuritaire du régime. Il propose le rétablissement des contrôles d'identité (qu'il obtiendra) et — plus fort encore ! — il dit que les policiers doivent pouvoir « tirer » (contre les malfaiteurs, terroristes, etc.) comme les gendarmes. Après simple sommation, sans être en état de légitime défense.

Mais cela, il ne l'obtiendra pas...

Parce que l'affaire a pris immédiatement un tour catastrophique — par la réaction d'indignation de Robert Badinter. Le ministre de la Justice a publié sans attendre un communiqué au vitriol : « Les propos du ministre de l'Intérieur n'engagent que lui. Toute décision concernant le projet de loi relatif aux contrôles d'identité sera soumise à l'arbitrage du Premier ministre et du conseil des ministres. » Tant et si bien que le lundi 19 avril — trois jours avant l'attentat de Marbeuf ! — Pierre Mauroy a dû recevoir Defferre et Badinter à 9 h du matin : il fallait régler la querelle. Sinon, c'était son autorité à lui, premier Premier ministre du régime Mitterrand qui en pâtirait... Il n'y réussira, après quelques autres péripéties, que de justesse.

Le pouvoir, le 21 mars précédent, vient de perdre les élections cantonales. L'une de ses premières fissures vient d'apparaître : Mauroy et ses amis d'un bord ; Jospin, Joxe, Poperen, Fabius de

(1) Mitraillage de la mission d'achat d'armement israélienne le 31 mars. Assassinat du diplomate israélien Yacov Barsimentov le 3 avril ; deux attentats à la bombe contre des établissements français à Vienne ; et deux jours après Marbeuf attentat contre le siège de l'AFP à Beyrouth. La liste de ces actes de terrorisme ne devait malheureusement pas s'arrêter là.

l'autre... L'amorce d'une désagrégation qui aboutira au remaniement du 19 juillet 1984, et qui fige la dyarchie : Matignon d'un côté, et l'Elysée de l'autre. Le « château » qui, en maintes occasions, apparaîtra sinon comme un contre-gouvernement, du moins comme un para-gouvernement, un « multi-ministère bis ».

Le réveil terroriste du mois d'avril 82 a-t-il contribué à resserrer les boulons des deux équipes ? C'est vraisemblable. D'autant que, pour l'instant, le Président — homme de secret par-dessus tout — affecte de considérer que ces « événements » sont l'affaire des polices. Il faut donc bien que Defferre restaure son autorité sur celles-ci. Quant au Garde des Sceaux, Badinter le vertueux, il a confié à propos des projets de Defferre « ... c'est incompatible avec les deux principes sacrés de la gauche : la générosité et le respect des libertés » (1). Il rongera son frein au nom de la fidélité et de l'amitié qui le lient au Président.

Le conflit Badinter-Defferre a été d'autant plus curieux que, fondamentalement, les deux hommes ne divergeaient pas sur les objectifs. Préfigurant les déclarations de l'équipe Chirac en 1986, on a retrouvé chez l'un comme chez l'autre, face au terrorisme, la même détermination verbale dans la lutte : *on ne négocie pas avec les terroristes, la fermeté seule est payante...*

Bientôt rejoints (2) sur ces thèmes par François Mitterrand lui-même, ils apprendront — comme l'a appris la nouvelle majorité de 1986 — que la route est longue et escarpée entre les intentions et le succès. Et qu'elle passe bel et bien, qu'on le veuille ou non, par des sentiers secrets de raccordement — ceux, justement, de la *négociation* avec les commanditaires ou les exécuteurs de la terreur...

L'épisode n'en est pas moins significatif. Si Badinter s'est indigné, c'est, certes, au nom de son légalisme, de son respect absolu et sincère du droit, de la justice. Mais c'est surtout parce que le roué maire de Marseille a « fait son coup » sans même lui en parler — au nom de l'efficacité. Qu'il soit de droite ou de gauche, le pouvoir démocratique français a toujours vécu, en cas de crise, entre les deux termes souvent contradictoires d'une seule alternative : donner la prééminence au Politique (Intérieur, polices notamment) ou au Judiciaire.

Dès le retour de Jacques Chirac au gouvernement en mars 86, le problème s'est reposé de façon identique. Et neuf mois plus tard, il

(1) Dans *Le Point* n° 501 du 26 avril 82.

(2) A partir du mois d'août 82, après l'attentat de la rue des Rosiers, le Président montera à son tour au créneau de l'antiterrorisme.

était toujours pendant (1)... En tout cas, pour cette fin d'avril 1982, une autre vérité devrait s'imposer à tous — qu'il est, c'est vrai, plus facile de percevoir avec le recul du temps. Mais cette vérité-là reste soigneusement occultée, bien que la presse commence de s'en faire l'écho. Vraisemblablement, pas plus le juge Corneloup, chargé du dossier Marbeuf, que Gaston Defferre, Robert Badinter ou Pierre Mauroy lui-même, n'en perçoivent les contours : les services « spéciaux » s'agitent énormément, désormais et tout particulièrement la DST.

*
**

De leur aveu même, aucun des trois juges d'instruction — Debré, Corneloup, Bruguière bientôt (2) — chargés des affaires terroristes n'a jamais reçu la moindre aide de la « police secrète » française, celle qui est chargée de la Surveillance du Territoire : la DST. On peut s'en étonner, s'en indigner — c'est ainsi...

La règle du secret, à la DST, est absolue — sauf si l'un des responsables, et surtout son chef, estime que telle ou telle information, récupérée par la « Maison », est désormais inexploitable et peut donc être transmise. Par « inexploitable » il faut entendre « fini, classé, sans avenir ». Une affaire n'est communiquée aux autres services de police et aux magistrats qu'à la condition que le « chef » soit sûr à 100 % que ses suites judiciaires seront efficaces. Immoral, antidémocratique ? Peut-être... En tout cas, le « chef » veut être sûr aussi que les sanctions pénales ou criminelles seront plus payantes qu'une poursuite de la surveillance. Dans tous les autres cas, il vaut mieux, pense le « chef », continuer à « exploiter ». C'est-à-dire surveiller, traquer, en savoir toujours plus, élargir le paysage de l'affaire. En somme, le « chef » se pose en « juge »...

Par exemple : la DST savait, dès le début de 1982, que le couple Bréguet-Kopp se trouvait à Paris... Mais elle n'en savait guère plus. Ses enquêteurs n'avaient même pas réussi à localiser le Suisse et

(1) A cette différence que, à l'occasion du chantage exercé par attentats interposés pour la libération d'Ibrahim Abdallah, de Naccache, et de Garbidjian, c'était le Garde des Sceaux, Albin Chalandon, qui se montrait le plus déterminé à la rigueur et au refus de toute concession... Ce qui n'empêchait nullement la continuation des tractations plus ou moins secrètes avec les supposés commanditaires des actes de terreur qui venaient d'ensanglanter Paris. (Voir la toute dernière partie de cet ouvrage.)

(2) Voir chapitre 5 de cette IIe partie...

l'Allemande dans la capitale avant leur interpellation, dans le parking de l'avenue George-V, au soir du 16 février (1). Que ces deux « exécutants » du terrorisme international soient emprisonnés, bientôt jugés sous le coup d'une inculpation forcément sans gravité réelle, n'aura rien changé à la loi du silence. Au contraire : Bréguet et Kopp étaient « inexploitables »... Et d'autant plus inexploitables que le « chef » de l'époque, Marcel Chalet, ne voyait pas d'un bon œil que ses services se penchent de trop près sur les affaires du terrorisme — du moins lorsque celles-ci devenaient publiques.

Homme de renseignement par excellence, Marcel Chalet considère, en ce début d'année 1982, que le terrorisme ne constitue pas une menace très grave contre la France — les bambins d'Action Directe qui, jusqu'ici, n'ont tué personne lui paraissent bien moins dangereux que les espions soviétiques ou des pays de l'Est, moins périlleux pour l'Etat que le pillage technologique auquel ils se livrent et que la « désinformation » systématique qu'ils pratiquent scientifiquement en France.

L'autre prévention que ressent Marcel Chalet à l'encontre du terrorisme est la suivante : le terrorisme n'existe que dans son accomplissement. C'est à ce moment-là, *après* un attentat meurtrier, que le pouvoir politique a besoin de prouver à l'opinion publique sa force et son efficacité. Exhiber, via les « médias », les hommes de la DST pour ce seul motif — comme on exhibera plus tard le RAID et le GIGN (2) — « sortir » toutes leurs informations pour faire du bruit, voilà, pour Marcel Chalet, le piège mortel dans lequel il ne faut pas que sombre « la maison »...

Marcel Chalet a quelques raisons de vouloir protéger son service. Ancien chef de la « Division soviétique », — le département A, la voie royale à la DST — il a eu à connaître, en 1973, de l'affaire des « plombiers » du *Canard Enchaîné*. C'est même ce qui lui a valu son accession à la direction suprême. Son prédécesseur, justement, n'avait pas su éviter le piège. Ce préfet « aux ordres », M. Jacques Chartron, que l'on retrouvera en 1986 conseiller politique au cabinet du Premier ministre Jacques Chirac, avait accepté à la demande du ministre de l'Intérieur de l'époque, Raymond Marcellin, de prolonger — c'est le cas de le dire — une enquête patiemment menée depuis des

(1) Ce sont les hommes de la Criminelle qui ont remonté toute la filière, retrouvé l'hôtel des deux terroristes, etc.

(2) RAID : Recherche, Assistance, Intervention, Dissuasion (service de la police nationale) ; GIGN : Groupe d'Intervention de la Gendarmerie Nationale...

mois sur *un* journaliste (1) du *Canard*. Tout simplement en mettant sous écoute la rédaction tout entière du célèbre journal satirique.

Dès lors, la DST sortait de sa mission de renseignement — au strict sens du terme... Car ce que voulait M. Marcellin c'était d'abord et surtout repérer les informateurs du *Canard*. C'était ramener — rabaisser — la DST à une affaire de basse police, scandaleuse au regard du droit des journalistes... La DST n'avait rien à faire là-dedans, et, surtout, ne devait pas commettre la gaffe de se faire prendre en flagrant délit de pose de micros...

Métier d'espion, métier de seigneur — cette formule de l'amiral Canaris, chef des Services secrets militaires allemands pendant la Seconde Guerre mondiale, Marcel Chalet, agrégatif d'anglais (2) pourrait la faire sienne ; en tout cas, son modèle, l'archétype de sa vision d'un univers idéal du Renseignement, c'est le fameux M.I.6 britannique. Un service qui n'a même pas d'existence légale, un « patron » dont le nom — a fortiori le visage — n'est connu de personne au Royaume-Uni. Une organisation parfaitement secrète, ultracloisonnée, dont les agents souvent ne se connaissent pas de service à service et, de toute façon restent inconnus du public... En somme, un vrai service *secret* de renseignement qui ne rend de comptes à personne — excepté au chef de l'Etat, voire au Premier ministre. Un service qui ne se découvre jamais et qui s'est fait la réputation de regrouper les majors des promotions des plus brillants collèges de Grande-Bretagne. Une pépinière de « gambergeurs » ultrasophistiqués dont *personne*, hormis les plus hauts responsables politiques, ne connaît jamais les résultats...

Voilà de quoi rêve Marcel Chalet pour la DST lorsqu'on le charge de remettre le train sur les rails après la piteuse affaire du *Canard Enchaîné*.

Le terrorisme n'est pourtant pas absent de ses préoccupations. Sa limite sur ce plan — celle où viennent justement buter les juges Debré et Corneloup (3) — c'est que selon le « chef », le principal est de savoir, de savoir toujours plus, de s'infiltrer dans les réseaux, d'accumuler les indices et les preuves — pour prévoir !

(1) Le secret sur ce point continue d'être bien gardé. Le nom de ce journaliste n'a jamais été communiqué à quiconque. Il était soupçonné de liens étroits avec les services de l'Est. Mais, avant l'intervention de M. Marcellin, c'était à sa vie privée, à son domicile, à ses relations que s'intéressaient les « pisteurs » du contre-espionnage. Pas à la vie professionnelle de tous nos confrères du *Canard Enchaîné*.

(2) Il a échoué à l'oral des épreuves en 1946.

(3) Et, bientôt, le juge Bruguière...

« Chacun pour soi » — telle est l'autre règle d'or de Marcel Chalet, homme qui ne traite, dans les bureaux lugubres du 13 de la rue des Saussaies, qu'avec ses sous-directeurs. Le « renseignement » avant tout, et surtout pas le train-train quotidien des enquêtes judiciaires où l'on est forcé de se découvrir. Sur le millier de fonctionnaires que regroupe la DST à cette époque, bien peu ont eu l'occasion de voir face à face — a fortiori en tête à tête — le directeur Marcel Chalet. Avec son successeur, Yves Bonnet, il en ira tout autrement, même si, sur l'essentiel — la volonté de faire avant tout du « renseignement » — les deux hommes se ressemblent étonnamment.

Chacun pour soi, mais l'union fait la force. Les murs du bureau du « chef » — Saint des saints de la rue des Saussaies — affichent aussi une vision stratégique mondiale. Sur l'une des parois, l'organigramme complet, photos à l'appui, de la grande famille du KGB depuis son origine (1) ; sur une autre cloison (insonorisée) de la pièce, les photos de tous les chefs des Services de renseignement « amis » — y compris celle du très mystérieux directeur du M.I.6 britannique.

Serait-ce là le planetarium paranoïaque des hommes du Renseignement ? Bien sûr, mais qui se révèle très efficace, à l'occasion. La DST « échange » beaucoup. Notamment dans ce que l'on appelle le « réseau Kilowatt » (services de Renseignement de l'Europe des dix, plus la Suisse, Israël, le Canada, l'Espagne, les USA, l'Australie, l'Autriche, la Suède et même le... Liban).

Ceci nous ramène à l'affaire Bréguet-Kopp, aux « Amis de Carlos ». A la connexion soudain révélée entre l'euro-terrorisme post-soixante-huitard et les groupes organisés pour la terreur, des camps palestiniens aux camps syriens, aux réduits iraniens, libyens, sud-yéménites.

Si la DST « savait » que Bréguet et Kopp allaient arriver à Paris au début de l'année 1982, c'est qu'*on* l'en avait informée. Qui ? Une fois encore, les services allemands — mais, cette fois, le BND (2) — et bien *avant* que les policiers de la Criminelle actionnés par le juge Debré n'aient reçu leurs informations du BKA.

Ce n'est que l'un des épisodes de l'étonnante histoire de la « Source Omar ». Un nom de code, bien sûr. Il dissimule la véritable identité d'un responsable palestinien « retourné » en 1980. Et pas n'importe

(1) C'est un cadeau des Britanniques.

(2) Le BND : BundesNachrichtenDienst (à la fois DST et DGSE, service fédéral allemand du Contre-espionnage intérieur et du Renseignement hors des frontières de la RFA).

quel Palestinien : un ancien chef de groupe des Forces Populaires de Libération de la Palestine (1) et plus précisément de la structure « opérations spéciales » de cette organisation. FPLP-OS, un sigle qui, à juste titre, engendre la terreur...

L'OS, fer de lance des FPLP, était dirigé par le tristement célèbre Waddi Haddad, dentiste, lui aussi chrétien grec orthodoxe. On l'a appelé le « docteur du terrorisme ». Il est, avec Georges Habache, le « père » de Carlos, d'Ibrahim Abdallah, d'Hagop Hagopian, et le « tuteur » des résidus de l'*Armée rouge japonaise*. C'est lui l'inventeur des techniques terroristes les plus avancées : détournements d'avions, prises d'otages. Waddi Haddad, non musulman, marxiste comme son ami Habache avec qui il ouvrit jadis un cabinet médical en Jordanie. Habache-Haddad, le duo infernal du nationalisme palestinien, de l'antisionisme systématique qui le sous-tend, du terrorisme le plus aveugle — auprès de qui le *Septembre noir* d'Arafat, tous comptes réglés, se trouve dépassé.

Eh bien — ceci expliquant cela —, les règlements de comptes se succédant entre factions de la mouvance palestinienne, un homme, un proche de Haddad a craqué. Très humainement, pour tenter de sauvegarder sa famille. Deux de ses frères ont été tués dans l'un des innombrables raids israéliens qui harcelaient le Liban. En 1980, il est entré en contact avec un « diplomate » français. Sans doute n'approuvait-il plus, désormais, le cycle de la violence de plus en plus cruelle, les « coups » à la Carlos, l'embrouille qui régnait en permanence autour d'Abou Nidal (lequel a très sérieusement menacé de « liquider » Arafat, jugé trop modéré)... Toujours est-il que, au cours de la soirée beyroutine où notre « diplomate » a rencontré « Omar », le premier a bien cru percevoir une certaine fragilité chez le second, ses doutes, sa peur pour les siens...

Les deux hommes se sont revus. Patiemment, chacun étudiant le comportement de l'autre à plusieurs reprises. Le « diplomate » français, enfin, a enlevé le morceau : « Omar » était prêt à parler, à prévenir les Français des mauvais coups qui se préparaient. En échange, il demandait qu'on lui assurât une « garantie de sauvegarde ». Peu de chose : le silence, le secret sur son identité — cela allait sans dire ; et la modeste somme de 20 000 francs par mois qui seraient déposés dans un compte bloqué en Suisse.

(1) FPLP de Georges Habache, médecin chrétien de rite grec orthodoxe, ami de Nasser, qui a fait scission de l'OLP d'Arafat en 1970, pour se réconcilier avec lui en 78-79...

Notre « diplomate », de retour à Paris, a prévenu la DST. Il ne restait plus qu'à « monter » l'opération. Surprise : c'était impossible.

Le contre-espionnage français, budgétairement, n'est qu'une Direction de police comme les autres et ne dispose d'aucun fonds propre que l'on puisse utiliser à discrétion. On est encore loin des rêves de Marcel Chalet d'un empire du Renseignement doté de moyens complètement autonomes...

Comment faire ? Ce fut tout simple : il n'y avait qu'à s'adresser aux gens du BND qui, eux, avaient et ont toujours la disposition de tels fonds. La France fournissait la « taupe » ; la République fédérale allemande assurerait le financement et le contact direct avec « Omar ».

C'est ainsi qu'aujourd'hui encore les choses fonctionnent...

Chapitre V

LE JUGE BRUGUIÈRE DANS LA RUE DES ROSIERS

Samedi 7 août 1982, 16 h 15, aéroport d'Ankara : deux commandos-suicide se réclamant de l'Asala (1) se présentent au guichet départ d'un vol vers l'Allemagne de l'Ouest. L'un jette une bombe sur les passagers en attente. L'autre arrose tout ce qui bouge avec son pistolet-mitrailleur : onze morts, soixante-trois blessés.

Un communiqué, publié à Beyrouth, à l'adresse des pays occidentaux, menace ceux-ci d'opérations similaires si les Arméniens emprisonnés dans ces pays ne sont pas relâchés (2).

Dimanche 8 août 1982, 5 heures du matin, Paris : les locaux de la Préfecture de police désamorcent à la dernière minute une bombe placée dans le central téléphonique du XVIIe arrondissement, rue Médéric. Le *Groupe Orly* (3) revendique l'action.

Dimanche 8 août 1982, 5 heures du matin, Paris : les locaux d'une société d'outillage, rue Saint-Maur, sont entièrement détruits. Pas de victime. Les propriétaires, juifs, sont en vacances. *Action Directe revendique l'attentat.* Selon le journal *Libération*, les spécialistes de la Criminelle estiment que cette action « ... s'intégrerait à un plan d'actions anti-israélien ».

Lundi 9 août 1982, 13 h 15, rue des Rosiers, en plein cœur de la « citadelle juive » de Paris : deux ou quatre tueurs — l'information diffusée immédiatement est assez flottante sur ce point — viennent de

(1) Armée Secrète Arménienne pour la Libération de l'Arménie.
(2) Menace mise à exécution en France l'année suivante à Orly, le 15 juillet 1983.
(3) Constitué et « baptisé » au sein de l'Asala après l'affaire Melkonian-Gheorgiu en novembre-décembre 81.

balayer la rue et ses passants à coups de pistolets-mitrailleurs. Un ou plusieurs engins explosifs ont ravagé la salle du restaurant Goldenberg.

***

Le juge Bruguière est un homme solitaire et secret. C'est aussi un homme d'habitudes. Il prend toujours ses vacances d'été au mois de juillet — moins de monde dans les pièges à touristes. En ce 9 août 1982, il vient de réintégrer son domicile « quelque part dans le quartier des Halles », et son cabinet, n° 95, dans la deuxième galerie du Palais de Justice.

Ce lundi matin, il l'a passé à revoir un certain nombre de dossiers « sans grand intérêt ». Vers 13 heures, il quitte son bureau pour aller déjeuner chez lui. Il écoute la radio de sa voiture. L'équipe d'*Europe 1* alertée par son fameux téléphone rouge (1) relate, dès 13 h 20, le carnage de la rue des Rosiers, le mitraillage du restaurant Goldenberg. L'événement le laisse perplexe.

De quoi peut-il bien s'agir ? Il reconnaît que sa première impression fut d'envisager un règlement de compte. Spécialiste du grand banditisme, le juge (tout comme les policiers de la Criminelle ou ceux de la Mondaine), sait bien que le « milieu » parisien compte quelques beaux fleurons issus de la communauté israélite. Il y a un gang juif comme il y a un gang maghrébin, comme il y a — survivant d'ailleurs à grand-peine — un gang corse, un gang chinois, un gang des Marseillais, des Lyonnais, des Stéphanois, etc. Aucune de ces « organisations » ne forme un bloc parfaitement homogène. Au contraire, chacune d'elles se trouve divisée en clans, sous-clans donnant lieu, périodiquement, à conflits, rivalités et... vengeances plus ou moins spectaculaires à la mesure du sang versé. Le chef de la pègre juive William Zemour, abattu par la police le 28 février 1975, dans le bar « le Thélème », boulevard Saint-Germain, est encore dans toutes les mémoires.

***

Paris, au mois d'août... Calme et vide, une circulation quasi nulle.

(1) Depuis 1974, la station propose à ses auditeurs de lui signaler sur ALM 56 78 toute information paraissant digne d'intérêt. Le numéro d'appel (aujourd'hui 47 23 56 78) continue de fonctionner vingt-quatre heures sur vingt-quatre.

Hormis l'inconvénient majeur de la fermeture de nombreux commerces de détail, malgré un temps gris si peu estival, les « Aoûtiens de Paris », comme le juge Bruguière, profitent à plein temps de la capitale : on s'y sent en vacances, même si l'on travaille...

La résonance de ce qui vient de se passer rue des Rosiers n'en est que plus forte. De minute en minute, les radios — *R.T.L.*, *France-Inter*, *R.M.C.* et *Europe 1* — livrent leurs informations — souvent inexactes, incomplètes, contradictoires : classique, dans ce genre de situation « à chaud » où les journalistes ont bien du mal à se retrouver. Car, dans la venelle des Rosiers, en plein Marais, à deux pas de la rue de Rivoli, du grand magasin BHV, de l'Hôtel de ville, un véritable climat d'émeute se développe : réaction passionnelle de tous les habitants du quartier. Nous sommes au cœur du sanctuaire israélite de Paris et, les premières minutes de stupeur passées, les voisins du restaurant Goldenberg, puis les amis de ces voisins ont afflué vers les lieux du carnage.

Le sang coule jusque dans la rue, depuis la salle du restaurant. Là, des morts — à coup sûr — des blessés qui gémissent. La police urbaine a bien du mal à maintenir l'ordre, à cantonner derrière des barrières hâtivement levées cette foule hostile d'où fusent déjà des cris — « Mitterrand assassin », « Mauroy responsable », etc.

Les hommes de la Criminelle conduits par le commissaire Cancès, (le commissaire Genthial est en vacances) seront tôt arrivés. Ils devront renforcer leurs collègues de la sécurité publique pour tenter de ramener le calme. Sans y réussir vraiment... Durant tout l'après-midi et jusque tard dans la soirée, l'atmosphère sera plus que tendue dans tout le quartier...

Le juge Bruguière a déjeuné chez lui, seul. Entre les « flashes » des radios, il a eu tout le temps de considérer la « une » des journaux du soir. Un gros titre barre cette première page : « Les bérets rouges du 3e RPIMA en alerte à Carcassonne : les paras français prêts pour Beyrouth... » (et, en plus petits caractères : « ... Mais Israël n'en veut pas avant le départ des Palestiniens ») (1).

Sur ces mêmes premières pages, des images sanglantes de la tuerie d'Ankara.

De quoi rester pensif... Le Paris paisible et ronronnant du mois d'août, c'en est fini.

Dès le début de la soirée, non seulement la communauté juive,

(1) *France-soir.*

mais — on peut le dire — toute la collectivité française, les estivants de retour de baignade ou de promenade agreste y compris, sera sous le choc de l'événement. Le terrorisme le plus aveugle, le plus cruel vient de frapper la France tout entière.

De plein fouet.

*
**

Cette résonance majeure, exceptionnelle et surtout nouvelle de l'événement n'échappe pas au monde politique et, par conséquent, à l'univers judiciaire.

Dès son retour au Palais, en début d'après-midi, le juge Bruguière perçoit l'effervescence qui règne. Il s'y trouve plongé très vite à son tour. En effet, le Parquet, dès 15 heures, décide d'ouvrir une information. Le Président du Tribunal n'a plus qu'à désigner un juge d'instruction. Jean-Louis Bruguière est pressenti par un coup de téléphone. Bien entendu, il accepte. Il recevra sa « saisine » un peu avant 17 heures...

Du jamais vu, ce que le juge décide alors... Il appelle le commissaire Cancès et — souveraineté du magistrat instructeur oblige — il lui demande de l'accompagner sur les lieux...

— ... Bien entendu, répond Cancès, mais mes hommes sont sur place. Ils font tout le travail nécessaire...

— Je n'en doute pas, répond Bruguière. Mais je tiens absolument à y aller moi-même. Pas du tout, vous l'imaginez bien, pour me substituer à vos enquêteurs. Je sais qu'ils font parfaitement leur métier. Mais, pour une fois qu'une instruction est ouverte en pleine flagrance, je tiens à en profiter...

Dans la voiture qui les conduit sur les lieux du carnage, Cancès se montre quelque peu embarrassé.

— ...C'est que, dit-il, nous venons d'apprendre que le Premier ministre s'apprête lui aussi à venir rue des Rosiers.

— Et qu'est-ce que vous voulez que ça me fasse, réplique Bruguière. Le Premier ministre fait ce qu'il veut, et moi aussi (1).

*
**

A cette heure-là, environ le milieu de l'après-midi, la conviction de Cancès et de ses hommes est déjà faite. La tuerie — il y a six morts sur

(1) Nous garantissons l'authenticité de cette conversation.

le sol du restaurant Goldenberg et une trentaine de blessés (1) — n'a rien à voir avec un règlement de comptes. Lorsqu'on a affaire à une expédition punitive entre truands, les victimes « parlent » — les services de police les connaissent. Rue des Rosiers, rien de tel : pas un seul voyou fiché parmi les morts et les blessés.

Et puis, les premiers témoignages recueillis — contradictoires bien sûr dans ce climat d'horreur (2) — concordent au moins sur un point : les tueurs ont travaillé à l'aveugle. Ils ont arrosé systématiquement les tables des consommateurs sans viser... Le tout avec une sauvagerie, une rapidité extraordinaire. Ils ont d'abord lancé une grenade puis ont ouvert le feu sur tout ce qui bougeait avec — toujours selon les premiers témoignages — de curieux pistolets tirant en rafales... L'opération n'a pas duré deux minutes !

L'hypothèse d'un règlement de comptes contre Jo Goldenberg lui-même — qui, par exemple, aurait refusé de se plier aux exigences d'un groupe de « racketteurs » professionnels — est, elle aussi, immédiatement écartée (3). La « punition » serait trop lourde. Elle ne serait pas à la mesure de ce type de transactions auxquelles, c'est vrai, un certain nombre de propriétaires d'établissements publics (cafés, restaurants, boîtes de nuit) se trouvent soumis.

Une seule piste d'investigation subsiste : le terrorisme, l'antisémitisme, le goût de tuer — et de « tuer du Juif ».

Oui, mais alors qui ? Qui a agi ? Qui a commandité ce raid de la terreur en ce paisible lundi du 9 août 1982 ?

C'est en ces termes que se dessinent les prémices de la longue quête du juge Bruguière (4).

***

Les journalistes en cet après-midi du 9 août passent de mauvais quarts d'heure, alors qu'ils tentent de pénétrer la foule agglutinée derrière les barrières dressées par la police autour du restaurant Goldenberg.

(1) En définitive, il y aura 12 blessés hospitalisés et une dizaine d'autres, légèrement atteints, pourront regagner leur domicile le soir même.

(2) On ne sait toujours pas aujourd'hui (1987) s'il y avait 4 ou 5 assaillants. 70 douilles ont été retrouvées.

(3) Les « informations » publiées les jours suivants sur de prétendues menaces reçues par le restaurateur se révélèrent sans aucun fondement.

(4) Le dossier d'instruction, en 1987, n'était toujours pas clos. Bel exemple d'opiniâtreté, même si, plus de quatre ans après, cette démarche peut sembler vaine.

Et surtout, nos confrères photographes et les cameramen de la télévision. Pour des raisons d'ailleurs contradictoires.

Cette foule ultra-tendue qui s'amasse depuis maintenant plusieurs heures autour du « périmètre neutralisé » est composée, à une écrasante majorité, de membres de la communauté juive. Or, pour ces Juifs de Paris, « la presse française est vendue aux Palestiniens ». Ils en ont pour « preuves » les comptes rendus télévisés qui, depuis le début du mois de juin, montrent sur leurs petits écrans les tués et les blessés de Beyrouth encerclée par l'armée israélienne.

« La presse est donc antijuive » puisqu'elle montre les ravages d'une guerre menée par Israël. De là à soupçonner que les journalistes sont venus rue des Rosiers comme pour se complaire au spectacle de Juifs assassinés, il n'y a qu'un pas...

Photographes, cameramen sont pris à partie, molestés quelquefois par des jeunes du quartier — naturellement plus excités, plus décidés à en découdre que leurs Anciens accablés par ce nouvel « épisode du génocide ». La conviction générale, par un raccourci saisissant d'absurdité — mais bien compréhensible dans cette atmosphère passionnelle — est que la presse française a « déformé » l'opinion en « surexploitant » les images du siège de Beyrouth. Sans cela, l'attentat qui vient de se produire n'aurait jamais été perpétré... Une accusation que le Premier ministre Begin reprend à son compte dès le lendemain en mettant en cause le Président Mitterrand lui-même...

Paradoxe, certains de ceux qui insultent les journalistes, les invectivent : « Pourquoi ne photographiez-vous pas ce qui se passe ici ? Allez-y, allez-y donc ! Vous ne voulez pas montrer nos morts, n'est-ce pas ? Il n'y a que les Arabes, les terroristes de Beyrouth qui vous intéressent, salauds ! »

Si photographes, cameramen, hommes de plume ou de radio n'interviennent pas, ou peu, c'est d'abord parce que la police les en empêche. Le « périmètre du drame » doit rester « protégé » pour que l'enquête policière puisse s'y dérouler dans les meilleures conditions : recueil des indices, localisation précise des victimes, évacuation des blessés, premières auditions de témoins valides.

Nos confrères restent dans une prudente réserve : pas question de déclencher ce qui pourrait bien tourner à l'émeute...

Soudain, vers 17 h 30, solidement encadrés par des policiers en tenue, fendant la foule, un groupe d'hommes. Accompagné par le commissaire Cancès, le juge Bruguière fait son apparition. Visage fermé, inexpressif, froid, il « visite » immédiatement la salle du restaurant. S'il voulait « renifler l'atmosphère » — l'une de ses formules favorites — il est servi. Entre les tables du restaurant Goldenberg, on patauge littéralement dans le sang. Les premiers examens faits, on a tout juste commencé de nettoyer le sol et les murs... L'horreur.

— Monsieur le juge, que doit-on faire avec les journalistes ?

— Ils restent où ils sont. Je ne veux personne ici que les hommes de la Criminelle...

Le propos vite rapporté dans les rangs de nos confrères n'assure pas — il faut le reconnaître — un franc succès au magistrat instructeur. Le juge Bruguière, pourtant, mine de rien, vient de remporter un succès. Il a affirmé son autorité. Il s'est *emparé* de l'affaire. La « rue des Rosiers », désormais, c'est à lui !

L'homme Bruguière pourrait passer pour un modeste, un effacé — dans le quotidien en tout cas. En vérité, ce personnage couleur de muraille dissimule, par prudence, calcul, goût de la réserve, du quant-à-soi, un volontariste furieusement sûr de lui.

Quelques minutes plus tard, le massif Premier ministre, l'imposant Pierre Mauroy, entouré de son état-major, fend à son tour la foule.

Il se retrouve les pieds dans le sang face au « petit juge » Bruguière. Le commissaire Cancès fait les présentations.

Les deux hommes échangent quelques mots, entourés de « courtisans » empressés à ne pas se trouver séparés du Premier ministre (1). A l'extérieur des barrières, après un bref instant de silence solennel (2), les cris hostiles à la presse — et au pouvoir — ont recommencé de fuser... Certains « jeunes loups » du cabinet, reconnaissant ici ou là tel ou tel journaliste, font signe aux policiers d'entrouvrir les barrières pour que ceux-ci viennent les rejoindre. On est « médiatique », ou on ne l'est pas...

Alors, coupant la conversation engagée entre Pierre Mauroy et Jean-Louis Bruguière, une voix de femme — claire, ferme,

(1) La scène nous a été racontée par plusieurs membres du cabinet.

(2) Les membres de la communauté juive rassemblés dans le quartier se sont tout de même montrés saisis de l'arrivée aussi *rapide* du Premier ministre sur les lieux mêmes de l'attentat. Les Juifs de France n'avaient pas — et n'ont toujours pas — oublié que Valéry Giscard d'Estaing ne s'était pas dérangé lors de l'attentat de la synagogue de la rue Copernic, le 3 octobre 1980.

vibrante — s'élève au centre du théâtre du carnage. C'est la voix de la greffière du juge.

— ... Monsieur le juge a dit : pas de journalistes pour l'instant ! Sortez, s'il vous plaît...

Bruguière se retourne. Des flashes ont commencé de crépiter. On est au bord de l' « invasion ». L'entourage retient ses ricanements — qu'est-ce que ce juge ?... et d'abord pourquoi un juge ici ? « On » s'apprête à passer outre... « On » n'a pas entendu... Il faut que la presse rende compte de la présence du Premier ministre et de son entourage...

Bruguière lance : « J'ai dit : pas de journalistes pour l'instant. Il faut que la police travaille » — le tout d'un ton péremptoire. En tournant carrément le dos au Premier ministre ! Moment de stupeur dans la « cour ». Déjà, les hommes de Cancès refoulent les journalistes infiltrés.

Cet homme, c'est Bruguière le modeste, capable de tout s'il sent ou pressent que son autorité de juge puisse être seulement mise en cause. Dans ces moments-là, sa silhouette toujours un peu tassée se détend. Le visage d'habitude un peu fermé, à demi baissé s'éclaire, se projette — pipe au bec, bien entendu, qu'il arrache d'un geste théâtral. Ce « monsieur tout-le-monde » se fait conquistador. Ridicule pour certains. Les premiers journalistes qui eurent affaire à lui dans une crapuleuse affaire de trafic de voitures à Evreux (il y compromit le Patron départemental de la police) se plaisaient à l'appeler « le Dindon »... Les éclats de voix, l'affirmation de sa souveraineté lui sont si peu naturels, qu'il retombe vite dans son mutisme et sa réserve, en se dandinant comme pour s'excuser...

Ce bref instant d'effarement passé, les gens de la « cour » se reprennent. Bien, on verra plus tard pour les « médias »... Bruguière reprend sa conversation avec le Premier ministre. Pierre Mauroy n'a pas pipé mot.

— ... Ce qui s'est passé ici aujourd'hui, Monsieur le juge, est intolérable. Il faut arrêter et châtier les coupables, dit Mauroy.

— Nous nous y emploierons, Monsieur le Premier ministre...

— ... Je mettrai à votre disposition tous les moyens nécessaires, je dis bien tous les moyens.

— ... J'en prends acte, Monsieur le Premier ministre. C'est en effet de *vrais moyens* dont j'aurai besoin...

C'est à la DST, à la DGSE, aux RG que pense le juge Bruguière. Une bouffée d'espoir : pouvoir enfin accéder aux informations sur tous les microcosmes terroristes, d'*Action Directe* aux *Farl* (1), en passant par Carlos qui a si bien fait parler de lui avec l'affaire Bréguet-Kopp, par les Syriens, les étudiants du Proche-Orient et... Abou Nidal, autre grande figure mythologique du terrorisme.

— ... Vous aurez vos moyens, conclut Mauroy d'un ton pénétré. L'heure est grave.

Le juge sera quelque peu déçu du voyage.

***

Soirée de crise, ce lundi 9 août 1982, dans les bureaux de la Criminelle... Le gouvernement, la Présidence sont en ébullition. La France, en état de choc. Au Quai des Orfèvres, les téléphones ne cessent de sonner... Appliqués, méthodiques, les policiers de la section antiterroriste — ils ont désormais un nouveau leader : Jean Tchividjian — rassemblent leurs informations, comparent les premiers témoignages recueillis...

— Qui a fait le coup, ce n'est pas le plus important — confie, méditatif, le juge Bruguière. Il s'est installé dans les locaux de la « Crime » — ce qui est important c'est de déterminer qui a organisé et commandité ce carnage.

Le juge passe là toute la soirée — jusque fort tard dans la nuit. Pour ne rien perdre, tout savoir, ne pas « rater » le détail qui, peut-être, orienterait les idées.

Pour l'instant, les « idées » sont plutôt flottantes. Mille hypothèses sont possibles.

***

Le « coup » a été d'une audace terrifiante. La rue des Rosiers, long boyau étroit dont les issues auraient pu se trouver bloquées par quelque embouteillage, rendait plus qu'aléatoire le repli des agresseurs. Le commanditaire de l'expédition a donc accepté de prendre le maximum de risques — celui de voir capturés les exécuteurs... Hélas, ceux-ci ont disparu, comme par enchantement.

Ce soir du 9 août, et les jours suivants, la moissonneuse géante de la Criminelle va passer partout. Au moins cent cinquante témoins seront

(1) Fractions Armées Révolutionnaires Libanaises qui ont revendiqué au début de 1982 les assassinats de deux diplomates : l'un, Charles Ray, Américain, le 29 janvier ; l'autre, Yacov Barsimentov, Israélien, le 3 avril à Paris.

entendus. Le porte-à-porte systématiquement effectué, à la recherche du moindre indice... Rien. Tous les témoignages se contredisent. Ni les policiers ni le juge ne parviennent à déterminer seulement combien il y avait de tueurs. La réalité même d'une mystérieuse voiture blanche, une 504 Peugeot selon certains, ne peut pas être retenue : les témoignages sont trop imprécis. Les uns l'ont vue avant, d'autres après le carnage. La plupart disent qu'on « leur en a parlé »...

Le juge Bruguière, en la matière, n'a pas à intervenir. La Brigade criminelle sait ce qu'elle a à faire. Elle est parfaitement organisée pour cela. « C'est une machine extraordinaire, nous confiera J.-L. Bruguière (1), dotée d'une méthodologie pharamineuse que j'ai pu apprécier à plusieurs reprises. Et d'abord, rue des Rosiers. Imaginez cent policiers qui tournent dans un périmètre donné, chacun ayant une tâche précise à accomplir... Cela, pour les " groupes " (quatre à cinq hommes) sur le terrain. Et puis, au 36 Quai des Orfèvres, il y a les " procéduriers ". Eux, ne vont pas sur le terrain. Ils ont une double mission : d'abord " lier la sauce " — c'est-à-dire coordonner les informations rapportées par les groupes — ensuite procéder à l'audition, avec procès-verbal, des témoignages qu'ils jugent les plus importants... Je ne peux que rendre hommage à la Criminelle et à sa façon de travailler, à sa recherche systématique du moindre indice... Il n'y a qu'eux qui pratiquent de la sorte. Je n'ai jamais vu ça à l'étranger... Par exemple, savez-vous que, pour commencer toute enquête, deux ou trois groupes fouillent sans attendre tous les égouts parce que c'est là, en général, que les malfaiteurs se débarrassent de leurs armes ! En droit commun, après un règlement de compte, cette " pêche " se révèle souvent positive... »

Las ! Rue des Rosiers, la Crime ne trouve rien... C'est par hasard que, quatre jours plus tard, se promenant dans le bois de Boulogne, un employé de la voirie parisienne découvrira un sac en plastique des magasins de la Samaritaine. Il contient... un pistolet-mitrailleur WZ 63, muni de son chargeur pratiquement plein, une serviette de toilette, et un ticket de caisse du grand magasin daté du samedi précédent...

L'expertise rapidement menée est formelle : l'arme a bel et bien été de celles qui ont tiré rue des Rosiers. La serviette de toilette a-t-elle

(1) Entretien avec les auteurs, en 1986, sur les problèmes généraux de la lutte anti-terroriste.

servi à effacer des empreintes ? Et pourquoi avoir déposé le paquet dans le bois de Boulogne ? Est-ce volonté de « signer » la tuerie ? Goût de la provocation ? Mais alors, pourquoi une seule arme ? Autant de questions qui resteront sans vraie réponse... (1).

D'ailleurs, dès le lendemain de la tuerie, après examen des douilles trouvées chez Goldenberg, les experts avaient identifié le type d'arme d'où elles avaient été éjectées. Gaston Defferre en personne avait fait état de cette découverte — d'où les journalistes les plus avertis avaient tiré une conclusion : puisqu'il s'agissait de WZ 63, la tuerie était signée Abou Nidal. Celui-ci avait revendiqué l'attentat du 29 août 1981, contre la grande synagogue de Vienne (deux morts et dix-sept blessés) exécuté avec des WZ 63. De même, le 3 juin 1982, à Londres, l'ambassadeur israélien Schlomo Argov avait été grièvement blessé par un WZ 63 : parmi ses agresseurs, le propre neveu d'Abou Nidal !

En fait, le ministre de l'Intérieur, au lendemain du carnage de la rue des Rosiers, le 10 août, ne prononce pas le nom d'Abou Nidal. Il s'en expliquera sur *Europe 1* trois semaines plus tard... Il déclarera : « ... c'est le même type d'arme qui a été utilisé à Vienne, à Londres et rue des Rosiers. Ce type d'arme est habituellement utilisé par un des groupes les plus durs, un de ceux qui abattrait peut-être volontiers Yaser Arafat... On a parlé d'Abou Nidal. Je n'avais jamais cité son nom. La presse l'a cité. Je peux donc le citer à mon tour... »

La double piste ne saurait être négligée... Le juge Bruguière n'hésite pas : dès le 10 août, il établit deux commissions rogatoires internationales, l'une pour Vienne, l'autre pour Londres. Les policiers français partent sans attendre vers les deux capitales européennes.

Désormais, et pour plusieurs dizaines de mois encore, le nom d'Abou Nidal remplacera dans l'actualité terroriste celui de Carlos.

(1) Les proches d'Abou Nidal que nous avons rencontrés au Liban sont toujours restés énigmatiques sur l'affaire. Certains d'entre eux en refusent même la responsabilité. Pourtant tout accuse le groupe du célèbre Palestinien...

TROISIÈME PARTIE

TERRORISME-ANTITERRORISME
UNE PARTIE DE BRIDGE

L'attentat de la rue Marbeuf, comme celui de la rue des Rosiers, ont célébré la première année d'exercice du pouvoir du régime Mitterrand... A quinze jours près, Marbeuf a marqué le premier anniversaire de l'élection du nouveau Président. A cinq jours près, le carnage de la rue des Rosiers a scellé dans la pierre dédiée aux martyrs juifs l'adoption, en 1981, des lois d'amnistie et de suppression de la Cour de sûreté de l'Etat.

Février-septembre 1982, sept mois qui ont beaucoup compté par les « événements » — oh combien nouveaux et incompris — du terrorisme.

Depuis les « épisodes » de la rue Marbeuf et de la rue des Rosiers, en attendant les prises d'otages des années 84 et 85, et les salves d'attentats aveugles du printemps et de l'automne 1986, à Paris, comme au jeu de bridge, toutes les « donnes » sont déjà faites dès cet été 1982. Les cartes sont distribuées. Le jeu de bridge se joue à quatre, deux contre deux. Le grand art, dans ce jeu, est d'abord celui de l'annonce, après que chaque joueur a reçu ses cartes : « Je vous préviens, je vous dis (mais bien sûr je suis peut-être en train de mentir) que je suis très fort en cœur ou en pique. » A quoi l'autre couple qui lui aussi peut bluffer répond : « Ah, très bien, nous, nous possédons tel ou tel avantage... » Et bien sûr, à l'intérieur même de chaque couple, l'on ne se comprend pas toujours et chacun veut prendre le pas sur l'autre... Pour l'honneur de la victoire finale.

Les deux couples de cette partie de bridge — faite d'attentats, d'enlèvements d'otages, d'assassinats : autant de « levées » qui donneront un jour la victoire — sont face à face depuis 1980, date de l'entrée en guerre de l'Irak contre l'Iran.

Que viennent donc faire ces lointains pays dans notre jeu ?

Les années 1970-1982 ont déjà donné lieu à quelques « levées ». Au bridge, il y a toujours un « mort ». Il étale son jeu sur la table, il rassure ainsi son partenaire. Mais il éclaire aussi ses adversaires.

Le « mort » dans cette partie, c'est la France. Bonne foi, bonne volonté, toutes ses cartes sur la table (ou presque...), la France — celle de Giscard puis celle de Mitterrand — veut participer au jeu. Mais, sans doute, ses annonces n'ont-elles pas été les meilleures. Et il faudra beaucoup d'habileté, pour « reprendre la main » dans cette partie délicate.

Encore faut-il bien connaître les « donnes ». D'un côté, la « donne » des Etats du Proche-Orient d'où nous vient une peste nouvelle : le terrorisme. De l'autre, celle de la France et des pays qui se réclament de la démocratie. Avec, notamment, leur justice et leurs juges qui, au départ, ne connaissent rien de ce jeu étrange où ils devront se contenter de dénombrer les victimes... sans pratiquement jamais rien sanctionner des exactions des agresseurs : la partie se joue ailleurs.

Chapitre premier

LA DONNE DES TERRORISMES DU PROCHE-ORIENT

A la mi-juillet 1982, un mois avant la tuerie de la rue des Rosiers, à Beyrouth, en plein cœur du quartier ouest, dans le camp de SABRA (1), l'un de nous a vécu une nuit riche d'enseignements...

L'opération « Paix en Galilée » lancée le 6 juin précédent par Israël a conduit Tsahal (2) aux portes de Beyrouth-ouest. Beyrouth-est a été carrément investi sans que la population à dominante chrétienne n'ait opposé la moindre résistance. Au début de cette invasion israélienne, le général Sharon, ministre de la Défense, a déclaré : « ... Nous allons rendre un service au monde. Israël va extirper du Liban le terrorisme international. »

A l'est de Beyrouth, les Israéliens ont été reçus en « libérateurs ». A l'ouest, un véritable camp retranché palestino-libano-progressiste à dominante islamique s'est efficacement opposé à toute intrusion des chars israéliens. Vingt mille combattants en armes ont fait et font encore front à la formidable puissance militaire d'Israël.

Pour la plupart ils sont venus du sud se réfugier à Beyrouth. Ils s'y sont regroupés avec les forces de l'OLP placées sous l'autorité militaire d'Abou Jihad — n° 2 d'Arafat — et des colonels Abou Moussa et Abou Sâleh du Fatah.

Sont là aussi, bien entendu, un certain nombre de « ténors » du terrorisme international. Le général Sharon n'avait pas tout à fait tort : il n'y a plus qu'à les faire partir... Mais tous ces « ténors », loin

(1) Les camps de Sabra et Chatila connaîtront au mois de septembre suivant une tragique renommée.

(2) L'armée israélienne : 60 000 hommes ont franchi la frontière libanaise.

de là, ne sont pas inféodés à Yasser Arafat. La plupart d'entre eux sont même en opposition catégorique avec le leader politique de l'Olp, bien que pour l'heure, on en reste à l' « union sacrée » face à l'agression israélienne.

Dans la soirée du 12 juillet, un triple bombardement israélien (aviation, artillerie, marine) d'une puissance jamais égalée jusque-là, s'abat sur Beyrouth. L'un de nous s'y est terré comme tout le monde, pendant quatre heures pour échapper — sans trop y croire — à la formidable puissance de feu israélienne.

Celui de nous (1) qui vit le plus intensément l'événement se trouve au cœur du « quartier des ministères » de l'*Olp* — c'est-à-dire dans les bâtiments qui abritent les structures administratives palestiniennes. Cette cible a été très rigoureusement repérée par les services secrets de Tel-Aviv. Chaque quartier a été « radiographié ». Chaque immeuble, photographié. Chaque étage de ces immeubles, exploré par les agents israéliens... Les pilotes et les artilleurs de Tsahal frappent au but. Tout a été préparé, au mètre près, dans ce but. Beyrouth-ouest se trouve ainsi découpée au chalumeau.

Celui de nous qui se trouve dans les « ministères » vient d'enregistrer une interview de Georges Habache, un des chefs historiques du mouvement palestinien *Fplp* (Front Populaire de Libération de la Palestine). Un peu plus tard dans la soirée, il doit rencontrer Hagop Hagopian — chef de l'Armée Secrète Arménienne (*Asala*). Pour organiser cette rencontre, il s'est adressé à Bassam Abou Sharif, porte-parole de Georges Habache... C'est par le *Fplp*, et par lui seul, qu'il faut transiter dès lors que l'on souhaite joindre l'un ou l'autre des grands extrémistes opposés à Arafat, qu'il s'agisse des Arméniens, des Japonais, des Fractions Armées Révolutionnaires Libanaises (*Farl*) (2), etc.

A deux pas de là, toujours dans le quartier Fakhani, le siège de l'*Olp*. Inutile d'espérer y trouver Arafat. Le chef historique des Palestiniens, directement menacé par les Israéliens, se déplace constamment dans une clandestinité totale. Il dort chez l'habitant, va de planque en

(1) Charles Villeneuve pour *Europe 1*.

(2) FARL : Fraction Armée Révolutionnaire Libanaise créée en 1980 à Tripoli (Nord-Liban). Après quelques attentats au Liban les FARL s'attaquent à l'Europe en 81. Principaux points d'appui : l'Italie, la Suisse, la France, l'Espagne, la Yougoslavie. Dispose de stocks d'armes considérables. Objectifs : les diplomates américains et les Israéliens. Formés par le FPLP de Georges Habache et du docteur Waddi Haddad. Georges Ibrahim Abdallah dont on parlera en 84-85 et 86 est avec son frère Joseph le chef présumé de cette organisation.

planque pratiquement d'heure en heure (pour un bref sommeil souvent pris — sous bonne garde — dans une voiture à l'arrêt sur quelque terrain vague...).

Vers 21 h, le bombardement israélien cesse enfin. Celui de nous qui l'a vécu aux abords des « ministères » revient chez Bassam Abou Sharif. Deux gardes du corps d'Hagop Hagopian vont venir le chercher dans une 4 L déglinguée. Une longue nuit commence. En voici le récit.

« ... Les deux hommes nous ont emmenés très vite devant une Cadillac bleu ciel, garée tous feux éteints au pied d'un immeuble du camp de Sabra — en fait, un véritable quartier urbain où s'alignent des constructions en dur.

« Au volant, un tout petit homme qui, pour pouvoir conduire, a placé un coussin sur le siège de la voiture. Sec comme un coup de trique, il est seul dans son véhicule. Vêtu d'une paire de jeans, d'une chemise de treillis verte, il porte au côté le pistolet Herstal GP 35 qu'il ne quitte jamais.

« Il m'accueille par le rituel " *Marhaba* " (bienvenue), suivi d'un " *Good night, amigo* " — le tout de son inimitable voix rauque presque croassante. Des yeux, une voix, un visage émacié... Je l'avais déjà rencontré à deux reprises, mais dans la nuit noire (il n'y a plus de lumière dans la ville) où résonnent les sirènes des ambulances, le personnage prend tout son relief.

« ... Hagopian a démarré sans plus attendre, conduisant comme un fou dans le lacis des ruelles, son véhicule criblé de balles et d'impacts. Il riait de bon cœur de jouer les pilotes de stock-cars.

« ... Je lui avais dit : " Je veux rencontrer des chefs palestiniens... " Première halte : nous sommes chez... le n° 2 du *Fatah* (le parti de Yasser Arafat), Abou Iyad. Ce n'est qu'une première surprise !

« L'immeuble ne paie pas de mine, une façade criblée de trous de toutes dimensions, un escalier plutôt mal tenu. Hagopian ouvre la porte après avoir donné un mot de passe. Nous voici dans une pièce nue, sans aucun décor. Une banquette de bois en fait le tour. Sur la banquette, une bonne trentaine d'hommes en armes — armes en main vaut-il mieux dire — nous dévisagent en silence. Une deuxième porte : le saint des saints...

« Le bouddha Abou Iyad trône derrière un bureau, fumant sans discontinuer ses cigarettes Winston. A ses côtés Djenine Albina, une jeune femme qui assurera l'interprétariat de la conversation, dans un français impeccable (elle a fait ses études à Paris-Dauphine). Dans l'autre coin de la pièce, un téléviseur, une batterie de téléphones de campagne et un groupe de gradés de l'armée de l'OLP... Le tout sous le ronronnement paisible d'un climatiseur. Ici, l'électricité fonctionne...

« Au cours de l'interview, Abou Iyad me confie notamment ceci : " ... Nous allons finir par acheter une île pour nous y réfugier avec notre peuple palestinien. Loin de tout et surtout de nos faux amis arabes qui nous laissent tous tomber... M. Kadhafi vient d'inviter Yasser Arafat à sauver son honneur et celui de son peuple en se suicidant, ici, à Beyrouth. J'invite M. Kadhafi à venir s'y suicider avec lui... "

« C'est clair, et bien compréhensible après la tourmente de la soirée. Le moral n'y est pas. Hagop Hagopian n'a pas dit un mot. A la fin de l'entretien, pourtant, les deux hommes s'embrassent en silence. La rituelle accolade à l'arabe... Abou Iyad tape sur l'épaule de l'Arménien. Ils se connaissent bien. Hagopian a servi l'organisation que supervisait Abou Iyad *Septembre noir* dans les années 70. L'Arménien d'Irak s'est imposé très vite aux Palestiniens d'Arafat au point que, depuis lors, ceux-ci l'appellent *Mujahed* — le " combattant ".

« Scène, épisode, exemplaires. Quels que soient les clivages, et nul n'en ignore la gravité, l'organisation palestinienne vient de retrouver une homogénéité. Pour un temps du moins. La partie visible de l'iceberg — l'OLP, FATAH, Arafat — rassemble encore les glaçons qui, tout le monde le sait, s'en étaient détachés. On réglera les comptes plus tard...

« Les antagonismes personnels, pour autant, ne s'effacent pas aussi aisément. Hagopian me raccompagne dans l'escalier. Brouhaha, portes qui claquent. Le " Vieux " en personne — Arafat — monte les marches que nous nous apprêtons à descendre. Il est entouré de sa garde prétorienne... Je tente de lui arracher quelques mots — en vain. Tout sourire, œil de velours, Arafat ne veut faire aucune déclaration.

« Hagopian a gardé les yeux obstinément fixés sur ses chaussures tout au long de ce bref intermède...

« Leçon : le " satellite " Hagopian a ses entrées partout, est au courant de tout, fait à peu près ce qu'il veut... Il n'est pas seul, parmi les opposants d'Arafat, à jouir de telles prérogatives. La pression israélienne accomplit des miracles auxquels le général Sharon ne s'attendait pas.

« ... Retour dans la Cadillac bleue que la 4 L et les deux gardes du corps (1) ont rejointe. Nouveau départ, vers... la plage du Sporting, en partie détruite depuis le début du siège. C'est là que Hagopian a installé l'un de ses PC. L'OLP l'a chargé de prévenir, avec un canon de 120, toute attaque venant de la mer. Deux cents mètres de plage dont l'*Asala* a fait une base. Brève halte : nous accueillons dans notre voiture un quatrième homme qui n'est autre que... Monte Melkonian, alias Dimitriu Gheorgiu — celui par qui le malheur est arrivé sur le chef de la Criminelle parisienne, Marcel Leclerc.

« Un quart d'heure plus tard, nous voici au cœur du camp de Sabra après avoir parcouru de façon toujours aussi acrobatique la route du bord de mer vers le sud.

« ... L'immeuble, à l'instar de beaucoup d'autres, n'est pas entièrement achevé. On ne l'a même pas doté d'une porte. Pour y pénétrer, un trou un peu surélevé par rapport à la chaussée, où l'on accède en faisant l'équilibriste sur un méchant madrier... Un chantier. Un camp retranché aussi : il suffit de faire tomber ce pont-levis pour retarder d'éventuels assaillants.

« Hagopian nous fait servir pain-tambour, fromage de chèvre, thé. Les moustiques font rage...

« — Vous allez avoir une bonne surprise, plusieurs bonnes surprises, lâche enfin, dans son anglais élémentaire, le chef de l'*Asala*. Monte Melkonian n'a pas besoin de traduire (2).

« Les surprises ne se font pas attendre. Un Japonais arrive. Il s'assied à côté de moi. Spectacle baroque, ici à Beyrouth, que celui de cet Asiatique souriant, ôtant sans cesse ses lunettes d'écaille et qui parle dans sa langue, Melkonian assurant la traduction. Au bout de cinq minutes, au jeu du chat et de la souris, je comprends enfin que ce Japonais sans arme (apparente en tout cas) n'est autre que Furaya Yukata — l'homme de Carlos par qui le malheur est arrivé sur le tandem Pandraud-Poniatowski en 1974.

« Deuxième surprise : Abou Sultan, l'un des leaders du mouvement clandestin de libération en Jordanie, vient se joindre à nous. Communiste, ancien membre actif des commandos de Waddi Haddad, spécialiste des détournements d'avion.

(1) Il s'agissait d'Abou Mahmoud (de son vrai nom : Ayvassian) et de « Jean » (de son vrai nom : Avarian) tués en 1983, dans l'un des camps de la Bekaa, par les hommes de Monte Melkonian... c'était une question de vie ou de mort pour Melkonian.

(2) Melkonian, architecte-urbaniste formé en Californie, a vécu avec son père au Japon. Ce soir-là, il parlera en outre le français, l'anglais, l'arabe, l'arménien, l'italien... Pas exactement un cerveau borné de terroriste fou...

« Troisième surprise : le colonel Abou Moussa, le très orthodoxe chef de l'armée de l'OLP défendant au nom d'Arafat tout Beyrouth-ouest. Deux autres Palestiniens, un Italien — un brigadiste ? sans doute — viennent fermer notre cercle.

« Le dialogue entre nous durera jusqu'au petit matin — l'une des plus belles aurores que j'aie jamais vues à Beyrouth. Comme dans un miracle, la ville déchirée s'éveillera une fois de plus meurtrie du bombardement de la veille et déjà prête à toute nouvelle attaque israélienne.

« Trois déclarations me frappent tout particulièrement :

1) Abou Moussa, militaire bon teint, maniant le stick comme tout officier jordanien formé à l'école britannique : “ ... Nous nous trompons. Nous nous apprêtons à évacuer Beyrouth d'une façon ou d'une autre. C'est une erreur. Nous devrions faire de Beyrouth notre Stalingrad. ” L'un des chefs militaires — et non des moindres — de Yasser Arafat prend donc *déjà* quelque distance idéologique avec lui (1)...

2) Le Jordanien, communiste : “ ... C'est en Israël même que nous devons frapper... Ils ont bien réussi, eux, les Juifs, avec leur Irgoun et leur Hagannah. Pourquoi n'en faisons-nous pas autant ? Dans tous les cas, nous devons systématiquement tuer les sionistes où qu'ils se trouvent dans le monde... ” — Un discours très “ Abou Nidal ”.

3) Hagop Hagopian : “ ... Quant aux nations occidentales, elles sont toutes, à la fois alliées des Turcs et des sionistes. Même combat pour nous... ”

« Je l'interromps : la France elle aussi, le croyez-vous ?

« Réponse : “ ... La France plus que tout autre pays. Votre Président est un sioniste convaincu. Votre gouvernement est composé de sionistes... Et je vous préviens, il y a en France 300 000 Arméniens et 300 000 Juifs. Alors... Ne vous étonnez pas, vous les Français, quoi qu'il arrive au Vieux (2) si des groupes comme les nôtres font, un jour, parler d'eux chez vous (3). ”

(1) N° 3 dans la hiérarchie militaire de l'OLP, Abou Moussa sera le fer de lance de la dissidence ouverte contre le « vieux » — Arafat — dès l'année suivante (mai 83). Naguère (en 76) victime d'un attentat organisé par les services secrets de Damas, Abou Moussa se mettra à la disposition des Syriens contre Arafat alors en exil à Tunis. Il entraînera avec lui cinq autres militaires de l'OLP. C'est ce que l'on appellera la « révolte des six Abou ».

(2) Arafat.

(3) On en parlera en effet le 15 juillet 1983, dans l'aéroport d'Orly.

« Et Hagopian fouille dans sa poche, en extrait une photo qu'il me tend dans un éclat de rire rugueux : sur ce cliché il est en train de trinquer avec un Japonais et... Carlos. Les trois hommes sont à la terrasse d'un café en Autriche. »

***

Une dépêche de l'AFP en date du 5 août suivant (1982) nous « confirmait » à Paris la mort de Hagop Hagopian. Celle-ci était survenue « ... des suites des blessures graves qu'il avait subies lors d'un bombardement israélien sur le siège de son organisation à Beyrouth-ouest ». Toute la presse libanaise en avait fait état... Mort, Hagop ? Incroyable (1)... L'armée secrète arménienne décapitée ?

Cette « séquence » éclaire la vraie situation qui règne depuis 1974, dans le camp palestinien : la revendication pour une Palestine libre, reconnue et établie en Etat politique et géographique *n'est pas une mais multiple.* Arafat reste le chef de la principale organisation représentative, l'OLP (2) — *mais c'est cette représentativité même que ses opposants lui contestent.* Ainsi que son choix fondamental, celui « de la voie politique plutôt que la voie militaire » pour parvenir au but...

Cette soirée du 12 juillet précède d'un mois l'attentat du 9 août à Paris contre le restaurant Goldenberg. Elle se situe à seulement onze jours de l'assassinat du Numéro 2 de l'OLP à Paris — Fadl Dani — nouvelle victime des opposants d'Arafat (3)... Dans l'un et l'autre cas, un même objectif pour les rivaux d'Arafat — quels qu'ils soient : démontrer que « la lutte armée palestinienne » continue.

Terrorisme aveugle, assassinats individuels visent à détruire l'image d'un Arafat jugé trop modéré, trop attentif aux sirènes de la paix politique avec Israël — « sirènes de l'impérialisme américain et de la France sioniste »...

Parmi ces opposants d'Arafat, le plus célèbre, le plus « historique » est Abou Nidal.

L'une des principales composantes de l'Organisation pour la Libération de la Palestine d'Arafat est le Fatah — parti politique qu'il dirige depuis 1958.

Abou Nidal, dès 1974, a fait scission et a créé sa propre

(1) Voir chapitre 2 de la 4e partie.
(2) Il a été accueilli à l'ONU même en novembre 1974.
(3) Près de 50 « représentants » d'Arafat ont été ainsi exécutés à ce jour (1986) presque tous par des Palestiniens du Fatah-Conseil Révolutionnaire d'Abou Nidal.

organisation politique rivale : d'abord sous le nom de « Juin noir », puis sous celui de *Fatah-Conseil Révolutionnaire* dont le siège se trouve encore à Bagdad capitale de l'Irak. Le terrorisme dur, sauvage, spectaculaire, antisémite au nom de l'antisionisme, revendiqué le plus souvent, quelquefois sous des labels différents, c'est presque toujours « Abou Nidal ». Un nom et une marque de fabrique tout à la fois, bientôt un mythe qui dépassera en renommée celui de Carlos. Car Abou Nidal, lui, est arabe.

***

C'est en ne tenant pas compte de cette « donne » palestinienne que la France, depuis le 14 juin, intervient à Beyrouth, en faveur d'Arafat. Pour l'aider à sortir du piège où les Israéliens l'ont enfermé. Le 21 août, douze jours après l'attentat de la rue des Rosiers — qui était un « message » aux responsables politiques français : n'allez pas plus loin ! — la France va tout de même jusqu'au bout...

Ce 21 août 1982, en effet, les troupes d'élite françaises commencent d'assurer, à Beyrouth, l'évacuation des forces armées palestiniennes de l'OLP de Yasser Arafat, douze mille hommes environ. Mais bien des civils restent dans les « camps » de Beyrouth. L'Etat libanais va-t-il pour autant retrouver son équilibre ? Non : Bachir Gemayel, Président de la République (1) — on a envie de dire : de la confédération républico-religieuse — du Liban, va être assassiné le 14 septembre.

Son frère, Amine, va lui succéder. Oui, mais... les 16, 17 et 18 septembre, les Forces libanaises, précisément la milice du Président assassiné, vont pénétrer dans les « camps » palestiniens de Sabra et Chatila pour s'y livrer à un massacre de civils, femmes et enfants compris. Sous l'œil impassible des Israéliens toujours présents. Pourtant, toute l' « opération » de Philip Habib — envoyé spécial du Président Reagan — consistait à faire évacuer de Beyrouth tous les « soldats » palestiniens. Mais elle avait aussi pour but d'en faire partir, plus tard, les Israéliens.

En tout cas, les hommes du 2e Régiment étranger parachutiste français n'étaient plus là pour s'interposer... Pour eux, mission accomplie : l' « armée palestinienne », en armes, a été évacuée, par leurs soins. Yasser Arafat, lui-même, faisant le V de la victoire a été

(1) Elu le 23 août 1982.

embarqué comme ses fidèles sur des ferry-boats battant pavillon grec. Le dernier kilomètre du chef de l'OLP s'est fait sous protection des tireurs d'élite de la Légion étrangère française. Puis, en mer, un navire de guerre français a escorté les Palestiniens « errants » pour leur faciliter le passage au milieu des vedettes israéliennes.

Les Services secrets français ont assuré le transfert d'une partie des archives palestiniennes et des réserves de guerre du trésor « palestinien » — valeurs et pièces bancaires — soigneusement camouflées dans les caves du représentant général (1) pour le Proche-Orient de « Samsonite ».

Le « trésor » a quitté Beyrouth entre le 28 et le 30 août par valises, (Samsonite évidemment), évacué par un hélicoptère de l'armée libanaise piloté par un colonel chrétien soudoyé. C'est le directeur de cabinet de Yasser Arafat, Ramzi Khoury, qui a coordonné cette « évasion ». En compagnie de deux de ses adjoints, le Palestinien a trouvé refuge à l'ambassade de France après le départ de son chef.

L'ambassadeur, Paul Marc Henry (2), les a abrités, avec le consentement du ministre français des Relations extérieures : les trois Palestiniens ont pu se cacher dans la petite villa du premier conseiller de l'ambassadeur. La maison est située dans les jardins de l'ambassade, rue Clemenceau, à Beyrouth-ouest. Ce sont encore les militaires français qui les ont évacués, couchés à plat ventre dans une ambulance directement embarquée à bord de la *Dives*, bateau de transport de troupes de la marine française.

L'œil d'une caméra espion israélienne placée dans un immeuble en face des quais d'embarquement captera la scène. Le ministre israélien de la Défense, le général Sharon, médusé et furieux, lancera à partir de cet épisode une accusation souvent reprise : « ... L'ambassade de France au Liban s'est transformée en abri terroriste, soustrayant aux Israéliens des Palestiniens du réseau de la terreur » (3). Les Israéliens ne nous le pardonneront pas de sitôt. Car, en plus, le crime « historique » de Sabra-Chatila (4) rejaillit d'abord sur eux, et eux seuls.

(1) Un Palestinien.

(2) Entretien avec les auteurs.

(3) Leïla Khaled, la première femme terroriste (elle a participé à deux détournements d'avion en 1969-70, au nom du FPLP de Georges Habache) qui a demandé asile à l'ambassade de France n'y a pourtant pas été accueillie par décision de M. Paul Marc Henry...

(4) De 800 à 1 000 morts (rapport Kahane, du nom du magistrat israélien qui a conduit la commission d'enquête).

Mais les opposants — déjà ou futurs dissidents — d'Arafat ne nous le pardonneront pas non plus. Pour eux, la France décidément « sioniste » a soutenu Arafat et lui seul. Il n'y aura jamais de Palestine libre, pour ces opposants, tant qu'Arafat passera pour seul interlocuteur palestinien aux yeux des grandes puissances... ou même d'une puissance « moyenne » comme la France dont ils ne refusent d'ailleurs pas la présence historico-culturelle. A condition, bien sûr, que Paris ne s'aligne pas sur Washington et Tel-Aviv.

***

Dans ces conditions, on comprend mieux que la tuerie de la rue des Rosiers, c'est, en ce mois d'août 1982, un « message » sanglant et aussi un « début de sanction » à l'endroit des autorités françaises... Exactement comme l'avait été, le 3 octobre 1980, l'attentat à la moto piégée devant la synagogue de la rue Copernic.

Pourquoi, en effet, est-on venu frapper les Français — chez eux, en y faisant des victimes *juives ?* Dans les deux cas, rue Copernic comme rue des Rosiers, pour « punir » l'autorité politique française, Valéry Giscard d'Estaing, Président en 1980, et François Mitterrand, en 1982. Dans les deux cas, chacun de ces hommes a rompu un « équilibre » entre Arafat et ses rivaux. Ils ont favorisé le premier.

Au sommet européen de Venise de 1980 — peu de gens, à l'époque, ont établi la relation —, le 13 juin, les Neuf ont adopté une déclaration commune sur le Proche-Orient, qui définit un certain nombre de « principes » : « ... droit, notamment, à l'existence et à la sécurité de tous les Etats de la Région, y compris Israël... ce qui implique la reconnaissance des droits légitimes du peuple palestinien ». Mais les Neuf ont ajouté : « ... Ces principes s'imposent à toutes les parties concernées donc au peuple palestinien et à l'OLP qui devra être associée à la négociation... »

C'est un véritable triomphe personnel pour Arafat... Ce que les Neuf viennent de dire, en clair, est donc un échec pour ses opposants et ses rivaux : c'est l'OLP seule, c'est-à-dire Arafat, qui incarne la Palestine future, qui représente les Palestiniens d'aujourd'hui.

Et à qui le leader de l'OLP doit-il ce triomphe ? Aux Neuf de la Communauté ? Formellement, oui. Sur le fond, non. Car le *seul* pays des Neuf qui puisse vraiment se targuer de « liens traditionnels » et « d'intérêts communs » l'unissant au Moyen-Orient, c'est la France. Les autres pays de la Communauté, au Proche-Orient, font surtout du commerce : seule (1) la France a déjà importé là-bas sa culture et l'image historique d'un grand pays européen paternel, généreux — qu'elle entend bien maintenir... Il n'y a qu'un pays à avoir une « politique » vis-à-vis des Arabes, il n'y a qu'un « leader » en matière de politique arabe : la France. *C'est donc la voix de la France* — celle de M. Giscard d'Estaing — *que les rivaux d'Arafat ont perçue à la lecture de cette déclaration des Neuf de 1980*... Il fallait donc, pour ces factions opposées à l'OLP, avertir la France que sa position était jugée inacceptable...

Trois mois plus tard, le 3 octobre 1980, la moto piégée de la rue Copernic livrait ce message.

Avec — comme toujours en matière de terrorisme — un machiavélique coup double, voire coup triple. 1) Pour l'opinion française (2) bien éloignée de ces subtilités, les terroristes sont des Arabes et Yasser Arafat endosse paradoxalement la responsabilité de l'action ; 2) Pour l'opinion favorable à Israël, l'amalgame est total, en France, et ailleurs ; 3) Dans le monde arabe, au contraire, l'acte est « signé », compris : Arafat n'est pas le seul leader avec qui il faille compter. Ses rivaux, « Abou Nidal » en particulier, endossent la cuirasse des Dragons les plus antisionistes, les plus décidés à la lutte — ceux par qui, un jour, sera recréée la Palestine.

Pour la rue des Rosiers, en août 1982, le scénario est exactement le même : « punir » la France, ses dirigeants politiques et François Mitterrand en particulier. Ils ne devaient pas aider Arafat à se dégager du guêpier libanais ; « monter » paradoxalement l'opinion française et occidentale contre ce même Arafat plus ou moins perçu comme responsable général du terrorisme ; « surexciter » l'opinion pro-israélienne contre le leader de l'OLP et contre la France elle-même... Voici Arafat, si « populaire » à la veille du 9 août, l'homme qui faisait pleurer dans les chaumières en montrant sur les télévisions du monde entier, en toute occasion, les « victimes palestiniennes » des « bourreaux israéliens » — voici ce leader désormais soupçonné, voire ouvertement dénoncé comme étant, lui, le responsable du massacre de la « synagogue » Goldenberg...

Et enfin, au sein du monde arabe, les anti-OLP, une fois de plus, sont compris et appréciés. Tout spécialement dans les pays du

(1) La Grande-Bretagne aussi d'une certaine façon, depuis le début du siècle, mais elle s'est « retirée » en grande partie de la Région au moment de la création de l'Etat d'Israël, en 1948 et plus complètement dans les années 60.

(2) Y compris la classe politique dans son ensemble.

Front du refus — du refus de la position politique de Yasser Arafat — qui, depuis 1974, accueillent et abritent, utilisent et exploitent, à leur propre compte souvent, les groupes et les organisations palestiniens qui rejettent, eux aussi, les choix de Yasser Arafat. C'est ainsi qu'a surgi ce que l'on reconnaîtra plus tard — un peu trop tard, parce qu'on n'avait pas compris — le terrorisme des Etats...

*
**

Depuis novembre 1967, en effet, dans la « Région », cinq pays se sont déclarés en opposition avec les décisions des grandes puissances à l'ONU, concernant l'existence de l'Etat d'Israël et l'avenir des Palestiniens. Bien que leurs intérêts soient souvent divergents, bien que leurs alliances quelquefois les séparent, ces cinq pays — la Syrie, l'Irak, le Yémen du Sud, la Libye et l'Algérie — sont restés à peu près unis jusqu'aux années 1980, au moins dans le refus de la résolution 242 (1), votée à l'ONU, le 22 novembre 1967... Tout est toujours fluctuant dans l'univers arabe.

Le *Front du refus* anti-arafatiste, à l'intérieur du mouvement palestinien rejoignait nécessairement le *Front du refus* des cinq pays que nous venons de citer. Et, tout particulièrement à partir de 1974, où Arafat, reçu en chef d'Etat à l'ONU, a paru prêt, pour constituer enfin un vrai Etat palestinien, à se contenter de la Cisjordanie et de la bande de Gaza...

— Inacceptable, a répondu encore unanime la « bande des Cinq ». Si l'OLP se satisfait de cela, la Palestine, la vraie, ne verra jamais le jour. « Nous voulons toute la Palestine, rien que la Palestine ! »

Pourtant, les « intérêts » de chacun des cinq sont loin de coïncider !

Pour la Syrie, la Palestine, quand elle aura été constituée, devra revenir s'inclure dans sa vieille réalité historique : celle qui a fait d'elle une province syrienne, pendant des siècles. Exactement comme le Liban... Et, en cet été 1982, où Arafat, à Beyrouth justement, n'évite la noyade que par la sollicitude des Français, le dirigeant suprême syrien Hafez El-Assad est en colère.

Comble de tout, où va se réfugier cet Arafat ? A Damas, où on

(1) Yasser Arafat et l'OLP ont également refusé cette résolution qui 1) traitait les Palestiniens en « réfugiés » ; 2) reconnaissait à l'Etat d'Israël des frontières sûres et reconnues ; 3) préconisait le retrait d'Israël « de territoires occupés », sans préciser lesquels... Ce qui sera reproché, plus tard, à Arafat par ses opposants, sera de glisser doucement vers l'acceptation de ces deux derniers points.

l'accueillerait à bras ouverts — à condition qu'il fasse sa soumission ? Pas du tout : l'état-major, l'administration, le trésor de l'OLP seront abrités à Tunis.

L'Irak, « Etat-frère-ennemi » de la Syrie, veut lui aussi jouer *sa* carte palestinienne. C'est d'ailleurs l'Irak, le premier, qui a voulu avoir *ses* Palestiniens (1). Et, depuis 1974, Bagdad abrite « Abou Nidal » et son *Fatah-Conseil Révolutionnaire*. Mais il n'y a pas que lui. Se trouvent aussi à Bagdad Abou Ibrahim (2) et Selim Abou Salem (3), deux des nombreux « lieutenants » de feu Waddi Haddad, Palestinien, « docteur du terrorisme » dont les obsèques, toujours à Bagdad, en 1978, ont été suivies par une foule énorme (4). L'Irak, certes, est « allié de la France » — et nous allons y revenir bientôt... Mais l'Irak, au nom du *Refus*, utilise pour ses propres besoins, ou « laisse faire » Abou Nidal, Abou Ibrahim, Abou Salem — et tant pis s'ils frappent aussi en France, sinon la France...

Ce sera l'une des seules et authentiques victoires de Paris, entre 83 et 85, que d'avoir su « neutraliser » cette poudrière toujours sous tension. Par J.-B. *Menuet* interposé...

Jusqu'en septembre 1980, date à laquelle l'Irak décide d'attaquer l'Iran où l'Imam Khomeiny vient de prendre le pouvoir, les « cinq du refus » sont restés à peu près unis.

Cette décision irakienne d'attaquer l'Iran de Khomeiny bouleverse en effet toute la « donne » de l'ensemble des pays arabes.

L'Iran n'est pas un pays arabe. Mais, avec Khomeiny à sa tête, depuis le 1er février 1979, le vieil empire perse impose l'image d'un « jusqu'au-boutisme » religieux qui fait peur parce qu'il a réussi... L'intégrisme chiite — sa capacité de galvaniser les foules, de les fanatiser — ne risque-t-il pas de s'étendre partout, comme une traînée

(1) En avril 1969, Bagdad a créé le « Front de Libération Arabe » avec des Palestiniens favorables à l'Irak. Ce FLA devint la « voix » de l'Irak au sein du Comité exécutif de l'OLP.

(2) De son vrai nom Naji Allouche, chef de « l'organisation arabe du 15 mai pour la libération de la Palestine ».

(3) Approuvé par les Services secrets syrien et irakien, il fut l'instigateur de l'attentat de la rue Copernic, et son organisateur — en liaison avec Hagop Hagopian, chef de l'*Asala*, installé à Beyrouth. Fidèle jusqu'au bout à la mémoire de Waddi Haddad, Abou Salem naviguera — et navigue encore — entre Aden (Sud-Yemen) où W. Haddad avait ses habitudes et Bagdad. C'est un ami et compagnon d'armes du Libanais Georges Ibrahim Abdallah des FARL.

(4) W. Haddad est mort officiellement d'un cancer à Berlin-est. Selon d'autres sources, il a été empoisonné par les Services irakien et algérien, à la suite de l'affaire de l'enlèvement des ministres de l'OPEP qu'il avait organisé et fait exécuter par Carlos en 1975.

de poudre ? Telle est la question que l'on se pose à Damas, à Bagdad, à Amman, à Aden, au Caire, à Ryad, à Alger, à Tunis et à Rabat. Non sans raison : de 1980 à aujourd'hui, partout dans la « Région », et spécialement au Liban, les membres des diverses communautés chiites vont se regrouper et, les yeux tournés vers la nouvelle Mecque — Téhéran — se mettront plus ou moins à la disposition du « Pape » Khomeiny... et de ses Services secrets qui commencent à s'infiltrer partout...

Ainsi surgiront au Liban, en 1982, les fameux *Hezbollahi*, membres du « Parti de Dieu », armés jusqu'aux dents, aux ordres de Téhéran, sous la surveillance de plus en plus difficile des Services syriens.

Chiisme pro-iranien et terrorisme pro ou anti-OLP n'ont guère tardé à se croiser, à tisser entre groupes armés et factions idéologiques et religieuses un réseau souvent incompréhensible — vu de Paris par exemple — mais que tous les chefs d'Etats arabes observent avec anxiété. Une anxiété qui achève de les diviser. Faut-il soutenir l'Irak contre l'Iran ? Peut-on le faire ouvertement ? Qui gagnera la guerre ? Le jeu des alliances et des rivalités arabes est bloqué sur cette seule problématique. C'est dans cette faille qu'Israël s'est engouffré, en juin 1982, en envahissant le Liban, *allant pour la première fois jusqu'à assiéger une capitale arabe : Beyrouth.*

En Syrie, Hafez El-Assad ne voit qu'intérêt pour lui au conflit irako-iranien. « Qui frappe mon ennemi, l'Irak, sera donc mon ami... Pourvu que cette guerre dure, qu'elle soit meurtrière : chacun des deux camps, l'iranien et l'irakien, y perdra ses forces... » Voilà ce que se dit le président syrien. Son *ennemi* irakien et son *allié* iranien (mais néanmoins son *adversaire* sur le terrain libanais) doivent s'annuler l'un l'autre et lui laisser le champ libre.

Mais revoici la France doublement impliquée dans les « affaires du Proche-Orient ». Elle le paiera cher...

***

Depuis la « guerre civile » du Liban, en 1975, où les Chrétiens ont affronté les Palestiniens, la Syrie, par son armée — et par ses services spéciaux — est intervenue en tant que puissance tutélaire. Sous prétexte d'arranger les choses, de rétablir la paix entre ces factions rivales, El-Assad, de Damas, a froidement décidé d'aviver leurs rivalités pour rester maître du terrain.

Ses « services » mettront tout en œuvre — jusques et y compris la stimulation des groupes palestiniens, OLP, anti-OLP, chrétiens, druzes, arméniens — pour que règne sur le territoire libanais une situation telle que personne ne s'y retrouve. Mission accomplie dès 1980... mais que les « Etrangers » — les Etats-Unis et la France au premier chef — sont venus compromettre !

CHAPITRE II

LA DONNE DE L'ANTITERRORISME FRANÇAIS

« On va voir ce qu'on va voir. » Huit jours après l'épisode sanglant de la rue des Rosiers, le Président Mitterrand est monté au créneau. Il s'est montré à la télévision dès le 17 août (1982), pour annoncer son train de mesures antiterroristes. Il a pris les choses en main.

Sont annoncées deux grandes décisions : la création d'un secrétariat d'Etat à la Sécurité publique, confié à M. Joseph Franceschi, sous la tutelle du ministre de l'Intérieur, Gaston Defferre ; et la mise en place, à l'Elysée même, d'une « mission de coordination, d'information et d'action contre le terrorisme » placée sous l'autorité du chef d'escadron de gendarmerie Christian Prouteau, au demeurant chef du GIGN depuis sa création (1974) et chargé depuis le mois de juin de réorganiser la sécurité personnelle du Président.

Les choix présidentiels sont clairs et sur le fond et sur la forme...

Sur la forme, une réunion d'état-major de lutte contre le terrorisme s'est tenue le jour même de la déclaration télévisée du Président. Tous les personnages que le Président estime concernés sont là : Badinter (Justice) ; Hernu (Défense) ; Defferre (Intérieur) accompagné du préfet Grimaud ; Jean Perrier, préfet de police de Paris ; Michel Guyot, patron de la PJ ; Paul Roux, patron des RG ; Marcel Chalet, patron de la DST ; Pierre Marion, patron de la DGSE... Et, évidemment, Pierre Mauroy, Premier ministre ainsi que Jean Saulnier, chef d'Etat-major particulier du Président... Question : qui manque à l'appel ? Réponse : le ministre des Relations extérieures, M. Cheysson, en voyage une fois de plus. C'est son métier. Il est représenté par son directeur de cabinet, François Scheer.

A son habitude, François Mitterrand dédouble l'action. D'un côté, Prouteau et ce que l'on ne tardera pas à appeler la « cellule élyséenne » de l'antiterrorisme ; de l'autre, Franceschi, avec Defferre, pour animer et renforcer les moyens d'investigation des diverses polices françaises contre les terroristes qui, depuis la rue Marbeuf, n'ont cessé de faire parler d'eux... et qui, d'ailleurs, ne se priveront pas de continuer.

Ce serait mal connaître le Président que de croire qu'il croit à ce qu'il dit croire : à savoir que ces nouvelles structures vont débarrasser le pays de tout danger terroriste. En fait, François Mitterrand, alerté tout à la fois par Marion de la DGSE, par Cheysson du Quai d'Orsay, par Saulnier qui lui renvoie *ses* « informations » — celles, notamment de Marcel Chalet de la DST — le Président sait très bien que la lutte contre le terrorisme passe d'abord par la neutralisation et le *secret* de cette neutralisation des « commanditaires »... Nos juges apporteront, à force d'opiniâtreté, quelques preuves supplémentaires d'une réalité apparemment confuse, extrêmement simple pourtant : si la France veut être partie agissante — sinon « prenante » — dans l'affaire libanaise, dans le règlement du conflit palestino-israélien, elle doit en subir les conséquences. Cette position n'est pas nouvelle. Mais elle n'est pas sans conséquence : depuis les années 70, de véritables réseaux de « dormants », manipulables par l'un ou l'autre ou un troisième, ou un quatrième des Etats rivaux du Moyen-Orient, ont été et restent tranquillement installés en France et chez nos voisins européens — Italie, Autriche, RFA, Espagne, etc.

Frapper, plus ou moins fort, pour ces spécialistes, est un jeu d'enfants. Tout est prêt, à tout moment, pour quelque salve d'avertissement ou de sanction. Pour quelque signal que l'une ou l'autre des factions rivales adresse à la France, ou à ses propres adversaires — Damas, Téhéran, Bagdad, Tripoli — pour affirmer sa suprématie sur le « champ de bataille ».

C'est bien une nouvelle stratégie qui a été, ainsi, réinventée. Elle passe d'abord par le *secret des coups*. On ne peut donc y répondre que par le *secret des ripostes*. Les déclarations officielles, publiques, télévisées, calmes — comme celles de François Mitterrand en 1982 — tonitruantes et provocatrices — comme celles de Charles Pasqua en 1986 (1) — ne changent rien aux réalités de l'Histoire.

(1) Le fameux « Nous allons terroriser les terroristes... Avisssse aux amateurs ! »

*
**

Disons-le d'un mot : la France, pour ce genre de combat, n'est guère équipée. Il y a un an — un an déjà — en arrivant au pouvoir, les socialistes ont voulu remédier à cette carence qui — c'est vrai — n'est pas de leur fait. C'est l'un des héritages qu'ils ont reçu des régimes antérieurs. Aussi les débuts du nouvel univers français du Renseignement en mai-juin 81 ont-ils été assez mouvementés. Et leurs résultats, un an plus tard, restent plutôt désordonnés — hormis la DST. Là encore, comme dans l'affaire des amnisties, un peu plus de doigté aurait sans doute permis à tout le monde de mieux se comprendre.

En conséquence de quoi, dès la fin mai et le début juin 1981, la plaque tournante, le filtre, sur lesquels informations, supputations et projets d'action sont venus se croiser, a été, à l'Elysée, le bureau du général Saulnier. Appelé dès le premier jour par le nouveau Président de la République (sur les conseils de Charles Hernu et du général Jacques Mitterrand), Saulnier sera, jusqu'en 1984, son « technicien », son « opérationnel du secret ». François Durand de Grossouvre, « l'homme du Président » qui a aussi le goût du « renseignement », sera plus un conseiller, un confident — pas, ou rarement, le décisionnaire dans ce genre d'affaires.

De toute façon, seul le Président décide. C'est sa façon de faire : il écoute, beaucoup, ne répond généralement pas. Puis, à son heure, il tranche — souverainement. Comportement gaullien s'il en fut... Mais dès l'été 81, le Président *sait* un certain nombre de choses. Cela mérite un retour en arrière...

A peine installés à l'Elysée, André Rousselet, directeur du cabinet du Président de la République, et le général Saulnier convoquent Marcel Chalet, pour la DST ; Paul Roux, pour les Renseignements Généraux ; Alexandre de Marenches, pour le SDECE. Ils ont bien ressenti le « malaise »...

Et, très vite, le général Saulnier a fait appel à un homme seul, à l'étrange destin, que nous avons déjà croisé sur les routes de l'antiterrorisme : Jean-Baptiste *Menuet*.

Dans sa vie jusqu'ici plutôt mouvementée, celui-ci ne s'est pas fait que des amis. A la suite de sa « chasse à Carlos », au mois de juillet 1977, très exactement, le comte de Marenches — lointain patron du SDECE à l'époque — lui a signifié son congé. La « protection » d'Alain Gaigneron de Marolles à l'endroit du jeune officier n'a servi à rien.

Alexandre de Marenches, obsédé d'antisoviétisme et qui voyait des « taupes » du KGB partout, ne voulait plus de *Menuet* pour au moins une « bonne » raison : jadis en poste à l'ambassade de France à Bucarest, *Menuet* avait vu l'un de ses agents — un sous-officier — passer à l'Est. Mauvais point, très mauvais point pour lui — qui subsistera dans la « mémoire de la *Piscine* ».

Autre mauvais point : *Menuet,* depuis 1970, depuis l'apparition du terrorisme palestinien « à visage découvert », a fait valoir sa connaissance réelle — on pourrait dire héréditaire — du monde proche-oriental. Et son efficacité « relationnelle » dans ce domaine. Qu'il s'agisse de son intervention dans l'affaire Abou Daoud, ou de son leadership opérationnel dans la « chasse à Carlos », tout un « clan » de la piscine a dénoncé ses « amitiés » et cette « islamophilie » comme autant de signes de son appartenance, au moins idéologique, au camp soviétique.

On était encore au temps de l'amalgame automatique : tout mouvement de « libération » (c'était le cas de l'OLP de Yasser Arafat) était *forcément* manipulé par un « chef d'orchestre » moscovite tout-puissant... Le général Saulnier, dès 1981, ne sombre pas dans le piège intellectuel de ces balivernes.

Menuet donc, depuis 1977, a été pour le moins compromis — si ce n'est suspect !... Et prié d'aller reprendre du service ailleurs — n'importe où... Qu'on n'en parle plus ! Le « clan anti-Marolles » l'a emporté. A son départ de la *Piscine* pourtant, le directeur du cabinet (1) de M. de Marenches a tenu à lui faire obtenir l'insigne de chevalier de la Légion d'honneur. Et il a fait en sorte que le jeune commandant soit élevé à un grade supérieur.

Quant à Alain de Marolles, passé entre-temps du « service Action » à la direction du « service Renseignement » (2) du SDECE, et qui n'a jamais mis en doute ni la loyauté ni l'efficacité de son ex-« dauphin » *Menuet,* a mis tout en œuvre pour le recaser... Ailleurs, bien entendu, que dans l'un des tristes casernements des garnisons de province. Depuis 1977, donc, *Menuet* a

(1) C'était Michel Roussin, ancien capitaine de gendarmerie passé dans la Préfectorale ; aujourd'hui chef de cabinet de M. Jacques Chirac, Premier ministre.

(2) Il y succédait au général Jeannou Lacaze nommé en 1980 chef d'état-major des armées. Le poste de directeur du Renseignement au SDECE, devenu DGSE en 1981, alors que disparaissait M. de Marenches, en faisait le n° 2 du Service secret « officiel ».

« travaillé » sous des couvertures diverses pour son ami Marolles — et, bien entendu d'abord au Moyen-Orient et, aussi, en Libye...

Il n'a donc pas disparu — même si ses « travaux » lui interdisent de se faire remarquer... Mais il s'est transformé — dans le fond, comme dans la forme. Toujours militaire, il ne porte plus jamais l'uniforme. Sa vie quotidienne — en dehors de ses nombreux voyages — l'a conduit au ministère de la Défense, au Centre des Hautes Etudes militaires (école de guerre, derrière les Invalides), et... au Quai d'Orsay.

Partout, il a officiellement été un « consultant ». S'agissant de diplomatie, de la connaissance que le pouvoir politique — quel qu'il soit — a besoin de posséder sur la réalité des choses dans tel ou tel pays étranger, le « consultant », souvent, endosse l'habit du voyageur... Il va sur place pour rafraîchir ses appréciations (en jargon de métier, cela s'appelle « évaluer »), retrouver d'anciens « contacts ». Puis, il rend compte...

En somme, c'est véritablement un « agent très spécial », officiellement « couvert » lorsque c'est possible mais, le plus souvent, agissant à ses « risques et périls »... — « C'est une loi inéluctable, incontournable, dit-il aujourd'hui (1)... Les gens comme moi ne doivent en aucun cas, dans une situation critique, risquer de compromettre le gouvernement. »

Ainsi, l'image de l'ex-baroudeur du service « Action » du SDECE, si elle n'est pas complètement effacée, a été remplacée par celle d'un homme extrêmement secret — une habitude qui ne se perd pas — dont l'allure évoque celle d'un clergyman méditatif et réservé. Seuls — lorsqu'on parvient à le rencontrer — son regard extrêmement percutant, son élocution châtiée et policée, son art des silences aussi, rappellent qu'il n'était pas, naguère, tout à fait n'importe qui dans les services « spéciaux » français...

***

Lorsqu'il a revu J.-B. *Menuet*, au début de l'été 1981, le chef d'état-major particulier du nouveau Président estimait que, pour l'heure, le problème qui, à l'étranger, primait tous les autres, c'était la guerre Irak-Iran. Cette guerre durait déjà depuis plus de neuf mois. A la grande surprise de certains.

(1) Entretien avec les auteurs en 1986.

Le dernier ministre des Affaires étrangères de Valéry Giscard d'Estaing, Jean-François Poncet, n'avait-il pas estimé au soir du 22 septembre 1980 — date de l'ouverture des hostilités par l'Irak que « ... dans les quinze jours, les Irakiens seront à Téhéran... » ? Or, les choses ne se sont pas du tout passées ainsi. Le régime des Ayatollahs — Khomeiny à leur tête — a tenu bon, et les images d'hystérie collective qu'en ont données les télévisions n'y ont rien changé...

D'ailleurs, dans l'une des « notes » qu'il a eu pour mission de confectionner à la demande de l'un ou l'autre de ses employeurs, dès le début de l'année 81 — après quatre mois seulement de cette guerre — Jean-Baptiste *Menuet* a écrit en substance : « ... Nous entrons à peine dans une guerre qui sera très longue, très cruelle, qui fera beaucoup de morts et où le potentiel iranien reprendra le dessus... Si l'on croit que le régime iranien va s'affaiblir avec la guerre, on se trompe : la guerre, au contraire, le renforcera (1)...

Menuet, en cette fin du mois de mai 1981, s'est rendu chez le général Saulnier, au n° 14, de la rue de l'Elysée. Lors de ces « retrouvailles » — qui marquaient l'heure de la revanche pour *Menuet*, le général Saulnier a été direct.

— Voyons, voyons, a dit Saulnier. Allons au fait : votre idée sur cette guerre irako-iranienne ? Cela va être sérieux, non ? Le désordre partout, les Arabes divisés et paralysés ?... Et Israël, qu'est-ce qu'ils vont faire les dirigeants de Tel-Aviv ? Expliquez-moi tout cela... Ensuite, je vous dirai ce que j'attends de vous.

Menuet a expliqué...

— Une vraie guerre de religions, quoi ! a conclu Saulnier... Les grandes compagnies qui se rallient... au gré des Ayatollahs et des « chefs » libanais. Sans oublier le « Bismarck » de Damas... Il me paraît indispensable de suivre tout cela de près... Et c'est à vous que j'ai pensé, en premier lieu... Je souhaite que vous retourniez à Bagdad, que vous ne perdiez pas de vue ce qui se passe sur le front irako-iranien... Cette guerre, en tant que guerre — je veux dire en raison même de nos armements qui y sont et qui y seront mis en œuvre — cette guerre est riche d'enseignements, non ?

— A coup sûr... a répondu *Menuet*.

— Repartez au plus tôt... Vous reverrez votre ami le général Barzan (2). Le plus important, pour l'instant, pour nous, c'est de ne

(1) De fait, cette guerre Irak-Iran dure toujours. Elle est dès à présent le conflit le plus long et le plus meurtrier que l'on ait connu depuis la Seconde Guerre mondiale.

(2) Demi-frère du chef d'Etat irakien alors chef des services de Renseignement.

pas casser ce qui a été fait précédemment. Mais, vous en serez d'accord, il vaut toujours mieux anticiper... Voyez-vous, ces Iraniens avec leur chiisme déployé, ils me rappellent nos ancêtres de la Révolution de 89 : aucune grande puissance européenne, à l'époque, ne prit au sérieux nos armées de guenilleux dirigées par des généraux sans expérience... Il en est sorti un Bonaparte qui ne tarda pas à se faire appeler Napoléon... Les Ayatollahs et leurs foules fanatiques sont de la même espèce. Notre passé, notre culture, notre tradition ont fait de l'Irak notre allié — pas question de changer de cap... Mais prenons garde... Puisque nous sommes protecteurs de l'Irak, les Ayatollahs de l'Iran nous voient en ennemi...

C'est ainsi que, pour le général Saulnier, Jean-Baptiste *Menuet*, en cet été 1981, s'est rendu à Bagdad à plusieurs reprises pour « évaluer » la situation... Notamment sur le front. Et, heureusement, pour conforter ses « contacts » dans la Région.

***

Les deux hommes se reverront à la fin du mois de septembre 1981. Entre-temps, le SDECE est devenu DGSE et son patron, Alexandre de Marenches, a été remplacé par un inconnu, Pierre Marion, « recruté » par Charles Hernu et « appuyé » par le général Jacques Mitterrand... Marion, dès ses débuts à la *Piscine*, a constaté au moins une chose : il y a *très peu de monde de la « maison » au Proche-Orient...* et pratiquement aucun spécialiste du terrorisme (1)...

Quant à la DST, Marcel Chalet l'a « blanchie » : le service reste loyal. Il a livré à Saulnier l'étonnant dossier « Farewell » qui établit l'existence d'une « taupe » soviétique au plus haut niveau du KGB ; cette « taupe » dont le nom de code est *Farewell* livre à la France des renseignements capitaux sur l'action des services secrets communistes dans l'Hexagone et... partout dans le monde. Un beau « cadeau » si l'on songe qu'il y a, justement, et pour la première fois depuis longtemps en France, des ministres communistes dans le premier gouvernement de Pierre Mauroy. Mais, pour ce qui est du terrorisme, ou plutôt de l'antiterrorisme, la Surveillance du Territoire reste peu mobilisée.

La « source » principale de Saulnier — qui a parfaitement compris le lien entre le terrorisme apparemment absurde (comme rue

(1) Entretien avec les auteurs (1986).

Copernic, l'année précédente) et les conflits du Proche-Orient — cette « source » reste J.-B. *Menuet.*

Les deux hommes, en cette fin septembre 81, font le point. Situation générale sur le front irako-iranien... Rapports de forces entre pays arabes tous inquiets de l'expansionnisme du chiisme iranien. Et, spécialement, au Liban où toute une partie de la communauté chiite vit des subsides financiers expédiés par les commerçants « exilés » sur le continent africain. Or, les Services secrets israéliens s'y montrent de plus en plus actifs... Précisément, tous les pays arabes se montrent anxieux de savoir ce que la France fera ou ne fera pas *pour* Israël (1)...

Menuet : ... Vous le savez, mon Général, tous les pays arabes sont inquiets de l'arrivée au pouvoir, en France, des socialistes... Ils craignent que notre diplomatie n'opère un virage à 180° en faveur d'Israël. Que ce soit à Damas, à Amman, à Ryad, à Tunis, à Rabat, partout la vieille amitié de François Mitterrand pour Shimon Peres est bien connue... Il faut donc les rassurer, ne pas oublier que pour *tous* les Arabes, Israël reste l'ennemi n° 1... même si ce n'est pas le nôtre.

Saulnier : Certes, mais cela, c'est l'affaire de la diplomatie officielle (2). Et, que je sache, M. Cheysson lui-même n'est pas spécialement pro-israélien. Pour lui, la politique arabe de la France doit continuer.

Menuet : Mais, et l'Irak d'où je reviens... si nous continuons à l'approvisionner en armes, à prendre officiellement son parti contre l'Iran, l'Imam Khomeiny ne nous le pardonnera pas (3)... Comme je vous l'ai déjà dit, cette guerre va durer longtemps. Comment faire ?

Saulnier : C'est bien là ce qui me tracasse le plus, et je ne suis pas seul dans le cas... Mais je vais vous faire une confidence : le Quai d'Orsay, heureusement, a d'ores et déjà un « contact » avec l'entourage des Ayatollahs — ne me demandez pas de qui il s'agit, je n'en sais rien... En tout cas, il entretient le dialogue...

(1) Il va de soi que les auteurs n'étaient pas « sous la table » pour enregistrer ces échanges... Mais ils ont recoupé dans le temps et dans leur contenu les informations que leur ont livrées chacun des deux hommes.

(2) De fait, durant l'été 81, M. Claude Cheysson s'est rendu en Tunisie, au Maroc, en Algérie, en Jordanie, en Syrie et au Liban — où il a rencontré Yasser Arafat. Le premier voyage officiel du Président Mitterrand sera en Arabie Saoudite du 21 au 26 septembre 81.

(3) M. Pierre Mauroy, Premier ministre, a reçu dès l'été 1981 le vice-président irakien Tarak Aziz et l'a assuré publiquement — sur le perron de l'hôtel Matignon — que l'aide de la France au gouvernement de Bagdad ne sera pas interrompue.

Menuet : Le dialogue ?... Depuis que nous avons rapatrié, le mois dernier, notre ambassadeur et tous nos ressortissants de Téhéran, je ne vois guère ce que l'Imam pourrait nous demander — sinon le rétablissement de relations sympathiques et donc la fin de notre aide à l'Irak...

Saulnier : Là encore, c'est l'affaire de la diplomatie officielle... Mais, il y a autre chose, une autre priorité du point de vue iranien... Leur principal souci, vis-à-vis de la France était — et reste — le sort de ceux qu'ils appellent les « cinq camarades »...

Menuet : ... Les cinq qui ont essayé d'assassiner Chapour Bakhtiar l'année dernière ? Mais, ils n'ont même pas été jugés (1).

Saulnier : ... Justement, justement. Pour les Iraniens, ces « cinq » doivent leur être rendus... Ils se disent prêts à dédommager les familles françaises (2). Et ils attendaient beaucoup, sur ce chapitre, du nouveau gouvernement français... A ma connaissance, ils n'ont pu qu'être déçus : leurs « cinq camarades » sont toujours dans nos prisons...

Menuet : « Déçus », c'est peu dire, car je comprends maintenant autre chose : notre ambassadeur, Louis Delamare, vient d'être assassiné, vous le savez, à Beyrouth (3)... Or, mes « contacts » là-bas m'ont affirmé que les Iraniens étaient pour quelque chose dans l'affaire... J'avoue que je ne comprenais pas très bien ce qu'ils venaient y faire — d'autant que, toujours selon mes informations, il s'agissait non pas de tuer Louis Delamare, mais de l'enlever... Les exécutants, devant la résistance de l'ambassadeur qui s'était enfermé dans sa voiture, se sont affolés et l'ont abattu... Maintenant, j'ai la solution : Louis Delamare devait servir d'otage, de monnaie d'échange contre la libération des « cinq »...

— Nous risquons fort de connaître cela à nouveau et souvent, a soupiré Saulnier.

(1) Le procès aura lieu le 11 mars 1982 — sept mois plus tard — en pleine enquête sur Bréguet-Kopp, dix-huit jours avant l'attentat du train « le Capitole ». Le « leader » des cinq, Anis Naccache et trois autres de ses « camarades » seront condamnés à la détention à perpétuité, le cinquième à une peine de vingt ans d'emprisonnement. A la fin de 1986, ils se trouvaient toujours dans les geôles françaises et occupaient le cœur de la « négociation » pour la libération des otages français enlevés au Liban à partir de 1984.

(2) Victimes : Deux morts — un policier français et une voisine de la résidence de M. Bakhtiar. Deux blessés graves — dont un gardien de la paix infirme à vie.

(3) Le 4 septembre 1981.

*
**

L'identité de la personnalité qui a maintenu durant sept ans la liaison entre Téhéran et Paris a été l'un des secrets les mieux protégés de toute la période qui a commencé avec la prise du pouvoir, le 1er février 1979, de l'Ayatollah Khomeiny. Bien des spécialistes, aujourd'hui encore, ne connaissent ni son nom ni ce que sont ses activités officielles.

Nous l'appellerons *Roublanglov* — car il est d'origine russe naturalisé français dans les années 60. Il exerce ses talents dans l'une des grandes banques internationales de la planète. Occupations qui l'ont conduit en maintes circonstances dans les pays de la « Région » — et aussi en Iran — pour y conclure contrats de prêts et d'échanges profitables...

Le personnage est donc, politiquement au moins, désintéressé. Mais, « homme de bonne volonté », il veut se montrer un Français de cœur. Et lorsque a surgi la crise irano-française, dès l'été 1981, il a voulu se rendre utile.

Entreprise assez aisée pour *Roublanglov*. En particulier, parce qu'il est, depuis une douzaine d'années, l'ami des deux frères Al-Hassan, Hani et Khaled. Des Palestiniens, des conseillers très écoutés de Yasser Arafat. Et aussi, pour l'un d'eux en tout cas — Hani Al-Hassan — désormais un conseiller très apprécié de l'Imam Khomeiny... Cela pour une bonne raison — un « détail » que les Européens ont omis d'observer en 1979 : toute la préparation, une grande part de la réalisation de la prise du pouvoir par Khomeiny ont été gérées par les Palestiniens de l'OLP qui ont mis leurs « cadres révolutionnaires » au service de la révolution iranienne... Tous formés dans les « camps » d'Arafat au Liban. Hani Al-Hassan a été le premier ambassadeur de l'OLP à Téhéran...

Jouissant de la paternelle bénédiction du « Pape » Khomeiny, qu'il rencontrait à Qom ou à Téhéran, Hani Al-Hassan — ami de *Roublanglov* — a permis à celui-ci de contacter les « autorités de l'entourage sacré » : Hashemi Rafsanjani, à l'époque chargé des problèmes de sécurité ; Bani Sadr, Président de la République (1) ; Rafigh Daoust, chef des *Pasdarans*, c'est-à-dire l'homme chargé de l'encadrement militaro-politico-religieux de la population iranienne.

Dès le mois de septembre 1980, *Roublanglov* a rencontré tous ces

(1) Chassé par Khomeiny en 1981, celui-ci reviendra vivre un exil français...

hauts personnages... Il s'est rendu à Téhéran, où il a noué d'étroites relations avec Hashemi Rafsanjani. Le futur Président du Parlement (le Majlis) l'a reçu à plusieurs reprises dans son appartement privé. C'est au cours de l'un de ces dîners, en présence de Rafigh Daoust, et du Palestinien Hani Al-Hassan que Rafsanjani lui a délivré un message à destination des autorités politiques françaises. Son discours ne variera jamais. Il s'agissait — il s'agit toujours à la fin 1986 — du sort des « cinq camarades » dirigés par Anis Naccache, arrêtés à Paris au mois de juillet précédent (1980), pour avoir tenté d'assassiner Chapour Bakhtiar, dernier Premier ministre du Shah.

La mort de ce « traître » correspondait selon Rafsanjani à un « fatwa ». C'est-à-dire une directive religieuse de l'Imam Khomeiny. « Bakhtiar ainsi que d'autres Iraniens comme le général Oveissi (1) devaient mourir. Ils étaient responsables du sang versé par le peuple iranien pour se libérer. Ils étaient néfastes car ils préparaient des complots avec l'aide des étrangers américains et irakiens. »

Chaque fois qu'il rencontra son interlocuteur français, Rafsanjani renouvela cette recommandation : « Il ne fallait pas que la France fût mêlée à ces affaires. Il valait mieux qu'elle manifestât sa bonne volonté à l'égard de la révolution iranienne. Et pour cela qu'elle expulsât les cinq camarades au plus vite comme elle l'avait fait avec des Palestiniens comme Abou Daoud. »

Roublanglov a immédiatement rapporté tout cela, de sa propre initiative, à son ami Serge Boidevaix, à l'époque directeur de l'ANMO (Afrique du Nord-Moyen-Orient) du dernier ministère des Affaires étrangères de Valéry Giscard d'Estaing... A partir de 1981, sous François Mitterrand, le « contact » sera poursuivi avec Bruno Delaye, conseiller technique de M. Claude Cheysson ; puis, en 1984, avec Jean-Claude Cousseran, directeur adjoint du cabinet de Roland Dumas.

Il était inévitable que, dans l'été 1981, après l'accession au pouvoir de François Mitterrand, les Iraniens eussent réitéré — via *Roublanglov* — leur demande de libération des « cinq », ce dont le général Saulnier venait d'être informé.

***

(1) Le général Ali Oveissi, ancien chef d'état-major du Shah et son frère Hossein devaient être assassinés le 7 septembre 1984 à Paris.

Un an plus tard — septembre 1982 — Saulnier et *Menuet* se rencontrent à nouveau... Sur fond des attentats-surprises du printemps et de l'été.

S'agissant de l'attentat du 24 mai précédent, contre l'ambassade de France à Beyrouth (11 morts et 27 blessés), le général Saulnier a déjà pu lire et relire la note que lui a adressée le ministère des Affaires étrangères. Une note percutante, secrète, établie bien sûr par J.-B. *Menuet.* Elle révèle tout à la fois la « hantise » des pays arabes d'un accord secret entre le Président Mitterrand et les Israéliens, et le « réveil chiite » que cette hantise a suscité... Citons :

« ... La " collusion " franco-israélienne trouve aux yeux des Arabes son plus grand argument dans le fait que beaucoup de services de sécurité africains sont dans la main d'anciens ou d' " actuels " agents du service français... Dans la mesure où Paris semble avoir décidé (...) de cesser ou de réduire cette (...) forme de coopération, il est normal que quelques chefs d'Etats africains se retournent vers ceux qui avaient organisé les premiers leur sécurité : les services israéliens... Dès lors l'accusation de complicité entre la France et Israël peut se trouver étayée... (1) »

Citons encore : « ... Beaucoup de pays africains comptent une présence libanaise active et influente... Il s'agit en majorité de chiites... (qui) passent pour financer l'organisation libanaise *Amal* (qui) n'est pas monolithique et compte des clans pro-syriens, pro-libyens, pro-iraniens... »

Conclusion : la piste « chiite africaine » est sans doute pour quelque chose dans l'attentat contre l'ambassade de France « en collusion ou non, avec les Syriens et les Libyens, ces derniers étant les plus hostiles au retour israélien en Afrique et nous en rendant publiquement responsables »...

Et peut-être bien aussi, songe le général Saulnier, en collusion

(1) Pierre Marion, « patron » de la DGSE, s'était rendu en Israël les 15, 16 et 17 avril précédent pour y rencontrer le général Hoffi, chef des Services spéciaux israéliens. Dans une lettre datée du 21 avril et adressée au Président Mitterrand, Pierre Marion écrit qu'il a été reçu par « ... le Premier ministre Begin pendant 45 minutes, le ministre de la Défense Ariel Sharon pendant deux heures trente... et précise que " l'assurance " (lui a été donnée tant par M. Begin que par le général Sharon) qu'aucune décision n'est prise concernant une attaque militaire au Sud-Liban ». Enfin, il affirme qu'après le voyage du Président début mars, l'organisation de la « lutte antiterroriste avec l'aide des Services spéciaux israéliens » est en bonne voie.

avec les Hezbollahi iraniens qui viennent de faire officiellement des petits au Liban...

Les chiites, sous influence iranienne, il faudra en reparler.

En France même, la situation n'est guère brillante... La « cellule antiterroriste de l'Elysée » créée le 17 août autour de l'officier de gendarmerie Christian Prouteau par le Président Mitterrand, paraît d'ores et déjà mort-née : l' « exploit » de Paul Barril, adjoint de Prouteau, avec l'arrestation intempestive des « Irlandais de Vincennes » a vite été dénoncé comme poudre aux yeux (1)... Par qui ? Par l'Intérieur, bien sûr, d'où sont parties quelques « fuites » destinées à déconsidérer les « Gendarmes de l'Elysée ». Franceschi a laissé faire : le nouveau secrétaire d'Etat à la sécurité, spécialement en matière de terrorisme, se devait de soutenir *ses* policiers quelque peu jaloux des succès dont voulaient se targuer les gendarmes de Prouteau. Histoire de fous ? Oui — qui freinera tout au long des années 83-84-85 l'action antiterroriste en France. A l'exception de celle de la DST qui surveille et quadrille le territoire du mieux qu'elle le peut, pour localiser les « dormants » des réseaux du Proche-Orient.

Côté DGSE, cela ne va guère bien non plus. Pris sous les feux croisés des clans de la *Piscine*, Pierre Marion sent que son limogeage n'est pas loin. Il s'est mêlé, l'impudent ! — d'essayer de comprendre, après Marbeuf, ce qui n'allait pas avec la Syrie. Contacts avec Rifaat El-Assad — frère du président syrien et grand coordonateur des « services secrets de Damas » — De Grossouvre n'a pas apprécié. Le président non plus. Ce n'était, pourtant, pas si mal vu ! Mais le pauvre Marion a fait, depuis sa nomination en 1981, l'objet de tant d'attaques — de l'état-major, des militaires de l'ex-SDECE, des nostalgiques du « service » qui dénoncent en lui un « manipulé de l'Est » — Marion est si vulnérable qu'il ne peut plus être qu'un vaincu.

La conversation entre Saulnier et *Menuet*, en cette fin septembre 1982, aura été brève et précise. Saulnier : « on » impute — sans d'ailleurs en être sûr — le massacre juif de la rue des Rosiers à Abou Nidal. Abou Nidal a bien ses bureaux du *Fatah-Conseil Révolutionnaire* en Irak, n'est-ce pas ?

Menuet : Absolument... Et je sais comment les contacter par l'intermédiaire de nos amis irakiens de Bagdad.

Saulnier : Eh bien, occupez-vous de cela immédiatement. Le

(1) Annoncée le jour même par un communiqué de l'Elysée.

problème est simple : ou bien nos amis irakiens « neutralisent » Abou Nidal, ou bien l'aide de la France leur sera diminuée... Nous ne pouvons nous permettre une autre « rue des Rosiers »...

— Je vais m'en occuper, a répondu *Menuet,* avec sa discrétion habituelle, son élocution en demi-teinte...

QUATRIÈME PARTIE

OBJECTIF LA PAIX EN FRANCE

Chapitre premier

LA CHASSE A ABOU NIDAL

A la suite de l'attentat de la rue des Rosiers, tout l'automne 1982 sera dominé par une idée fixe : Abou Nidal. Il n'y a qu'Abou Nidal qui ait pu accomplir un tel crime. Abou Nidal — voilà l'ennemi n° 1... Que ce soit à l'Elysée, à la DGSE — où l'amiral Lacoste remplace Pierre Marion; à la DST — où Yves Bonnet remplace Marcel Chalet qui prend sa retraite —, partout le même nom préoccupe chaque responsable.

Pseudonyme : Abou Nidal
Nom : Hassan Sabri El-Banna
Naissance : 1934 à Naplouse (Palestine)
Profession : terroriste

Et quel terroriste! Maître absolu de la terreur, il en a investi le marché en « faisant de l'ombre » à tous les autres « mythes », y compris Carlos, dont la carrière, pourtant, n'avait rien eu à envier à personne. Abou Nidal et son groupe ont mené de si nombreuses opérations à travers le monde, pour leur propre compte, ou pour leurs protecteurs successifs ou simultanés, que dès 1982, on peut affirmer : quelles que soient les responsabilités qu'on pourra lui imputer, le décompte de leurs actions restera toujours *en deçà* de ce dont ils se sont rendu coupables. Voilà pourquoi si l'on excepte la poignée d'Etats arabes qui le protègent et les pays du pacte de Varsovie, il n'est pas une seule police, pas un seul « service » au monde qui ne rêve de lui mettre la main au collet. Militant du FATAH dès avant la guerre de juin 1967, Abou Nidal va très vite se distinguer par son jusqu'au-boutisme. Son diplôme d'électricien lui permet de tout savoir sur la fabrication et le maniement des explosifs. Mais sur le plan idéologique, il manifeste depuis cette période une option marxiste rigide qui rend plus ombrageux encore son nationalisme palestinien. Après sa rupture avec Arafat, celui-ci l'a fait condamner à mort (par contumace) pour prévarication : sans doute fondée, cette raison cachait mal le motif véritable du verdict — désobéissance et rébellion.

Depuis 1974, le nom d'Abou Nidal a été associé aux opérations terroristes les plus sanglantes de l'après-guerre. Qu'il s'agisse des prises d'otages dans les grands hôtels de Damas ou d'Amman (1976) ; des règlements de comptes à Paris, Londres ou Larnaca (1978) ; de la série d'attaques contre les synagogues d'Europe, à Paris, Vienne, Rome, Milan ou Bruxelles ; des attentats spectaculaires en Espagne, Grande-Bretagne, Grèce, France, Koweït, Emirats arabes unis, Jordanie, etc. ; ou de l'assassinat de responsables palestiniens modérés, proches de Yasser Arafat, le nom d'Abou Nidal revient sans cesse.

En 1985 et 1986, tragique double attentat dans les aéroports de Rome et de Vienne. Détournement d'un appareil égyptien sur Malte (60 morts). Explosion en plein ciel grec d'un appareil de la TWA (4 morts)... Abou Nidal, le « Saigneur » du terrorisme aveugle, est au moins aussi soucieux des opérations où les victimes sont des civils innocents que de frapper « l'ennemi sioniste ».

Impitoyable, « Abou Nidal » est en fait une société à succursales multiples, de petites équipes clandestines, mobiles, efficaces et redoutables. Ses organisations ne compteraient que quelques centaines d'hommes, mais elles ont tissé des liens partout, au Proche-Orient comme en Europe... utilisant tantôt le label *Fatah-Conseil Révolutionnaire*, ou *juin noir*, tantôt d'autres « marques », telles que *organisation révolutionnaire des musulmans socialistes* ou même *brigades juives* (suprême « raffinement », quand les cibles sont des Arabes modérés, ou des Israélites). Ennemi juré du roi Hussein pour complaire à la Syrie ; adversaire acharné du président égyptien Husni Moubarak pour satisfaire la Libye ; allié des intégristes iraniens, des anti-arafatistes, des *Farl,* des Brigades Rouges, des Tamouls, des Sikhs, des Kurdes, des Colombiens du M-19, des Arméniens de l'*Asala* et de tous les subversifs libanais, Abou Nidal a bien entretenu sa légende.

En parlant très peu (contrairement à d'autres « mythes » comme Hagop Hagopian) mais en se taisant et en restant toujours caché. Impossible à localiser... On ne connaît de lui que deux photographies. Qu'il s'agisse de ses « amis », alliés, maîtres, subordonnés, seuls quelques-uns, ex-compagnons, ou chefs d'Etats arabes, connaissent ses véritables traits actuels... Il se serait fait remodeler le visage déjà à trois reprises au moins !

Le carnage du restaurant Goldenberg a donné au « personnage » une épaisseur supplémentaire : le plan français d'évacuation de Beyrouth et du « sauvetage » d'Arafat était connu dès le 3 juillet... Seule une organisation comme celle d'Abou Nidal pouvait se montrer capable de frapper aussi vite et aussi fort, grâce à ses relais en France...

Tout le monde en est intimement convaincu : Saulnier comme Grossouvre à l'Elysée, Defferre comme Franceschi à l'Intérieur... Et, naturellement, il faut tout mettre en œuvre pour que cela ne risque pas de se reproduire.

Une triple chasse à Abou Nidal s'est vite organisée : celle de Saulnier avec *Menuet*, celle de Grossouvre-Franceschi qui veulent dialoguer avec l'*Olp* d'Arafat, et celle... du juge Bruguière.

Encore que, pour le magistrat, le problème ne se pose pas tout à fait dans ces termes. Pour lui, en effet, il n'y a pas de « suspect » a priori — et de toute façon, il ignore tout — et ignorera pratiquement toujours tout — de ces épisodes de la « guerre secrète » à laquelle la DST se trouvera très vite mêlée... Ce n'est pas son problème : Abou Nidal ou pas, « mythe » ou pas, ce que recherche le magistrat instructeur, ce sont des faits précis sur la tuerie, des éléments concrets permettant de « remonter » jusqu'aux hommes de chair et d'os coupables du crime. Pas facile...

*
**

Le 18 septembre 1982, un jeune homme, seul, de type « moyen-oriental », armé d'un pistolet-mitrailleur WZ 63, a arrosé à Bruxelles la façade de la grande synagogue. Pas de victime. On dirait que l'agresseur a volontairement tiré en l'air. Puis il est parti à pied, tranquillement, alors que les fidèles israélites se tenaient figés, terrorisés, sur le parvis de leur temple...

Le juge Bruguière a été immédiatement informé... Sa conviction — quoi qu'il en soit d'Abou Nidal — est déjà faite : les actes terroristes

— singulièrement ceux que marque un antisémitisme farouche — ne sont pas isolés les uns des autres. Ne serait-ce que par la similitude des armes utilisées. Moins que jamais, depuis la tuerie de la rue des Rosiers, le magistrat ne saurait donc se contenter de la « becquée » que lui ont apportée en début d'après-midi les hommes du commissaire Genthial, eux-mêmes informés par Interpol.

Premier objectif évident : il fallait comparer les douilles des balles tirées à Bruxelles à celles retrouvées sur le carrelage ensanglanté du restaurant Goldenberg. Certes, c'était là la tâche des experts — mais par la voie normale : transmission des scellés, etc. — les résultats risquaient de se faire attendre longtemps... Et puis, ne valait-il pas mieux aller « au contact » des enquêteurs belges, « renifler » leur propre perception de l'événement.

Jean-Louis Bruguière a réalisé alors une « première » : il s'est rendu en personne à Bruxelles. On a retrouvé, à Paris au bois de Boulogne, l'un des WZ 63 utilisé rue des Rosiers. Les experts français ont établi que les tueurs avaient tiré avec *au moins* deux armes. Le WZ 63 de Bruxelles pourrait-il être ce deuxième pistolet-mitrailleur ? De toute façon, il fallait « engranger » un maximum d'informations sur tout ce qui, de près ou de loin, évoquait la rue des Rosiers...

S'agissant d'un « transport » dans un pays étranger, les choses sont bigrement compliquées. Premier acte, le juge rédige une commission rogatoire internationale qu'il transmet à la chancellerie ; le document contient un rappel des faits qui motivent le déplacement du juge français dans tel ou tel pays. Le ministère de la Justice, après examen de la commission, après évaluation des dépenses à engager pour ce voyage, transmet la pièce soit au ministère de la Justice du pays dont il s'agit (il en est ainsi pour la Belgique, l'Italie, la RFA notamment) soit au ministère français des Affaires étrangères qui, lui-même transmettra au ministère des Affaires étrangères du pays en question, lequel transmettra à son ministère de la Justice.. Pour ce qui est de la rapidité, on devine que ces voies administratives ne sont pas exactement le rêve.

Heureusement, il y a une filière plus rapide dans la pratique : Interpol... On envoie par télex via Interpol la copie du texte de la commission rogatoire internationale, et la date à laquelle la mission devrait être exécutée. Dès que l'agrément des autorités locales est accordé, Interpol répond que le nécessaire est fait. Le juge peut venir, les policiers (belges en l'occurrence) l'attendent et collaboreront... Pendant ce temps, la voie réglementaire normale suit son cours. Le juge doit donc, pour aller vite, anticiper sur la procédure !

Deux à trois mois plus tard, les pièces dûment régularisées reviendront dans son dossier... Mystère des usages diplomatico-judiciaires.

Comble de l'absurde, en tout cas pour ce qui est du sacro-saint secret de l'Instruction. Tous ces systèmes de communication impliquent qu'un grand nombre de personnes — au ministère de la Justice, au ministère de l'Intérieur, au Quai d'Orsay, et leurs homologues dans le pays où se rend le magistrat — se trouvent tenues au courant de son déplacement et de ses raisons... C'est assez pour dire comment, chaque fois, quelque journaliste du pays « récepteur » est informé d'une démarche qui devrait rester secrète. La confraternité internationale des gens de presse — elle existe — fait le reste : la presse du pays « expéditeur » est à son tour mise au courant... Souvent sans en faire grand cas...

Le 28 septembre suivant, soit dix jours seulement après l'attentat, Jean-Louis Bruguière est arrivé à Bruxelles, flanqué de deux inspecteurs de la Criminelle, et d'un fonctionnaire de la 6e section de la PJ au ministère de l'Intérieur — « l'œil de Beauvau » (1).

Le juge Bruguière a été reçu par Mme Deglyse, juge d'instruction chargée à Bruxelles de mener l'enquête sur l'attentat contre la synagogue. Puis par le Procureur du tribunal avec qui il a partagé un fameux déjeuner dans l'un des meilleurs restaurants de la capitale belge. Puis par la police judiciaire... Echec sur toute la ligne... Les Belges, en général, leurs magistrats et leurs policiers en particulier, ne veulent visiblement pas s'intéresser au terrorisme international (2) : ça ne les concerne pas.

L'attentat contre la synagogue ? Le geste d'un déséquilibré qui, d'ailleurs, n'a voulu tuer personne — concluent implicitement les policiers belges. Point final. Un confrère belge nous a rapporté la stupéfaction d'un fonctionnaire de la police auprès de qui J.-L. Bruguière s'était enquis de l'existence et des activités d'une *Gups* (General Union of Palestinian Students) sur le territoire belge. Les *Gups ?* Cette association qui rassemble dans chaque pays européen des

(1) Cette 6e section de la PJ, au ministère de l'Intérieur, agissant au plan national a pour mission de centraliser, analyser et estimer tous les éléments d'enquête rapportés par les PJ régionales et locales en matière de terrorisme.

(2) Avec l'apparition, en 1984, des cellules communistes combattantes (CCC), cette attitude changera radicalement.

« étudiants » palestiniens (plus ou moins authentiques) boursiers d'Etats comme la Syrie, l'Irak, la Jordanie — les *Gups?* Jamais entendu parler à Bruxelles, en ce 29 septembre 1982...

Mais le contact a été établi... Selon nos propres informations, le juge Bruguière aura effectué, de 1982 à 1985, des dizaines de voyages à Bruxelles — pas toujours officiellement d'ailleurs. C'est que la Belgique apparaîtra vite comme une plaque tournante du terrorisme international où se rencontrent anciens d'*Action Directe*, rescapés de la *Fraction Armée Rouge* (d'Allemagne) et des émissaires très spéciaux venus des lointains rivages de la Méditerranée orientale.

⁂

Entre-temps, comme le lui a demandé le général Saulnier, le « consultant » J.-B. *Menuet* est retourné en Irak. Avant son départ, un bref échange de vues a suffi aux deux hommes pour se comprendre, décider de ce que l' « on » dira aux Irakiens ; et surtout *comment* on le leur dira. Pendant que Bruguière chatouille ses interlocuteurs belges, *Menuet* est de retour à Bagdad.

Sur le *comment*, les choses sont claires. *Menuet*, en aucun cas, ne *représente* la France. Il est un interlocuteur que l'on sait habilité... A lui de jouer finement, sans faire de gaffe. Il ne remplace pas l'ambassadeur de France à Bagdad. Il en est une sorte de « substitut », secret, sans d'ailleurs que l'ambassadeur n'en sache rien.

C'est cela, la « diplomatie active » — qui double la diplomatie officielle et publique. Il « y a des choses qui ne peuvent plus se dire d' " Etat à Etat " », d'ambassadeur à chef de gouvernement... Des choses non respectables, inavouables... » François Mitterrand peut-il *décemment* faire dire officiellement à son « ami » Saddam Hussein qu'il y a chez lui un trublion très gênant, du nom d'Abou Nidal? Cette démarche, à un tel niveau, ne serait-elle pas interprétée comme une volonté de « couper les ponts »? Ou, alors, comme une « ingérence »?

Avant même de revoir son ami le général Adnan Barzan, chef des Services secrets et demi-frère du président irakien, *Menuet* rencontrera le « superviseur » de celui-ci, membre du cabinet de Saddam Hussein. A cet homme (un autre « ami » de notre « agent ») de faire passer le message français au président irakien : trois feuillets dactylographiés qui exposent la *grande peine française* devant les méfaits d'Abou Nidal qui s'abrite à Bagdad — et dont la France ne veut plus subir les crimes du genre rue des Rosiers... (L'aide française à l'Irak pourrait toujours être remise en question ? Soit au conseil de sécurité de l'ONU ? Soit dans la fourniture d'armes ?... Possibilités pour des « manipulateurs » de la presse française d'une campagne anti-Irak ?... etc.).

Comme nous l'a confié J.-B. *Menuet :* « ... Généralement, la diplomatie officielle n'apprécie guère d'être doublée par les services spéciaux (1)... C'est pourtant leur rôle que d'approcher des milieux avec lesquels les contacts officiels sont délicats, risqués, très compromettants pour les diplomates sans recourir à la guerre. »

L'*action spéciale* prolonge la diplomatie, comme *l'acte terroriste* a désormais remplacé le télégramme diplomatique.

Passe le mois de novembre. Le juge Bruguière (2) s'apprête à se rendre en Italie à la suite de l'attentat contre la grande synagogue de Rome. *Menuet,* lui, tient prêt son bagage. Le 6 décembre, enfin, un « dormant » ex-Abou Nidal, travaillant désormais pour les SR irakiens, l'appelle. Le 10 décembre, les deux hommes se retrouvent à Vienne. Une « personnalité irakienne » apporte un document du président Hussein lui-même : d'accord sur le principe. L'Irak s'engage à mettre *sous résidence amicalement surveillée Abou Nidal en ce qui concerne la France...*

— ... Du velours, la mission la plus confortable que j'aie jamais eu à mener à bien... : tel sera, en 1986, le constat de J.-B. *Menuet.*

Le 16 décembre, *Menuet* rentré à Paris, le général Saulnier a accepté les termes de l'accord : Abou Nidal peut faire *ce qu'il veut,* partout, contre Israël, contre les Palestiniens « dissidents » de la cause qui se réclament d'Arafat, contre qui il voudra... Mais pas contre la France, ni *en* France. Et, on peut le supposer, le chef d'état-major particulier du Président de la République n'a pas pris sa décision sans l'accord de celui-ci...

Au tout début du mois de janvier 1983, *Menuet* — de retour à Bagdad — revoit Adnan Barzan. Le 22 avril suivant — un an jour

(1) De fait, *Menuet* n'appartient plus aux « services spéciaux » français depuis son éviction du SDECE en 1977. En cet automne 1982, il sera « moralement » réhabilité sous la pression de Charles Hernu, du ministère des Affaires étrangères, du général Saulnier, par le nouveau patron de la DGSE (remplaçant Pierre Marion), l'amiral Lacoste. Ce dernier, respectant le nouveau statut de « consultant » de *Menuet,* le rencontrera fin novembre dans une « chambre de bonne conspirative » où il lui remettra solennellement une lettre le « blanchissant » de toutes les accusations qui avaient pu peser sur le cours de sa carrière dans le Renseignement français.

(2) Voir ci-après...

pour jour, après la rue Marbeuf — le journal *Al Watan Al Arabi* (1) publiera, en citant des « sources au-dessus de tout soupçon » que « ... à la suite de contacts privés très importants qu'il a eus tout récemment, Abou Nidal a décidé d'épargner à l'avenir le territoire français de toute action violente... » Il s'est également déclaré « ... prêt à faire connaître son point de vue au gouvernement français, directement, ou par l'intermédiaire d'amis communs si Paris en exprimait le désir » (2)... *Menuet,* un de ces « amis communs ».

Détail piquant et garanti : toute cette « interview » d'Abou Nidal avait été rédigée et proposée à l'appréciation de *Menuet* dès le 19 décembre 1982.

Entre le 19 décembre 1982 et le 22 avril 1983, s'est produit un tout petit événement, un « détail » : Issam Sartaoui, l'un des fidèles d'Arafat, l'un des plus modérés des « agents itinérants » de l'*Olp,* l'un de ceux qui croient à un possible dialogue avec Israël — ami personnel de Jacques Attali, conseiller du Président de la République française — a été abattu lors d'un congrès de l'Internationale socialiste à Albufeira *au Portugal...*

Un détail qui concrétise le « contrat » passé avec Abou Nidal : *il ne frappe plus en France...*

Un « détail » qui va remettre le juge Bruguière, toujours inlassable et aussi entêté, sur une piste prometteuse... Dont il ignore, bien sûr, tous les soubassements.

Entre-temps, le magistrat n'a pas vraiment chômé lui non plus...

*
**

En effet, le 9 octobre 1982, à peine rentré de Belgique, le juge Bruguière a appris par la radio, aux informations de 13 heures, qu'un nouvel attentat venait de se produire contre une synagogue. Cette fois, c'était de Rome qu'il s'agissait. On dénombrait environ 39 blessés, un mort — on devait apprendre, plus tard, que l'un des blessés, un enfant, avait succombé à son tour...

Là — dès le lendemain, les renseignements transmis par Interpol

(1) Celui contre qui était dirigé l'attentat de la rue Marbeuf en avril 82, et dont chacun sait désormais qu'il sert d'organe d'expression, notamment aux « services » irakien et saoudien.

(2) Toujours le souci du *Fatah-Conseil Révolutionnaire* d'être reconnu comme *interlocuteur politique* à part entière, à égalité avec l'OLP de Yasser Arafat.

à la Criminelle le confirment — c'est « du sérieux »... Une copie conforme de ce qui s'est passé rue des Rosiers..

L'émotion à Rome est presque aussi intense qu'elle a pu l'être à Paris — à cela près que les Romains et les Italiens en général ont déjà une longue habitude des attentats meurtriers : *Brigades Rouges* et autres groupes gauchistes, et aussi les « activistes » des groupes d'extrême droite (1) nostalgiques du passé fasciste ont quelque peu cuirassé la mentalité transalpine... Il n'empêche. La population romaine, comme deux mois auparavant la population parisienne, se montre horrifiée — et en effet, un certain spectre néo-fasciste paraît tout d'abord ressurgir dans l'attentat contre la synagogue. Bien que traditionnellement beaucoup moins antisémites que les Français, les Italiens n'en ont pas moins été pendant la Seconde Guerre mondiale, sous Mussolini, les alliés des nazis. En vérité, ils ont beaucoup moins approvisionné les camps de la mort hitlérienne de Juifs italiens que n'ont pu le faire les milices françaises vichystes des Juifs français et des innombrables « apatrides » qui croyaient avoir trouvé chez nous une terre d'asile. Les Italiens, vaincus, humiliés à l'issue de la guerre, ressentent, dans leur majorité, l'antisémitisme comme une maladie honteuse...

A Rome même, c'est donc ce climat qui a d'abord prévalu : *Scema su noi!* — « honte sur nous », murmurent les Romains, qu'ils soient du peuple ou de la bourgeoisie. Mais, très vite, la vérité se fait jour. D'abord, la police italienne spécialisée dans l'antiterrorisme, la DIGOS, fait savoir que, d'après les témoins, les agresseurs avaient le type « moyen-oriental ». Cependant, dans un pays où gens du Nord — Turinois, Milanais, Vénitiens — dénomment *Arabi* (Arabes) les gens du Sud (de Naples jusques et y compris la Sicile), cette information n'est guère significative. Mais, surtout, il y a revendication de l'attentat — comme il y en eut une, fausse, pour la rue des Rosiers. Transmise à la presse par téléphone, cette revendication d'un *groupe armé Olp-Brigades Rouges*... On respire un peu mieux de Trastevere à Santa Maria Maggiore. Ce sont des Arabes, des vrais, pas des Calabrais ou des Siciliens, qui ont fait le coup...

(1) Parmi la longue liste des exactions terroristes de tous bords en Italie, on se souvient de l'enlèvement du leader démocrate-chrétien Aldo Moro le 17 mars 1978, retrouvé mort dans le coffre d'une 4 L le 10 juillet suivant — assassinat revendiqué par les *Brigades Rouges*. On se souvient également de l'attentat à la bombe, le 2 août 1980, en gare de Bologne, imputé aux *Noyaux armés révolutionnaires* — mouvement d'extrême droite — qui fit 83 morts et 200 blessés.

Au Palais de Justice de Paris, la note de téléphone, en ces mois d'octobre et de novembre 1982, a dû être salée. Le juge Bruguière aurait même un peu agacé les magistrats et policiers italiens qu'il appelait sans cesse pour se tenir au courant des progrès de leur enquête.

Compréhensible : au départ, les responsables italiens ne tiennent guère à voir surgir chez eux un magistrat étranger. Pourtant, les faits sont là, patents : les grenades utilisées contre les fidèles de la grande synagogue romaine, les armes qui ont tué — toujours les WZ 63 tirant des balles de calibre 9,43 de type Makarov — sont identiques à celles de la rue des Rosiers... La violence, la haine, et tout autant une parfaite maîtrise du temps de la part des agresseurs rappellent aussi nettement le carnage du restaurant Goldenberg.

A 11 h 50, le 9 octobre 1982, deux personnages « basanés » se tenaient près de l'entrée principale du temple israélite. Ils ont donné un signal à trois autres individus « bronzés » qui ont lancé plusieurs grenades au croisement de la via Catalania et de la via del Tempio... Panique, circulation bloquée, les fidèles juifs sortent de la synagogue. On les « arrose » au pistolet-mitrailleur WZ 63. Puis, l' « on » s'en va tranquillement — un véhicule les aura sûrement récupérés... Comme pour la rue des Rosiers, compte tenu des témoignages, il est impossible de dire s'il y a eu quatre, cinq ou six agresseurs !

Bruguière piaffe. Cela se sait même à Paris. Il lui faudra pourtant prendre patience. Il n'est pas en mesure de rédiger sa commission rogatoire avant le 29 novembre suivant... Et il ne pourra se rendre à Rome que le 9 décembre (1)...

Scène quasi burlesque à l'aéroport d'Orly, où le juge doit déclarer aux services compétents qu'il transporte dans son bagage une arme « sous scellés » — un pistolet-mitrailleur WZ 63, celui qui a été retrouvé au bois de Boulogne. La PAF — police de l'air et des frontières — a bien été prévenue, mais enfin on ne sait jamais...

— Je suis le commissaire Cancès, chef adjoint de la Brigade criminelle, voici l'inspecteur Laugerette, de ma brigade. Ce monsieur, là, c'est le juge Bruguière, abrégeons je vous en prie...

Encore faut-il prévenir le commandant de bord du vol Paris-Rome. Le juge, le commissaire exhibent leurs papiers, montrent l'arme sous scellés de la République française, la cuiller de grenade trouvée rue

(1) Détail piquant : il n'y aurait plus d'argent dans les caisses du ministère de la Justice. Le juge ne pourrait-il pas attendre le déblocage de l'exercice budgétaire 1983 pour effectuer son voyage ? On devine la réaction de J.-L. Bruguière !

des Rosiers... Okay, tout baigne. Bruguière, ses accompagnateurs — l' « œil » de Beauvau (1) est là, bien entendu, lui aussi, tout le monde monte à bord... Bruguière le sent, le croit, vibre au point d'en mâchouiller sa pipe nerveusement : on frôle le succès !

Le commandant de bord, d'ailleurs, viendra le saluer. Justice oblige — même un peu retardée...

C'est *il dottore* Luigi Gennaro, magistrat chargé du dossier à Rome, qui reçoit son collègue *il dottore* Bruguière. La coopération franco-italienne donne immédiatement à fond. Sans grande discrétion. La DIGOS (2) se met à la disposition du visiteur français. A l'italienne : pour le moindre déplacement du *dottore* Bruguière ce sont de véritables gymkhanas automobiles... Les gens de la DIGOS s'en donnent à cœur joie, à 130 km/h dans les rues grouillantes de la capitale, que l'on remonte, s'il le faut, en sens interdit, toutes sirènes hurlantes, gyrophares clignotant. Il n'y manque, diffusée par haut-parleurs, qu'une musique de Rossini... Les passants s'écartent en hurlant, les conducteurs anonymes bloqués par les voitures des policiers qui ouvrent le cortège font jouer leurs avertisseurs à qui mieux mieux.

Le cirque ? Cette façon de faire est habituelle de l'autre côté des Alpes : la police se montre, s'exhibe, affirme avec insolence son omniprésence, sa capacité d'agir. C'est la moindre des choses dans un pays où tout conducteur de véhicule à moteur se sent l'âme d'un champion de Formule 1. Les chauffeurs de la police se doivent de démontrer en toute occasion leur habileté au volant...

Huit jours, donc, de relative « folie » pour le magistrat parisien et ses accompagnateurs. Mais aussi huit jours où chacun — tant du côté français que du côté italien — pense que l'on tient le bon bout... Les choses avancent, et comment !

C'est véritablement là que commence l'odyssée procédurale du juge Bruguière : celle d'un Ulysse parcourant des contrées inconnues, toujours un peu déçu, quelquefois découragé. Il triomphera quelquefois de ses épreuves successives. Mais, il n'aboutira jamais tout à fait. Et, de retour en son cabinet parisien, Pénélope mâchouillant sa pipe, défaisant et refaisant sans cesse, dans la dignité et la réserve, son ouvrage impossible...

— *Caro dottore, s'accomodi per favore,* le juge Gennaro invite du

(1) Place Beauvau : siège du ministère de l'Intérieur.

(2) Police spéciale antiterroriste italienne mi-DST, mi-RG, qui à la fois « renseigne » et « agit » lorsque l'autorité judiciaire le juge bon...

geste son visiteur français à s'asseoir... Alors qu'est-ce que vous nous apportez ?

Bruguière exhibe son WZ 63, la cuiller de grenade et les douilles retrouvées rue des Rosiers. Le tout, sous scellés, est dûment enregistré par procès-verbal auprès de la 17ᵉ section de l'Instruction du tribunal de Rome : « ... Les pièces à conviction françaises remises pour les examens techniques nécessaires seront conservées dans un placard blindé avec tous les soins et précautions voulus... » — précise ce document.

Le magistrat romain, décidément aussi volontariste que son collègue français, organise une réunion d'experts — le plus tôt possible... et en présence de Jean-Louis Bruguière et de ses compagnons de la PJ française. On ne saurait mieux associer deux procédures nationales — a priori convergentes — mais que bien d'autres considérations, politiques, de prestige chauvin, eussent pu faire diverger. Un cas exceptionnel...

Les experts romains sont plus efficaces que leurs homologues français. Bizarrement, à l'époque, ceux-ci ne disposaient d'aucune documentation sur les armes des pays de l'Est. Les Italiens, eux, avaient réuni depuis longtemps tous les descriptifs de ces armes. Ils savaient aussi comment elles étaient *conditionnées*. En particulier les grenades.

Celles-ci sont rangées, inertes, dans des caisses plus ou moins volumineuses. Les bouchons-allumeurs et la cuiller y attenant, que l'on détache pour provoquer la mise à feu, sont empaquetés dans des sortes de boîtes de conserve par dix ou douze unités. Pour rendre opérationnel un corps de grenade inerte, il suffit d'y visser un bouchon-allumeur et — le moment venu — d'arracher la cuiller. L'agresseur dispose alors de quelques secondes pour lancer sa grenade, véritable mini-bombe à retardement, quelques secondes pour ajuster son tir et se mettre lui-même à l'abri...

Or, les *Bravi Esperti* (1) romains font, au microscope, une découverte capitale. Non seulement la cuiller de la rue des Rosiers est d'un modèle absolument identique à celui des cuillers récupérées devant la synagogue de Rome, mais, en plus, *toutes ces cuillers proviennent du même conditionnement :* elles ont été extraites de la même « boîte de conserve ». Par un homme seul à coup sûr, agissant pour la même organisation qui a frappé à Paris et à Rome...

(1) Bravo : remarquable, excellent en italien.

Comment les experts italiens sont-ils parvenus à une telle certitude ? Par un simple examen microscopique. Chaque cuiller, en effet, au moment de sa fabrication métallurgique est frappée par une matrice de série. Or, à l'usage, ces matrices s'usent. Leur marque présente des irrégularités qui vont s'accentuant, mais se répètent, à chaque frappe. C'est d'ailleurs la raison pour laquelle ces matrices sont changées, régulièrement, en cours de fabrication. Donc, lorsqu'une cuiller trouvée à Paris, et une autre trouvée à Rome, présentent des défauts absolument identiques de matriçage, on peut en déduire que 1) elles ont été fabriquées dans une même série ; 2) elles ont forcément été rangées dans la même chaîne de conditionnement...

Paris, Rome — même combat. En tout cas, commandite unique... Quant aux exécutants — exécuteurs plutôt — il faut chercher encore. Sur ce plan, non plus, le juge Bruguière ne revient pas les mains vides.

En ce début décembre 1982 — l'attentat ayant eu lieu le 9 octobre — son collègue italien lui fait une révélation de taille (1).

Le 21 novembre précédent, à la frontière gréco-turque, du côté grec, deux hommes ont été retenus, puis arrêtés pour transport d'armes et d'explosifs. L'un s'appelle Al-Zomar, l'autre Al-Fayez — ils arrivaient d'Irak. Pourquoi les autorités italiennes ont-elles été informées ? Parce que Al-Zomar a été trouvé en possession de papiers établissant qu'il réside à Bari, une station balnéaire et universitaire de la côte orientale italienne, juste au-dessus du talon de la botte... Bari est aussi un grand port de commerce qui, face aux côtes yougoslave, albanaise et grecque, ferme l'Adriatique. Capitale de la province des Pouilles, Bari abrite une *Gups*, une Union Générale des Etudiants palestiniens : Al-Zomar en est — la DIGOS a rondement mené son enquête — l'un des principaux responsables...

La DIGOS a fait mieux encore : elle a retrouvé la compagne italienne d'Al-Zomar.

Celle-ci, interpellée, entendue, a fini par lâcher le morceau : son « ami » s'est vanté auprès d'elle d'avoir organisé l'attentat de Rome, et même d'y avoir participé... Mais — *per pietà* — que cette information reste entre nous, *Dottore* Bruguière ! Les Grecs refusent l'extradition d'Al-Zomar, nous allons essayer encore, mais visiblement ils ne désirent pas coopérer.

Prova di confidenza, Dottore Bruguière, c'est une marque de

(1) Celle-ci ne sera connue, par indiscrétion — à Rome et à Paris — que trois mois plus tard. Pour une fois, ni d'un côté ni de l'autre des Alpes, aucune « fuite » prématurée ne s'est produite...

confiance que je vous donne là ! Tout ceci doit rester absolument secret tant que toutes les possibilités de pression sur les autorités grecques n'auront pas été épuisées... Laissez-nous faire... Nous sommes les premiers intéressés.

De fait, rien ni personne n'y changera rien. Les Grecs refuseront toujours l'extradition d'Al-Zomar et de son compagnon. Même lorsque le juge Bruguière, quelques mois plus tard, enfin saisi officiellement de la procédure italienne et donc du cas Al-Zomar, joindra ses efforts à ceux des magistrats italiens.

Aujourd'hui encore, en 1987, malgré les pressions américaine et italienne, l' « étudiant palestinien » se trouve incarcéré en Grèce.

Quoique appartenant au camp occidental, la Grèce, comme la Yougoslavie, accepte de laisser transiter les terroristes en provenance du Moyen-Orient — ou de l'Europe du Nord — à condition qu'ils ne commettent aucun délit ni crime sur le territoire hellénique. Peu ou prou, n'est-ce pas, à cette époque, la position communément adoptée par *tous* les pays européens — y compris la France et l'Italie (1) ?

Le juge Bruguière a caressé du bout du doigt une aile de la victoire. Celle-ci s'est envolée... Elle reviendra le frôler encore quelquefois.

(1) Rappelons que lorsque Magdalena Kopp fut libérée des prisons françaises en 1984, c'est par Athènes qu'elle transita vers Damas...

Chapitre II

DES SECRETS MAL ET BIEN GARDÉS

Le printemps 1983 aura été chargé pour le juge Bruguière qui continue son enquête... C'est à ce moment que nous avons l'occasion de faire sa connaissance (1)

Sur Europe 1, en effet, le 12 avril, de retour du Conseil National Palestinien qui vient de se tenir à Alger, Charles Villeneuve révèle que s'est tenue — le 27 décembre précédent — une réunion secrète à Paris. Il donne les noms des participants : François Durand de Grossouvre et Joseph Franceschi d'une part ; Abou Iyad, le n° 2 de l'OLP de l'autre. Il connaît l'heure, le lieu de ce « sommet secret France-OLP » (2) — et naturellement, aussi, ce qui s'y est dit... Il traîne, dans cette révélation, une sorte de parfum de scandale : l'amalgame, dans l'opinion, entre terrorisme et mouvements palestiniens, est toujours aussi puissant...

Tous les quotidiens du 13 avril ont repris ces informations. Le juge Bruguière en prend connaissance. Et, évidemment, il veut en savoir plus. C'est pourquoi il convoque Charles Villeneuve dans son cabinet, le 27 avril. Comment, où, par quels moyens, le journaliste a-t-il appris tout ce qu'il vient de révéler ?

Réponse : « Ce que je veux vous dire, c'est *comment* j'ai appris cette rencontre : à Alger, au Conseil National Palestinien... Dans l'entourage direct de Yasser Arafat... J'ai entendu cette phrase : « ... cette fois, on a vraiment vu les Francais... »

(1) Et d'avoir un commencement d'idée sur la réalisation du présent ouvrage.
(2) Dans *Le Point* du 18 avril 83.

Question : Mais qui a prononcé cette phrase ?
Réponse : Je ne peux vous le dire...
Question : Pourquoi ?
Réponse : Je dois préserver mes sources. C'est mon droit de journaliste. En outre, la personnalité que j'évoque n'a même pas compris que j'avais entendu...
Question : Etes-vous certain de vos informations ?
Réponse : Catégoriquement oui...
Charles Villeneuve n'a pas donné toutes ses sources. Et la plupart de nos autres informations ont pu être complétées et recoupées depuis lors...

⁂

Si le juge Bruguière s'excite sur l'affaire, c'est d'abord parce qu'on a voulu la garder secrète — alors qu'elle met en cause un personnage intéressant au premier chef le magistrat instructeur du massacre de la rue des Rosiers : Salah Khalaf, dit Abou Iyad, le cerveau de dizaines d'opérations meurtrières depuis les années 70, et l'un des chefs de l'organisation *Septembre noir*. On l'appelle entre initiés le « père tranquille du terrorisme »... Bruguière, non sans raison, estime qu' « on » aurait dû le tenir informé de ce que ce chef historique du terrorisme palestinien a pu raconter à François de Grossouvre, conseiller du Président de la République, et à Joseph Franceschi, secrétaire d'Etat à la sécurité publique (1).

Selon *Europe 1* et tous les journaux, les principaux points de l'entretien secret ont été les suivants :

1) Yasser Arafat a « mandaté » Abou Iyad à Paris pour acquitter la dette de l'*Olp* envers la France qui l'a aidée à sortir de Beyrouth.

2) Abou Iyad affirme que l'*Olp* a définitivement renoncé à se livrer

(1) Il demandera à entendre ces deux hauts personnages de l'Etat. Pour M. Franceschi, le conseil des ministres saisi de cette demande refusera d'y accéder. Quant à M. de Grossouvre, il a fini par se rendre à la convocation du juge Bruguière dans le courant de l'été 1983... Rien, bien sûr, n'a filtré de ce que le magistrat a ou n'a pas recueilli du conseiller-confident de F. Mitterrand.

au terrorisme (1) et spécialement en France. C'est en émissaire *politique* qu'il se trouve à Paris.

3) L'émissaire d'Arafat *donne une information :* Abou Nidal, que tout le monde tient pour responsable de la tuerie de la rue des Rosiers, n'aurait plus la même liberté de manœuvre en Irak. Son *Fatah-Conseil Révolutionnaire* n'aurait plus pignon sur rue à Bagdad, il y aurait même scission dans le mouvement : un certain Ibrahim El-Amri, responsable de l'attentat du 9 octobre 82 contre la synagogue de Rome, aurait créé son propre réseau.

4) Enfin, Abou Iyad *prévient* la France : elle va devoir payer l'absence de ses troupes lors du massacre de Sabra-Chatila... Les contingents français et américains, partis trop tôt de Beyrouth, et qui y sont revenus trop vite seront visés directement par la Syrie et son « allié objectif », l'Iran, par les groupes libanais chiites.

5) En échange de ces informations — Abou Iyad, qui renouvelle le désir de « coopération franco-*Olp* » de Yasser Arafat, s'engage à prévenir à nouveau les Français de toute éventuelle menace nouvelle, et demande l'appui de Paris à l'Onu, au Liban, et à Damas où tout ce qui porte le label *Olp* se trouve mis en coupe réglée...

***

Toute « l'affaire » a pris pour nous, aujourd'hui, un tour amusant — et c'est peu dire...

En raison du *secret absolu* dont Grossouvre comme Franceschi croyaient l'avoir entourée. En fait, dès le début du mois de janvier 83, des bruits voilés, imprécis certes, couraient dans les « entourages », aux divers niveaux des strates qui composent l'univers élyséen sous François Mitterrand.

Par exemple, nous pouvons le dire aujourd'hui, François de Grossouvre, pour « faire l'âne », sondait sans cesse les hommes de la « cellule antiterroriste » de Christian Prouteau. Un tel comportement

(1) Pas tout à fait vérifié : du 5 au 8 octobre 1985, le bâtiment de croisière italien *Achille Lauro* sera détourné par un commando se réclamant du « Front de Libération de la Palestine », d'Aboul Abbas, proche d'Arafat, et membre de l'OLP. Le commando jettera par-dessus bord un Juif américain infirme après l'avoir tué. Ses membres seront tous arrêtés et jugés en Italie. Toujours dans la même tentative de « remobilisation » des jeunes Palestiniens au sein de l'OLP, le 15 octobre 1986, quatre frères militants de l'OLP jetteront une grenade à proximité du Mur des Lamentations à Jérusalem, contre un groupe de militaires israéliens (1 mort, 69 blessés).

(avaient-ils entendu parler d'une rencontre avec les Palestiniens ?) ne pouvait que les alerter.

Idem à l'Intérieur de la part de Franceschi...

Au plus haut niveau de la hiérarchie du Palais, l'un des hommes chargés des problèmes du Renseignement, le général Saulnier, avait été, lui aussi, *tenu à l'écart du secret*. Or, s'agissant d'Abou Nidal, des factions palestiniennes, de l'influence iranienne au Liban, le chef d'état-major particulier du Président *en savait plus et bien avant Grossouvre* grâce à son « consultant » *Menuet...* En somme, ce qu'Abou Iyad venait de « révéler » à Grossouvre, Saulnier le savait depuis un bon mois... et l'avait même organisé.

Chacun pour soi, garder le privilège de l'information « top niveau » — les hommes de pouvoir, quel que soit le régime, présentent toujours les mêmes symptômes de cette maladie curieuse dont la finalité reste : se faire valoir.

Cet « épisode » (1) éclaire mieux la vraie personnalité de François Durand de Grossouvre. Il est, dans l'affaire, plus un « entremetteur occasionnel », une « caution » qu'un manipulateur du Renseignement. L'historique de la rencontre du 27 décembre est en somme assez simple à reconstituer. L'introduction de Grossouvre dans ce « jeu » découle directement du limogeage sans chaleur du patron de la DGSE, Pierre Marion, courant octobre et officialisé début novembre. Or, Marion, très normalement, avait revu Yasser Arafat et Abou Iyad dès le mois de septembre, alors qu'ils étaient encore en train de s'installer à Tunis. Marion disparu, le « fil » — comme on dit en jargon des « services » — se trouvait rompu entre Paris et l'*OLP*. M. Mohammed M'Zali, Premier ministre de Tunisie (2) étant très ami d'Abou Iyad, soucieux de l'aider à renouer le « fil » avec la France, connaissant la vieille amitié de son secrétaire d'Etat à l'Intérieur, M. Guedira, avec François de Grossouvre, avait tout simplement chargé celui-ci de rétablir le contact avec Paris au nom de l'*OLP*...

François Durand de Grossouvre — qui possède le titre de docteur en médecine mais n'a, de sa vie, dit-on, jamais soigné quiconque — n'est pas quantité négligeable dans les appréciations successives que le Président Mitterrand a pu faire de la situation au Proche-Orient.

(1) En fait, les rencontres plus ou moins discrètes avec l'OLP d'Arafat se multiplient dès 1983...

(2) Aujourd'hui en exil, à la suite de la répudiation de Wassila Bourguiba par le chef d'Etat tunisien. Elle était très propalestinienne elle-même et était la « protectrice » de M. M'Zali.

Son père est l'un des créateurs de la Banque française du Liban. Sa sœur a été élevée dans l'institution « Notre-Dame-de-Nazareth » à Beyrouth. Ainsi, ce petit homme courtois (mais du bout des lèvres), autoritaire, si ce n'est hautain, a toute sa vie entretenu un vrai réseau d'amitiés, de relations, dans la « Région » et spécialement au Liban et en Syrie. Ce « maître Jacques » de François Mitterrand peut, à juste titre, se targuer d'être le prototype de ce qu'on appelle un homme complémentaire... « Chaque fois qu'il fallait sortir du cadre officiel, dans les pays où j'avais le contact, le Président me demandait d'établir la liaison... (1). »

Rien de plus, rien de moins. Grossouvre n'a jamais voulu supplanter Saulnier dans « ... la gestion de la DGSE, un moment chasse gardée du général Saulnier, grand coordinateur des services spéciaux ». Sûrement vrai. En somme, François de Grossouvre aura été — et reste — à Mitterrand ce que *Menuet* a été à Saulnier, puis à Gilles Ménage (directeur adjoint du cabinet du Président).

***

Toutes ces considérations en ce printemps 1983 passent largement au-dessus de la tête du juge Bruguière... Il ignore évidemment les détails de ces « montages ». Il a d'ailleurs bien de quoi s'occuper ailleurs...

En ce même mois d'avril 1983, du 14 au 16, juste avant l' « explosion » de la rencontre secrète des Français avec Abou Iyad, le juge est allé faire un tour en Suisse. Au Palais de Justice de Paris, « on » ne manque pas de commencer à ricaner : « ... Décidément, le magistrat instructeur exagère, il aime un peu trop les voyages... Aux frais de la Princesse — ajoutent les plus perfides. A quoi est-ce que cela sert ? — s'enquièrent les plus nostalgiques de l'Instruction à la mode de naguère, celle qui, donnant grand prestige mondain au magistrat, lui permettait d'attendre de la police des dossiers " *prêts à emballer* "... »

Bruguière, Corneloup, Debré, d'autres autour d'eux, appartiennent à une génération nouvelle — que « sent » bien le ministre de la Justice, ancien avocat, rappelons-le, et qui favorise la montée au créneau des magistrats instructeurs. Au-delà des clivages politiques, par-dessus les positionnements publics de l'un, ou la réserve des

(1) Entretiens avec les auteurs en 1986.

autres, une rencontre s'est faite. Quasi paradoxale, mais efficiente. Le juge Bruguière est chargé, parmi tant d'autres dossiers, de celui de la rue des Rosiers. Il veut aller en Suisse ? Qu'il y aille. Tel est le message transmis de bouche à oreille dans le Vatican judiciaire français, émanant de la haute autorité de la Place Vendôme (1) — et qui doit faire taire les jaloux.

Jean-Louis Bruguière, donc, se rend en Suisse. Genève d'abord, puis Berne, ville qui — comme tout un chacun ne le sait pas — est la véritable capitale confédérale de l'Helvétie. Royaume indiscuté de la « maison individuelle » bien que la Suisse ait été la première République du monde moderne ; refuge des comptes en banque plus ou moins licitement approvisionnés par des magnats régnant sur la totalité de la planète ; peuplée d'individus très divers, les uns italiens, les autres savoyards, jurassiens, franconiens, rhénans — la Suisse s'est donné une devise et une pratique : neutralité tous azimuts ! En ce qui concerne le terrorisme, cette devise devient une idée fixe : surtout, pas de ça chez nous. Prudence se fait souvent pruderie.

Dans ces conditions, évidemment, la mission de Bruguière débouche sur un échec à peu près absolu. La Confédération helvétique est, sans aucun doute, dotée de l'un des Services de Renseignements les plus efficaces du monde moderne (2). Qui ne se souvient, par exemple, du « trésor de guerre du FLN », qui, à l'issue de l'affaire algérienne, y avait trouvé refuge sous la houlette de Mohammed Khidder ? Les liens, objectifs, rationnels, et bien concrets de la Confédération avec les mouvements extrémistes les plus divers sont évidents (3). Mais le secret, là aussi — et sans doute plus encore qu'à propos des comptes en banque de particuliers plus ou moins célèbres —, est absolu et inviolable. Sous peine de forfaiture !

— Ah ! vous les Français, vous ne doutez de rien ! nous dira en s'esclaffant, une semaine plus tard, un confrère « bien informé » d'un grand quotidien de la Confédération. Vous vous rendez compte ? Votre juge, il est arrivé avec ses gros sabots, finaud comme un Polonais, pour avoir des tuyaux sur les *Gups* installées chez nous ! Tu penses, nous on connaît pas... Qu'est-ce que c'est d'ailleurs, ces Palestiniens ?

(1) Siège du ministère de la Justice.
(2) Voir à ce propos *La Guerre a été gagnée en Suisse* de Pierre Accoce et Pierre Queit (Stock).
(3) Cf. le banquier-éditeur Genoud évoqué précédemment.

Rires...

Après l'épisode Al-Zomar, « patron » ou en tout cas animateur privilégié de la *Gups* de Bari, le juge Bruguière a renforcé son idée première : le terrorisme proche-oriental a installé partout en Europe — et depuis des années — de véritables réseaux, à la fois de renseignement (via les ambassades), et d' « action » via tel ou tel « label » parfaitement médiatisé (1)... Les Suisses ne veulent pas l'aider ? Tant pis... La piste Al-Zomar se révélera, un jour peut-être, plus fructueuse.

D'ailleurs depuis la fin février, Jean-Louis Bruguière savoure les « promesses » d'un autre début d'enquête. En Angleterre, cette fois.

Au début de février 1983, en effet, deux ressortissants allemands, Walter Kexel et Odfried Hepp, ont été arrêtés à Londres. Munis de faux papiers, en particulier de passeports falsifiés. Or, ces deux hommes sont recherchés par le BKA d'Allemagne fédérale qui a mené sur eux une enquête approfondie. Connus pour appartenir au groupe néo-nazi Hoffmann (créé en 1976), les deux hommes pourraient bien avoir participé à l'attentat de la « fête de la bière » à Munich, en septembre 1980 (13 morts et 211 blessés). Depuis lors, ils ont disparu — mandat d'arrêt international lancé contre eux... En fouillant dans leur passé et en tentant de les suivre à la trace malgré leur passage dans la clandestinité, les policiers du BKA ont en outre découvert deux faits très importants : 1) le groupe Hoffmann entretient des relations étroites avec des Palestiniens eux-mêmes sous surveillance ; 2) Kexel et Hepp, selon des « renseignements » dont on ne connaît pas la source, auraient très bien pu séjourner en France durant l'été 1982, et notamment au début du mois d'août... C'est la raison pour laquelle les enquêteurs du BKA, aussitôt qu'ils ont appris par les Britanniques l'arrestation de Kexel et de Hepp, expédient à leurs collègues de la Criminelle de Paris tout ce lot d'informations.

Dans ce « paquet », en outre, il y a une photographie anthropométrique de Walter Kexel. Et, ni Bruguière ni le commissaire Cancès n'en croient leurs yeux : trait pour trait, coiffure pour coiffure, volume du visage, moue de la bouche — la photo de Kexel colle parfaitement avec le portrait-robot de l'un des agresseurs de la rue des Rosiers... C'est si beau que le juge et les hommes de la section antiterroriste se refusent à y croire.

(1) Carlos, Abou Nidal, plus tard CSPPA..., etc.

Vieux réflexe : les enquêteurs se méfient toujours des portraits-robots. Ils paient souvent très cher ces images patiemment reconstituées, que diffuse la presse, et qui leur valent des centaines d'appels de « témoins » qui *croient* avoir reconnu leur voisin, ou un habitué de leur bistrot familier... (1).

La commission rogatoire internationale du juge est prête et transmise dès le 19 février. Il sera à Londres, entouré de ses accompagnateurs habituels, dans les derniers jours du mois. Walter Kexel *consent* à recevoir la délégation française — le droit britannique, en effet, lui permet de refuser le dialogue (2) avec tout service autre que celui de la police anglaise, aucun juge n'intervenant d'ailleurs à ce stade de l'enquête... J.-L. Bruguière prend contact avec la police et elle seule.

Les policiers de sa Gracieuse Majesté — Kexel dûment consulté — organisent la rencontre. Dans la cellule du prisonnier. Deux représentants de Scotland Yard, un fonctionnaire du BKA, des interprètes, l'avocat de Kexel participent à l'entrevue... Pas exactement les conditions optimales pour « cuisiner » en douceur un suspect possible — qui, de plus, peut à tout moment refuser de répondre aux questions. L'entretien durera tout de même près de huit heures, y compris le « break » de l'heure du déjeuner...

Kexel ne dit rien... rien de décisif. Tout s'est passé, saura-t-on plus tard, comme si c'était lui, le suspect, qui eût voulu « cuisiner » le juge français, savoir ce qu'il savait et ce qu'il ne savait pas — notamment sur les liens du groupe néo-nazi Hoffmann avec les camps d'entraînement terroriste du Proche-Orient... Pour finir, J.-L. Bruguière est revenu à son propos, la rue des Rosiers : le prisonnier a coupé court à l'entretien.

Mission terminée... pour l'heure, pour l'heure seulement, espère le juge Bruguière.

Il suffit d'attendre ! En effet, les Allemands ont demandé l'extradition de Kexel — celle-ci ne saurait trop tarder car le prisonnier, placé « sous écrou extraditionnel », a déjà purgé sa peine pour usage de

(1) Après la diffusion du portrait-robot de l'un des agresseurs de la rue des Rosiers, la Criminelle reçut environ cinq cents appels de ce genre — qui tous devaient se révéler non fondés...

(2) L'autre inculpé allemand, Odfried Hepp, a usé de ce droit pour refuser de rencontrer le magistrat français.

faux papiers... Il n'y aura qu'à retourner en Allemagne où les choses seront peut-être plus faciles (1).

***

La DST, durant toute cette période, n'est pas restée inactive. Son nouveau « patron », Yves Bonnet, pourtant nouveau venu dans le service — il était préfet à Mayotte avant de succéder à Marcel Chalet — est un personnage à double facette (2). Au physique, il ressemble à un professeur de mathématiques d'un lycée de province. Mais, mentalement, il était à coup sûr prédisposé au « renseignement » : sitôt arrivé au 13, de la rue des Saussaies, au mois de novembre 1982, il s'est immergé dans les mille courants qui traversent et animent sans cesse le service avec une aisance déconcertante... En ce printemps 83, il s'est même déjà pratiquement doté de ce que l'on appelle la « brigade du chef » — un groupe informel d'hommes triés sur le volet et qui, entre autres choses, le tiennent au courant de ce qui se passe dans la « Maison » elle-même...

Parmi ces hommes, le commissaire Clair qui, d'ores et déjà, a la haute main sur tout ce qui touche au terrorisme.

Aéroport de Lyon Satolas, semaine du 16 février 1983. Appuyés par des locaux de la ST, Clair et ses hommes surveillent assidûment, sans se faire remarquer bien entendu, toutes les arrivées en provenance d'Athènes — via la Yougoslavie... Qui guettent-ils ? Ils ne le savent même pas — sauf que c'est un « homme important, procédant de la mouvance palestinienne, et qu'il sera porteur d'un passeport libyen (3) ».

Pour ne pas éveiller la méfiance, tous les voyageurs en provenance du Proche-Orient sont soumis à un contrôle appuyé et à la fouille de leurs bagages... mais sans excès de zèle : il faut que tout ait l'air normal. Enfin, comme prévu, un voyageur en provenance d'Athènes

(1) De fait, Kexel fut extradé en Allemagne fédérale. Occupé à mille autres dossiers, en 1983, sachant son personnage en sûreté dans une geôle allemande, désireux de laisser l'autorité judiciaire allemande mener ses propres affaires, le juge Bruguière ne relança une demande d'audition de Kexel qu'en 1984... Pour apprendre que Walter Kexel s'était « suicidé » dans sa cellule à la veille de son procès ! Odfried Hepp, quant à lui, fut de nouveau arrêté en France en 1985.

(2) Sa nomination a été une surprise. Elle a résulté du choix de Gilles Ménage, directeur-adjoint du cabinet du Président Mitterrand qui voulait « un homme à lui », avec l'accord de Gaston Defferre, face au pouvoir de Joseph Franceschi.

(3) Le « tuyau » avait été donné à la DST, à Paris, par un Palestinien « retourné » grâce au chantage classique : ou tu parles, ou on t'expulse.

présente un passeport libyen — parfaitement authentique, et même diplomatique, au nom de Elmis Mahri Saïd... Pendant que l'on fouille, en sa présence, son attaché-case, son billet d'avion et ce passeport seront photographiés sous toutes leurs coutures... Dans la mallette, rien que d'anodin. Pas d'arme... juste quatre enveloppes contenant respectivement 1 000, 500, 300 et 200 dollars — l'homme blêmit... Mais les policiers n'insistent pas. Identité diplomatique oblige...

Les ordres ont été formels : retenez-le — mais pas trop longtemps... Relâchez-le le plus vite possible. Puis, surveillance totale : il faut savoir qui il est... et ce qu'il vient faire en France.

Ultime détail, digne d'un bon film d'espionnage : une fonctionnaire de la ST, jouant les mamans attendries, photographiera son fils dans un couloir de l'aéroport. Juste au moment où l'inconnu passe dans le champ, sa mallette à la main. Il est petit, sec, barbu, des yeux noirs et vifs, le visage émacié...

Pris en filature, l'inconnu conduit les spécialistes du contre-espionnage à la Gare de Lyon-Perrache. Deux hommes l'y attendent — l'un que les policiers ne connaissent pas, l'autre : un Arménien déjà repéré, fiché, qui est « monté » de Marseille. Un homme d'église qui vient d'arriver à Lyon, lui aussi « accompagné » sans le savoir... Nouvelle photo du groupe.

Arméniens, vous avez dit Arméniens ?... Il aura fallu tout de même quelques semaines aux spécialistes de Paris, au vu de la photo, pour identifier l'inconnu au passeport libyen. C'est à n'en pas douter... Hagop Hagopian. Mais l'homme sera déjà reparti pour Athènes — en laissant à ses suiveurs bon nombre de « repères-repaires »...

Hagop Hagopian ? Mais il est mort à Beyrouth le 31 juillet 82... Eh bien, il n'est pas mort — le voici ressuscité, se croyant à l'abri de tout soupçon. Et pourtant suivi, surveillé, durant les quinze jours qu'il passe en France.

Plus tard, Yves Bonnet et Jean-François Clair, par leurs « sources » habituelles — algériennes, tunisiennes, palestiniennes — ont reconstitué le trajet qui a conduit le « mort » Hagopian de Beyrouth au « vivant » Hagopian de Lyon. Ils ont appris que, peut-être, il a lui-même exécuté l'un de ses collaborateurs pour faire croire à sa propre « mort ». De même, dès le 10 août 1982, il n'y avait plus qu'une arrière-garde d'Arméniens de l'*Asala* à Beyrouth — les filières de sortie, y compris pour Hagopian lui-même, ne leur ont pas manqué dans un Liban qui regroupe une communauté de 200 000 Arméniens.

Dès la mi-août, tout ce petit monde (1) s'est retrouvé, via Chypre, à Athènes. Hagopian y est resté soigneusement caché et a soigné sa légende : dès septembre-octobre, pourtant, des « bruits » ont commencé à courir dans les principaux centres des Mouvements Nationaux Arméniens — à Paris, à Londres, à Ottawa —, Hagopian serait toujours vivant... Mais ces « bruits » n'ont pas filtré. Pour tous les « services » européens, le leader de l'*Asala* est mort et enterré...

Seule, la DST française le sait désormais bien en vie.

Nous avons reconstitué, nous aussi, le parcours d'Hagopian. Grâce à une affaire qui, dans l'été 1982, avait fait peu de bruit. Vicken Tcharkhutian, résident américain, Irakien de nationalité, Arménien d'origine, s'était fait arrêter le 7 juin 1982 à Paris.

Seul, un mandat d'arrêt américain le vise pour fabrication et usage d'explosifs à Los Angeles... Les Américains réclament son extradition (2). Les Français — au nom de la doctrine Joinet, en l'occurrence « geler les actions arméniennes en France » (3) et avec l'accord de Frédéric Thiriez, directeur du cabinet de J. Franceschi — refusent cette extradition.

Que faire du « prisonnier » ? L'expulser... Des hommes de la DST l'accompagnent donc à Chypre. Les Américains font pression. Des hommes de la DST le « rapatrient » de Chypre... Tout cela n'est pas très légal, mais on commence à en avoir l'habitude. Voici comment Tcharkhutian, officiellement *expulsé* de France, se trouve secrètement gardé dans une chambre d'hôtel près d'Ermenonville, dans la banlieue nord de Paris. Qu'en faire ?

Thiriez monte au créneau, dans le plus grand secret, avec l'aide de la DST. Les agents du contre-espionnage gardent un prisonnier qui juridiquement n'exite pas. Où l'envoyer ?

Une véritable négociation téléphonique (4) s'engage avec les Armé-

(1) Excepté notamment Alec Yenikomchian, l'un des chefs historiques de l'*Asala*, l' « intellectuel », qui a perdu la vue par l'explosion d'une bombe qu'il manipulait dans une chambre de l'hôtel Hilton de Genève, en octobre 1980, à quelques jours de l'attentat de la rue Copernic. La bombe du Hilton venait du même « arsenal » que celle de la moto piégée devant la synagogue parisienne. Infirme à vie, il a préféré rejoindre sa famille, pour y rester caché.

(2) Ce qui ne manque pas d'anticiper la position américaine en 1986, vis-à-vis de la France, à propos du cas Ibrahim Abdallah (voir épilogue).

(3) En échange de la libre circulation des Arméniens, « on » croit pouvoir attendre qu'aucun acte terroriste arménien ne se déroulera en France.

(4) Les Français ne parlent pas directement avec les Arméniens de Beyrouth ni avec Hagopian. L'intermédiaire est un Arménien... C'est la règle : ne jamais « se mouiller » !

niens de l'*Asala* à Beyrouth où se trouvent Melkonian et Yenikomchian, à Athènes où se trouve Hagopian... Ce dernier ne veut pas que Tcharkhutian soit « expédié » dans un pays arabe : « surtout pas la Syrie... ni aucun autre : l'*Asala* d'Hagopian n'a pas à demander protection... Les Français ont rompu l'accord tacite de libre circulation, ils en sont redevables... sinon, gare !... ». Il veut récupérer son « camarade », libre, à Athènes. Que les Français se débrouillent... Mais la pression américaine se renforce encore ! Il faut décider vite, ou bien l'affaire va « sortir » dans la presse.

Thiriez décide et Hagopian s'incline : ce sera la Libye et rien d'autre... En somme, c'est l'affaire Georghiu-Melkonian (oct.-nov. 81) qui recommence. A ceci près que nous sommes trois semaines *après* le massacre de la rue des Rosiers — et que François Mitterrand a affirmé le 17 août qu'*on va couper les racines du terrorisme international*... Et voici Tcharkhutian proprement expédié en Libye, mis en résidence surveillée par le colonel Kadhafi.

Mais Hagopian va trouver dans cette « défaite » une occasion de « se refaire ».

Le « deal » est simple : Kadhafi offre argent, passeports, armes à l'*Asala* d'Hagopian. Les transits se feront par l'intermédiaire, en ce qui concerne la France, d'une agence de tourisme sise sur les Champs-Elysées. Tcharkhutian restera en Libye comme « garantie ». En échange, Hagopian rendra « à la demande » quelques services.

La tuerie d'Orly, le 15 juillet 1983, après le bref passage d'Hagopian en France au printemps (où il aura laissé quelques autres traces précieuses pour la surveillance du Territoire), sera la suite logique de ce contrat...

***

Avril 1983 : autre succès historique pour la police du contre-espionnage : Yves Bonnet convainc François Mitterrand de prendre les sanctions « qui s'imposent » à l'encontre des diplomates-espions soviétiques qui fourmillent en France. Tout simplement parce que la « source *Farewell* » est désormais tarie — le KGB a repéré sa « taupe » et l'a neutralisée. Autre belle affaire d'espionnage et de contre-espionnage.

L'affaire *Farewell* sur laquelle, à ce jour (1), tout n'a pas été dit.

(1) A notre connaissance en tout cas.

Elle a été exemplaire de l'efficacité des hommes de la Surveillance du Territoire.

En 1979-1980, un général du KGB — nostalgique de la France où il a été en poste, sans doute las des rituelles et sinistres mondanités de la nomenklatura moscovite — a rencontré à Moscou, au cours d'une soirée officielle, un ingénieur français. Les deux hommes ont sympathisé. Le Français qui n'a, de sa vie, jamais joué les Honorables Correspondants, a revu de temps à autre le général du KGB. Un jour, spontanément, ce dernier a proposé à l'ingénieur, appelé à se rendre périodiquement en France, de lui donner des documents secrets « qui ne manqueront pas d'intéresser les gouvernants à Paris » (Valéry Giscard d'Estaing). En échange, il demande l'asile français pour son fils et pour sa femme... en cas de malheur ! Une clause du contrat que les Français n'ont pas pu respecter...

Mais notre Français a eu peur — ce n'est pas son métier que d'être agent secret. A l'un de ses passages à Paris, il a informé, par lettre, la DST de l'étrange proposition qui lui a été faite. On ne l'a pas pris au sérieux. Ne serait-il pas manipulé par les Soviétiques ? On ne lui a même pas répondu...

Lors d'un prochain voyage, notre ingénieur s'y prend autrement : il s'adresse au Quai d'Orsay. Et là, les « spécialistes » tressaillent : le général soviétique dont parle l'ingénieur, ils le connaissent bien. Ils savent son rang extrêmement élevé dans la hiérarchie du KGB. Ils transmettent à la DST, avec avis favorable, au commissaire Nart, sous-directeur, patron de la royale division des « affaires soviétiques ». Celui-ci « débrieffe » l'ingénieur : rien à lui reprocher. Il le convainc de faire le messager, au moins pour une fois... L'autre s'y engage, à contrecœur : quel que soit son désir de bien faire, il continue d'avoir peur. De fait, il n'assurera qu'un seul convoi des « documents » du général du KGB dont le nom de code sera désormais *Farewell*... C'est le général du KGB lui-même qui a « formé » l'ingénieur français à Moscou. Quelques conseils à suivre à la lettre : vivre selon des horaires rigoureux, répétés chaque jour (arrivée au bureau, départ pour le déjeuner, toujours laisser sa voiture ouverte ainsi que le coffre, promener son chien sur le même trottoir, suivre toujours tel et tel itinéraire dans Moscou...)

Pour finir, c'est lui *Farewell* qui s'est arrangé pour le rencontrer et lui donner ses documents...

Cette première moisson enfin rapportée à Paris au printemps 1981 (avant l'élection de François Mitterrand) par l'ingénieur vert d'angoisse a laissé la « Division soviétique » de la ST en état de choc. *Farewell* n'y est pas allé avec le dos de la cuiller : 80 % des renseignements, documents, photos, plans que l'ingénieur a déposés au 13, rue des Saussaies concernent les systèmes ultrasecrets et ultrasophistiqués du guidage des fusées et missiles *américains*. C'est la preuve que le KGB a infiltré les services de défense des Etats-Unis (1), et un début d'indication sur les « taupes » qui ont effectué ce travail... là-bas et, sûrement en France.

« Il nous faut quelqu'un à l'ambassade de France à Moscou », s'est dit Nart « ... quelqu'un d'absolument insoupçonnable que nous formerons nous-mêmes ». François Mitterrand venant de remplacer Valéry Giscard d'Estaing, Marcel Chalet approuve et va s'ouvrir de son problème au général Saulnier. Il le met au courant de toute l'affaire dès le mois de juin 1981. Août 81 : l'ordinateur de la direction du Personnel de l'Armée de Terre crache son verdict : parmi d'autres, le nom d'un jeune officier, « courageux, discipliné, ayant le sens du secret, parlant russe, et appartenant à la DGSE ».

Mais ce dernier point a contrarié le chef d'état-major des armées. Le général Jeannou Lacaze a demandé alors à Raymond Nart d'opérer avec lui le choix ultime. Le Premier des officiers de toutes les armées françaises et le chasseur d'espions soviétiques ont demandé à l'Elysée de faire « fonctionner » le ministère des Affaires étrangères : qu'il propose le profil d'un diplomate capable, selon un terme en cours chez les pilotes, de *tangenter le renseignement*. Autrement dit d'accepter un travail de militaire, sans en prendre tous les tics, tout en modifiant légèrement ceux de son corps d'origine.

De fait, le général Lacaze (2) choisit avec Raymond Nart un homme le plus « contre-indiqué » qui soit... placé sous la coupe de l'ambassadeur mais dépendant aussi des militaires. La perle rare trouvée, l'agent rapatrieur des documents soviétiques utilisera parfois sa femme pour aller au « contact », notamment sur les marchés de Moscou. Souvent c'est là que la transmission aura lieu. L'homme a été formé pendant trois mois par les spécialistes du Contre-Espionnage français dans un « appartement conspiratif » à proximité de la gare Saint-Lazare.

(1) Informé, le Président Giscard d'Estaing prévient l'allié américain. Ce qui vaut aux spécialistes d'outre-Atlantique de faire la preuve de leur fantastique savoir-faire technologique : six mois plus tard, tous ces systèmes de guidage auront été radicalement transformés !

(2) Entretiens avec les auteurs en 1986.

Il a rejoint l'ambassade de France à Moscou dès l'automne 1981. N'étaient alors dans le secret que le général Saulnier et l'ambassadeur de France à Moscou, M. Froment-Meurice. Celui-ci n'était informé que du caractère « spécial » de la mission de son nouveau collaborateur et laissé dans l'ignorance absolue des objectifs de cette mission. La filière *Farewell* ayant ainsi repris, devait fonctionner parfaitement jusqu'à la fin de 1982.

C'est ainsi que, le 5 avril 1983, quarante-sept Soviétiques en poste en France vont être expulsés (1). L'opération est effectuée — en héritage — par le successeur de Marcel Chalet à la tête du Contre-Espionnage français, le préfet Yves Bonnet. Si le Président Mitterrand a accepté de prendre la décision d'expulser « les 47 », c'est qu'elle répond à sa stratégie politique du moment : extrême fermeté à l'égard de Moscou dans le contexte de l'affaire des « Euromissiles ». C'est-à-dire l'implantation en Europe des nouvelles fusées américaines « Pershing 2 » pour compenser les batteries de « SS 20 » soviétiques pointées sur l'Europe de l'Ouest.

(1) 40 « diplomates », 2 « journalistes » de l'agence *Tass*, et 5 « fonctionnaires » d'organismes internationaux dont l'UNESCO.

CHAPITRE III

BRUGUIÈRE, ETHNOLOGUE DU TERRORISME

La fin du printemps, l'été, l'automne 1983 ne laisseront guère inactif le juge Bruguière. Il poursuit ses recherches tous azimuts pour tenter de relier entre eux les attentats de Rome, Paris (rue Corpenic, rue des Rosiers, rue Cardinet), Vienne, Albufeira. Sa conviction de base : dans tous les pays européens des « dormants » des réseaux palestiniens *Gups* (General Union of Palestinian Students), sans doute manipulés par les « services » de quelques Etats arabes, se tiennent prêts — à tout moment, au premier signal — à passer à l'action. Il lui paraît donc indispensable de *travailler en amont*, de contribuer par ses recherches — et ses découvertes ? — oui, quelques-unes, surprenantes... — d'analyser au plus près le « système » terroriste *avant* l'exécution des attentats.

« On » reprochera souvent au juge Bruguière d'en faire trop. D'accumuler des dossiers hauts de plusieurs mètres — emplis de sous-dossiers, eux-mêmes débouchant sur de nouvelles pistes sans que, le plus souvent, rien n'en sorte (1). « On » lui reprochera aussi de sortir de son rôle, de glisser sans s'en rendre compte (?) de sa fonction de magistrat pour tenter de devenir à lui seul une sorte d'office central français du Renseignement sur le terrorisme...

Effectivement, Jean-Louis Bruguière a vite découvert le vide qui

(1) Ce qui est tout à fait injustifié concernant *Action Directe* notamment...

existait — et existe encore — en France de ce côté-là (1). Il s'estime tenu de combler ce vide, pour pouvoir exercer son métier de juge instructeur. C'est ainsi qu'il deviendra l'un des hommes qui connaissent le mieux les multiples « fils » qui relient entre eux des terrorismes apparemment très différents...

Dans cette quête à l'information, le juge Bruguière n'a pas attendu l'épisode sanglant de la rue des Rosiers — et les pistes d'évidence proche-orientales qu'il ouvrait. Dès le printemps 1982, en effet, il s'était frotté à *Action Directe*... De « petites affaires » qui, mises bout à bout, ont pris un sens. En plus, au mois d'août 1982, au moment même de la tuerie au restaurant Goldenberg, *Action Directe* s'est « fracturée ».

*
**

Le 1er août 1982, un véhicule de l'ambassade consulaire d'Israël à Paris, vide de tout occupant, a été mitraillé de nuit, quai de la Marne. Symbole, avertissement — prélude voulu à la tuerie du 9 ? Sans doute. *Action Directe* revendique : un nouveau dossier sur la table du juge Bruguière, dès le 6 août. Le 7 août, à Paris, attentat à l'explosif contre la Discount Bank (à capitaux israéliens) rue de Turenne — tiens, on se rapproche de la rue des Rosiers. Puis le 8 août, les bombinettes de la rue Saint-Maur.

Avant le 9 août 1982, tout s'est donc bien passé comme si *Action Directe* avait préparé le terrain, en instaurant un climat (antisioniste, et forcément antisémite) où s'épanouirait la tuerie chez Goldenberg (2).

Le 19 septembre suivant, le juge Bruguière est saisi d'un nouveau dossier *Action Directe*. « Sur renseignements », dit-on toujours pudiquement — ce qui signifie en général et dans ce cas précis à coup sûr : renseignements généraux. Une importante cache d'armes et d'explosifs est « découverte » avenue du Général-Leclerc à Paris. Dans la traînée des déclarations résolues du Président de la République et de

(1) Même si les choses se sont nettement améliorées, l'unification réelle *permanente* des divers « services » — polices officielles et secrètes — restait à réaliser dans la lutte contre le terrorisme. L'UCLAT (Unité de coordination et de lutte antiterroriste) qui coordonne les divers services de police et de renseignement a obtenu quelques résultats, sous la direction de François Le Mouel et de son adjoint, René-Georges Query.

(2) D'autres attentats revendiqués AD se produiront également après le 9 août, contre des établissements ou des personnes israélites.

son ministre de l'Intérieur Gaston Defferre, à la suite de la « rue des Rosiers », les hommes des RG qui de longue date ont infiltré la mouvance anarcho-gauchiste « vendent » sans attendre une filière. Celle de la cache d'armes, et des hommes qui s'en occupent. La création, coup sur coup, de la cellule élyséenne du gendarme Prouteau, celle du secrétariat d'Etat à la sécurité (Joseph Franceschi) ne sont sans doute pas étrangères à ce zèle soudain des RG. Ils ne veulent pas se faire « piquer » l'affaire.

D'autant que le jour même (17 septembre) un attentat visant un fonctionnaire de l'ambassade d'Israël (1) se produit à Paris, rue Cardinet (51 blessés, dont 4 grièvement atteints, parmi lesquels de nombreux élèves du lycée Carnot).

La compétition entre divers services de police prend là un tour aigu : les hommes des Renseignements Généraux tiennent un « coup » : ils vont l'exploiter sans attendre.

La « descente » se fait dans la nuit du 17 au 18 septembre 1982, après des jours sinon des mois de filatures : se trouvent arrêtés deux personnages fort éloquents, Michel Camilieri et Charles Grosmanjin. Dans le box-parking de voiture où ils ont conduit, sans le savoir, les policiers, ceux-ci ont trouvé : plus de 15 kilos de dynamite, autant de chlorate, une grande quantité de détonateurs, des rouleaux de mèche lente. A leur domicile : deux mitraillettes Sten, un Kalachnikov, deux fusils à canons sciés, trois pistolets de calibre 11,43, des grenades, etc.

« Belle prise », peuvent penser les hommes des Renseignements Généraux qui, pour l'opération, se sont fait épauler par leurs collègues de la Brigade de Recherches et d'Intervention. « Belle prise », peut penser, le surlendemain, le juge Bruguière désigné pour instruire l'affaire. Las ! Les choses ne sont pas si simples.

Aux policiers — quelques indiscrétions nous éclairent très vite là-dessus — et sans doute au magistrat instructeur, Camilieri et Grosmanjin tiennent à peu près ce langage : « Croyez-nous, ou ne nous croyez pas... En tout cas, oui, nous sommes bien d'*Action Directe*, mais nous avons décidé, le 1er août, de sortir notre mouvement du cycle de la violence aveugle, des attentats... Toutes ces armes, nous venions de les " récupérer " — pour les cacher, pour ne pas les laisser à la disposition de ceux qui n'ont pas voulu nous suivre et qui restent partisans de la violence... »

(1) Façon plutôt cruelle de fêter le Roch Hachanah, le nouvel an religieux juif.

Perplexité, pour ne pas dire embarras. Du juge, on peut l'imaginer. Mais d'abord et surtout des policiers : leur « belle » affaire, la voilà dégonflée. A quoi se mêlent des arguments politiques : les socialistes, avec leur amnistie, leur « dialogue », auraient donc eu raison ? Dans ce cas, mieux vaut ne pas trop en parler...

En vérité, la doctrine Joinet vient de signer là l'une de ses plus belles victoires. C'est tellement vrai qu' « on » en parlera très peu. Que s'est-il donc passé ? Le 1er août, une réunion clandestine — pour la police s'entend — a eu lieu dans un « squatt » (1) parisien, qui rassemblait ce que l'on pourrait appeler les « durs » (minoritaires) et les « mous » qui préféraient se dénommer « mouvementistes » (majoritaires).

Pour ces derniers, un « NON » définitif a été opposé à toute poursuite des attentats. Ils ont laissé dédaigneusement le sigle même d'*Action Directe* — « AD » — à tous ceux qui voudront l'utiliser. Pour eux, c'était fini...

Cette réunion d'autodissolution d'*Action Directe* (2) n'est que le parachèvement d'une scission de fait qui remonte à l'automne 1981 — moment où, amnistiés, libérés, tous les membres d'AD se sont retrouvés face à face. Immédiatement les positions des uns et des autres se sont heurtées.

La rupture idéologique s'est trouvée consommée à la fin de 1981 — moment où les « durs » ont éprouvé le besoin de refaire parler d'eux (3). Les « mouvementistes », à l'époque, s'appelaient déjà eux-mêmes les « nationalistes » par opposition aux « durs » — poseurs de bombes, amateurs de mitraillages qui ne cachaient pas leur vocation « internationaliste ». Pour eux, AD devait s'intégrer dans un front commun de lutte terroriste où se retrouveraient indifféremment Brigades Rouges italiennes, groupes allemands, belges, et bien sûr, palestiniens...

L'hiver 1981-82 s'est déroulé dans cet étrange climat d'antagonisme

(1) Les « squatts » étaient — et sont encore, bien qu'on en compte de moins en moins — des immeubles inoccupés, désaffectés, voués à la démolition où campaient pêle-mêle hippies, pacifistes, drogués en mal d'exotisme, jeunes clochards « dégoûtés de la société » et écologistes, anarcho-gauchistes de tout crin.

(2) F. Mitterrand le dissoudra, lui, « politiquement » le 17 août.

(3) Ce sont les mini-attentats « de Noël » 1981 — c'est aussi l'époque où une connexion indiscutable s'établit entre les « durs » et le réseau des Fractions Armées Révolutionnaires de Georges Ibrahim Abdallah, par l'intermédiaire de Mohand Hamami. Les « durs » préparent le terrain — et l'opinion — aux trois attentats de novembre 81, janvier et avril 82 revendiqués par les FARL...

au sein de la poignée d'hommes qui « dirigent » — plus précisément qui *manipulent* — la mouvance *Action Directe :* Quelques centaines de jeunes gens des deux sexes regroupés au sein de « squatts » dont le peuplement change chaque jour ou presque. Il n'est pas rare en effet que les « squatters » — plus ou moins embourgeoisés — reprennent périodiquement une vie normale, chez papa-maman en général.

Deux hommes, en fait, se sont opposés en ce combat singulier : Jean-Marc Rouillan et Michel Camilieri — tous deux chefs « historiques » d'AD, tous deux originaires du Sud-Ouest où ils ont fait leurs premières armes au sein des *Gari* (1) dans la région toulousaine. L'hiver 1981-82 a connu pourtant de solennelles tentatives de conciliation. Au « squatt » de la Charbonnière (Paris XVIIIe), notamment, on a tenté, ensemble, d'installer une radio libre. Le courant « mouvementiste-nationaliste » a obtenu aussi de Jean-Marc Rouillan, de sa compagne Nathalie Ménigon et de Régis Schleicher (dont le juge Bruguière réentendra parler) que l'on s'essaie à la création d'ateliers autogérés. L'objectif des « nationalistes » était de concrétiser une société anarchiste paisible, une sorte de phalanstère diffus, utopique certes, mais bien réel sur lequel le souffle Joinet (le gouvernement socialo-communiste) pût s'épandre.

Rouillan et ses amis ont affecté de jouer le jeu. Le leader des « durs », cependant, s'intéresse beaucoup déjà aux immigrés politiques d'origine turque — marxistes convaincus ayant fui le régime militaire d'Ankara, et excellents « soldats » rompus à toutes les formes de lutte clandestine violente (2). Pour dissimuler sa manœuvre, Rouillan a créé — à la satisfaction des « nationalistes » — un « atelier autogéré de confection », à l'enseigne de *Adèle Confection*, rue des Vinaigriers à Paris (3). Un homme de confiance de Rouillan, Serge Fassi, qui ne tardera d'ailleurs pas à rompre avec lui (4), a dirigé la fabrique où, bien entendu, de nombreux Turcs se trouvaient employés plus ou moins légalement.

(1) Groupes d'Action Révolutionnaire Internationalistes.

(2) Ces Turcs appartiennent au mouvement Dev Yol. Leur communauté secrète regroupe peu d'individus en France, mais elle est très bien implantée en Allemagne de l'Ouest, en Suisse, en Belgique, en Italie : ce pourrait être une excellente voie de passage vers l'internationalisme terroriste dont rêve Rouillan.

(3) Conjecture purement sémantique, cette appellation apparemment banale ne peut-elle se lire AD — Aile, Confection : mise en place d'une aile stratégique d'Action Directe ?

(4) Lui aussi sera « dénoncé » lorsqu'il « mettra à l'abri dans le courant de l'automne, dans une cache du Sud-Ouest, un stock d'armes et d'explosifs aussi important que celui de l'avenue du Général-Leclerc.

C'est dans cet univers qu'un certain Mohand Hamami a refait une apparition remarquée. Indiscutablement, il représente un lien avec le Proche-Orient. Le juge Bruguière a été saisi du dossier, le 11 avril 1982, à quatre jours de la première audience du procès Bréguet-Kopp, quelques jours après l'assassinat du diplomate israélien Yacov Barsimentov. Pour la première fois peut-être l'idée lui est-elle venue alors que tout se passait au sein d'*Action Directe* comme si une course était engagée entre plusieurs fractions — à qui courrait le plus vite pour s'emparer de l'armement, les uns, les « durs », pour s'en servir immédiatement, les autres, les « mouvementistes », pour empêcher toute action des premiers, les « neutraliser ».

L'affaire s'est déroulée rue de Borrego, dans un box-parking — décidément une cache très prisée des membres d'AD — appartenant à une jeune fille de bonne famille qui a « dérivé » vers la poésie des « squatts ». Là, déjà, les hommes de la Brigade de répression du banditisme du commissaire Devos découvrent, « sur renseignements », un important stock d'armes. Le sous-sol de l'immeuble est mis sous surveillance. Les deux premières personnes qui pénètrent dans le box sont Joëlle Aubron et Mohand Hamami. On les arrête. Hamami, qui, dit-il, ne faisait qu'accompagner son amie et contre qui il n'y a pas de preuve décisive, sera relaxé (1). Joëlle Aubron, elle, sera condamnée à quatre mois de prison dont deux avec sursis pour infractions à la législation sur les armes. Toujours en prison, elle convolera en justes noces avec... Régis Schleicher — « dur » parmi les durs du mouvement, bras séculier du penseur Jean-Marc Rouillan.

Dans le stock d'armes saisi en ce mois d'avril 1982, figure notamment une mitraillette Sten. Expertises faites, il est établi que c'est l'arme dont on s'est servi le 31 mars 1982 boulevard Malesherbes à Paris, pour mitrailler la mission d'achat israélienne. Or l'attentat devait être revendiqué, à Beyrouth même, auprès d'une agence de presse (Reuter), par les Fractions Armées Révolutionnaires Libanaises...

Troublant, significatif... En dépit d'antagonismes idéologiques souvent profonds, sans parler des rivalités de personnes, les mouve-

(1) La DST, bien entendu, n'a fait savoir à aucun autre « service » — et surtout pas au magistrat instructeur — que Mohand Hamami avait parmi ses « relations » un certain Georges Ibrahim Abdallah, considéré comme le chef des « Fractions Armées Révolutionnaires Libanaises » (FARL) — organisation qui, pourtant, en ce printemps 1982 revendiquait l'assassinat du diplomate américain Charles Ray au mois de janvier, et celui du diplomate israélien Yacov Barsimentov (le 3 avril).

ments terroristes — qu'ils soient d'ici ou d'ailleurs — connectent, lorsqu'il le faut, leurs forces et leurs logistiques. C'était là une idée nouvelle pour le juge Bruguière lui-même... en ce printemps 1982. Qui n'a pu que se renforcer à partir du moment où il a été saisi du dossier « Rue des Rosiers ».

***

Alors même qu'il s'apprête un an plus tard, à la fin du mois de mai 1983, à reprendre l'avion pour le Portugal — pour tenter d'y approcher l'assassin d'Issam Sartaoui — le juge Bruguière apprend comme tout le monde, le 31 mai au soir, que des « truands » ont froidement abattu deux policiers, avenue Trudaine à Paris. Personne, dans la capitale, ne se doute — ni le juge ni les policiers — dans ces premières heures, que leur route vient de recouper celle d'*Action Directe*. D'ailleurs, l' « organisation » reste silencieuse et ne revendique pas l'événement : des policiers en civil intrigués par le comportement d'un groupe d'hommes et d'une femme, croyant avoir affaire à des « voleurs » au sortir d'un « casse » (parce qu'ils portaient des sacs visiblement lourds, très chargés) ont voulu les interpeller... Les « voleurs » ont immédiatement dégainé et fait feu...

« Bizarre, bizarre... » se dit, tout de même, dès le lendemain le juge Bruguière. 1) Il est rarissime que de vulgaires « casseurs » fassent feu sur la police. Et... encore plus troublant : 2) ... La femme qui les accompagnait a fait preuve d'un acharnement extraordinaire — minuscule, jolie à ravir (1), elle a braqué en « professionnelle » tout ce qui bougeait autour d'elle, et notamment un groupe de lycéens sortant de leur cours; elle a tiré sur une voiture R5 dont la conductrice s'apprêtait à quitter son stationnement, en a extrait ladite conductrice terrorisée, a fait s'engouffrer tout son monde dans le véhicule... Fuite. De quoi s'agit-il?

« Bizarre... », pour le juge Bruguière, le comportement de cette jeune femme. Il n'en a vu d'autres exemples — récents en Allemagne, en Italie surtout — dans le déroulement d'affaires terroristes : hold-up, attentats...

Le magistrat, cela étant, n'a guère besoin de « fouetter » les hommes de la Crime : la police parisienne tout entière se sent concernée. Et bafouée. En quelques heures, la « crise de la police » —

(1) Tous les témoignages recueillis concordent sur ce point...

celle du printemps 82, en pleine affaire Bréguet-Kopp, n'avait été qu'une « crise des commissaires », mais elle avait laissé des traces du plus bas au plus haut de la hiérarchie —, la « crise de la police » s'épaissit, bouillonne. Les thèses de droite, voire d'extrême droite de certains syndicats, soudain sonnent comme paroles d'évangile. Le Garde des Sceaux, Robert Badinter, le ministre de l'Intérieur, Gaston Defferre, se trouvent conspués au cours d'une manifestation sans précédent des policiers — toutes catégories confondues — de la capitale le 3 juin 1983... Cette « tournure » politique de la situation sera sans lendemain. Mais elle démontre à quel point la police, toute la police, se sent mobilisée pour « venger » les deux fonctionnaires abattus avenue Trudaine...

L'enquête, donc, se fait à cent à l'heure. Tout le monde sur le pont. Les visites à domicile, le recueil des témoignages, les procès-verbaux s'accumulent... Puis, la Criminelle reçoit une première, une deuxième, une troisième lettre anonyme. « On » y dénonce les « durs » d'AD, le corbeau est contre les attentats, les crimes. Les bombes au petit matin devant des édifices publics — sans risque de blesser ou de tuer quiconque — d'accord. Tuer, comme « ils » (les « durs ») l'ont fait avenue Trudaine — pas d'accord.

C'est clair. Il y a quelque part, là-dessous, un ou une « repenti(e) ». Bruguière s'attaque donc à ce dossier-là aussi... Il fera procéder, au printemps 1984, à une reconstitution monstre — encore du jamais vu — avec caméras-vidéo à l'appui. Qui a tiré ? Combien de fois ? Sur qui ?

Passons sur les détails. Peu à peu, lettres anonymes à l'appui, Bruguière s'est fait quelques certitudes : les quatre hommes de l'avenue Trudaine étaient Régis Schleicher (le bras « frappeur » de Rouillan, chef des « durs »). Les deux frères Halfen, Claude et Nicolas, et... Mohand Hamami (1). Plus la femme, la ravissante qui braquait son énorme 11.43 sur la foule, dans des mains si exquises que l'arme y paraissait démesurée — c'est une Italienne qui a disparu, elle aussi, mais que ses compatriotes ont « serrée » dès 1984. Elle

(1) Celui-ci, définitivement (?) disparu après la fusillade, a gagné l'Algérie. Trop lourdement chargé d'amitiés palestiniennes « dures » au goût des « services algériens », Hamami, après avoir été quelque peu maltraité par ceux-ci, aurait fini par leur donner le change en acceptant de se mettre à leur service, vers la fin de 1984... Pour, en définitive, fuir — avec quelles complicités ? — le territoire algérien, et aller trouver refuge en Libye d'abord puis au Liban dans la ville de Saïda. Le juge Bruguière qui devait se rendre en Algérie en juin 1985 ne put en tout cas pas l'y rencontrer.

s'appelle Gloria Argano... et a été condamnée à vingt années de détention pour hold-up, attentats divers, etc., commis pour la « cause » des *Colp* (Communistes Organisés pour la Libération du Prolétariat).

Encore quelques mois, qui permettent d'arrêter les deux frères Halfen dont l'un, Nicolas, serait très lié avec une consœur journaliste (qui, en plus, est l'amie intime de Mme Laurent Fabius, femme du futur Premier ministre). Passons... La sexualité joue un rôle important dans l'histoire générale du terrorisme — et spécialement en France. Mais, pour en traiter convenablement, rapporter tous les ragots, les « révélations », les « dénonciations » dus à la jalousie, il faudrait des volumes et des volumes. Les « Blondes de Carlos » se sont trouvé de nombreuses « sœurs » françaises...

Et aussi une « mamma » — Helyette Besse, qui tient une « librairie-salon » à l'enseigne du *Jargon libre* dans le XIIIe arrondissement. Depuis 1970, tout ce qui compte en France de *Napap*, *Gari*, ex-« gauchos » de 68, *Maos* plus ou moins radicalisés, a pris ses habitudes dans cette officine qui sert de lieu de rendez-vous, de maison d'accueil, d'abri, de « cocon familial » à nombre de déracinés de la « mouvance »...

Helyette Besse elle-même et son petit univers sont mis sous surveillance. Malgré toutes ses précautions « conspiratives », la dame — dont la cinquantaine n'a pas amélioré un physique ingrat — conduira finalement les policiers à Strasbourg d'abord (où ils repéreront Schleicher, Rouillan et Nathalie Ménigon sans pouvoir intervenir) puis, à proximité d'Avignon au Pontet, dans une villa où il n'y aura plus qu'à cueillir Régis Schleicher.

Régis Schleicher et les deux frères Halfen devaient être jugés (1) le 3 décembre 1986, par la cour d'assises de Paris... Quelques jours avant l'ouverture de ce procès, le 17 novembre, le P.-d.g. de la régie Renault, Georges Besse, était assassiné devant chez lui, à Paris, par « deux tueuses » (?). *Action Directe* revendiquait l'*attentat*.

⁂

Fin juin 1983 : suite à sa commission rogatoire du 15 courant, le juge Bruguière s'apprête à partir pour le... Portugal.

Objectif : rencontrer l'assassin d'Issam Sartaoui — l'homme

(1) Au moment où cet ouvrage était mis sous presse... Voir notre postface...

d'Arafat, ambassadeur de l'*Olp* dans toute l'Europe, en France en particulier, ami personnel de Jacques Attali, conseiller de François Mitterrand... et des pacifistes israéliens. Il a été assassiné le 10 avril précédent à Albufeira dans le sud du Portugal, à l'ouverture d'une réunion de l'Internationale socialiste...

Sartaoui : la victime par qui Abou Nidal a concrétisé sa promesse de ne plus frapper en France... et qu'il a supprimé au Portugal, sous la pression de ses hôtes irakiens. Un « détail » que le juge français, bien entendu, continue d'ignorer.

L'assassin de Sartaoui dit se nommer Youssef Al-Aouad. C'est en tout cas le nom qui figure sur son passeport. Youssef Al-Aouad s'est fait cueillir bêtement alors qu'il regagnait Lisbonne en taxi — les notes de frais existent aussi dans les réseaux du Proche-Orient — après avoir commis son crime. Il a même pu écouter à la radio de la voiture la narration de son forfait...

Intercepté à l'entrée de Lisbonne, il n'a fait aucune difficulté pour se rendre aux policiers lusitaniens... C'est la caractéristique des hommes d'Abou Nidal. En cas d'arrestation, ils n'opposent aucune résistance une fois leur mission remplie.

A Paris, dans les jours suivants, le juge Bruguière, par ses « filières » habituelles — Interpol, relayé par la Criminelle — a été tenu au courant... Premier point : l'assassin de Sartaoui ne s'appelle pas Al-Aouad mais Arab El-Arabi Tawfik Gamal — c'est un Palestinien originaire des territoires occupés par Israël. Il y fut, jadis, arrêté, fiché. C'est ainsi que les Portugais savent et font savoir à qui l'on a affaire. Grâce à ses empreintes digitales obligeamment transmises par le *Mossad.*

Deuxième point : son passeport établi au (faux) nom d'Al-Aouad. Le « roman » policier commence. Parce que ce passeport porte, comme tout passeport, un numéro... Et Bruguière manque d'en avaler sa pipe !

— Allô, ici Bruguière, je voudrais parler au commissaire Tchividjian (1)...

— ... C'est lui-même, bonjour Monsieur le juge.

— Vous n'avez rien remarqué sur ce que vous m'avez transmis concernant Al-Aouad ?

— Euh, non, pas vraiment.

— Eh bien, venez me voir, et préparez-vous à une surprise.

(1) Chef de la section antiterroriste de la Criminelle.

— OK, j'arrive... Dans une demi-heure, ça vous convient ?

Tout convient, ce jour-là, au juge Bruguière. Il vient, tout simplement, de recroiser sa piste romano-greco-turque : celle du dénommé Al-Zomar (1). C'est que ses amis italiens, magistrats, policiers de la DIGOS, désespérant de faire extrader Al-Zomar de ses geôles grecques, ont poursuivi leur enquête en Italie. Et voilà : Al-Zomar, l'un des responsables de la *Gups* de Bari, recevait régulièrement un certain Ali... Un jour, à l'automne 82, ils sont allés, ensemble, lui et Ali, en Yougoslavie. Quelques heures, par bateau, de Bari à Dubrovnik, sur le paquebot italien *Tinteretto*. Tout arrive : le numéro du passeport d'Ali a été relevé. Le juge Bruguière le possède là, devant ses yeux, sur sa table dans la procédure que le juge romain lui a adressée. Et... ce numéro est le même que celui inscrit sur le passeport présenté par Al-Aouad aux policiers de Lisbonne !

Tchividjian et Bruguière en tombent d'accord. Ils ont la photo d'Al-Aouad que leur a communiquée Interpol — il faut la transmettre aux Italiens.

C'est un grand moment — le plus grand peut-être — de l'Instruction « new-look » instaurée par Bruguière. Lui, le grand-petit-juge parisien vient de faire la soudure entre des affaires qui n'avaient à première vue rien à voir l'une avec l'autre. Méthode, patience, opiniâtreté — il arrive que cela soit payant... Et, en effet, la photo d'Al-Aouad dûment transmise à Rome, les policiers de la DIGOS courent à Bari, la montrent ici et là — aux commerçants du quartier d'Al-Zomar (2) notamment. *Et le lien est établi :* Ali, le copain d'Al-Zomar, c'est bel et bien Al-Aouad, l'assassin de Sartaoui...

Et ce n'est pas tout ! Courant mai, Jean-Louis Bruguière a reçu, des Portugais, des photos du passeport d'Al-Aouad... Nouveau choc : les hommes d'Interpol qui ont analysé, au passage, ces documents estiment que le passeport porte au moins deux cachets des services de la police frontalière française — à Roissy-Charles-de-Gaulle — dont l'un, peut-être, en date du... 9 août 1982 ! En fait, personne n'en est

(1) Abdel Oussama Al-Zomar arrêté à Komotini le 21 novembre 82 au poste frontière greco-turc en compagnie d'un autre Palestinien. Les deux hommes transportaient 50 kg d'explosif et de grenades. Al-Zomar condamné à 20 mois de prison en février 84. Réclamé par les Italiens parce qu'il est l'un des suspects du massacre de la synagogue de Rome (oct. 82). Al-Zomar est toujours dans les prisons grecques (cf. supra pp. 183-184).

(2) Al-Zomar est un approvisionneur des caches d'armes du réseau Abou Nidal en Europe. D'après notre enquête et des informations d'origine palestinienne il a par trois fois « alimenté » les dépôts de France et d'Italie.

sûr : le tampon, c'est souvent le cas, a un peu glissé. A voir de près... Là, ce n'est plus l'aile de la victoire que le juge Bruguière caresse : il offre au bel oiseau sa plus affectueuse becquée — ses piles de dossiers, des pages et des pages de procès-verbaux, des heures de gamberge.

Le pauvre Bruguière avait bien besoin de cette bouffée d'oxygène. Sa dernière mission, en Autriche, dans le courant du mois de mai, a été un « bide » à peu près total...

On s'en souvient, au lendemain de l'attentat de la rue des Rosiers, le juge avait dépêché deux policiers de la Criminelle, à Londres et à Vienne. La mission des deux fonctionnaires consistait à rapporter des informations précises sur l'attentat contre l'ambassadeur israélien Schlomo Argov (arrestation de trois hommes à Londres dont le neveu d'Abou Nidal) ; sur l'assassinat de M. Hans Nittel le 1er mai 1981, conseiller municipal socialiste de Vienne ; ainsi que sur l'attentat contre la grande synagogue, le 29 août 1981 (2 morts, 30 blessés)... Mission accomplie : excepté pour M. Hans Nittel, à Londres comme à Vienne on a arrêté les terroristes. Parmi ces derniers, un certain Rahji... un Palestinien... Ils ont, dans tous les cas, fait usage de pistolets-mitrailleurs WZ 63 et de grenades de type identique à celles de la rue des Rosiers.

Plus tard, à la suite de son voyage à Rome, Jean-Louis Bruguière, fort de la découverte faite dans la capitale (similitude des cuillers des grenades avec celles de la rue des Rosiers), n'a plus eu qu'une idée en tête : organiser une nouvelle confrontation, avec expertises à la clé, entre les Italiens bien sûr, mais aussi les Anglais et les Autrichiens... Si les cuillers « parlent » encore, ou les douilles des balles de WZ 63, la preuve objective serait établie que l'on a bien affaire à *une seule organisation terroriste*. Voilà qui pourrait faire avancer l'enquête en profondeur...

Hélas ! au nom de leurs règles de droit, les Britanniques ont refusé de se rendre à la « réunion au sommet » à laquelle les invitait le juge français (1) dans la capitale autrichienne...

Quant aux Autrichiens eux-mêmes, ils n'ont accepté que du bout des lèvres. Le juge français et le juge italien ont été accueillis comme de fâcheux empêcheurs de dormir en paix. Enfin, ils ont tout de

(1) Attitude intéressante à la lumière des événements de 1986 : à la suite du procès du terroriste Hindawi — qui impliquait formellement les Services secrets syriens — Margaret Thatcher rompra les relations diplomatiques entre Londres et Damas, en priant ses partenaires européens d'en faire autant... ce qui ne manquera pas de les embarrasser, et surtout la France (voir dernière partie de cet ouvrage).

même obtenu l'expertise balistique comparative... Celle-ci n'a rien donné : les cuillers de grenades utilisées à Vienne en 1981 n'étaient pas du même lot que celles récupérées rue des Rosiers et à Rome en 1982. Idem pour les douilles : elles n'ont pas été tirées par les mêmes armes...

Pour finir, les autorités autrichiennes ont fait carrément la sourde oreille lorsque le juge Bruguière a demandé à pouvoir, au moins, interroger les terroristes arrêtés lors de l'attentat contre la synagogue de Vienne... et emprisonnés en Autriche.

— Ils ne vous diront rien, il est inutile que vous alliez les voir, a commenté sobrement le magistrat autrichien. ... Mais, enfin, si vous y tenez absolument, allons-y...

L'affaire a été vite réglée... Un voyage sans histoire... Une prison modèle à une trentaine de kilomètres de la frontière tchécoslovaque. C'est Rahji qui a été présenté au juge Bruguière. Et c'est le prisonnier qui, une fois de plus, comme Kexel à Londres, a « interrogé » le magistrat :

— Avant toute chose, donnez-moi votre nom, votre adresse personnelle, votre numéro de téléphone... Mon organisation l'ASSIFA (Abou Nidal) a besoin de tous ces renseignements (1), a sereinement exigé le tueur de Juifs !

Jean-Louis Bruguière n'a pas apprécié... Il a tenté de questionner à son tour le prisonnier... L'interprète — Français — qu'il a eu la sagesse d'emmener avec lui de Paris — croit bien comprendre que le magistrat autrichien, à chacune des questions de son homologue parisien, conseille à Rahji de ne pas répondre...

L'entretien a donc tourné court... La plainte que fera parvenir le juge Bruguière au Quai d'Orsay, via l'ambassade de France à Vienne, remuera bien un peu les fonctionnaires français qui feront valoir aux Autrichiens que l'on n'apprécie pas leur attitude... Cela suffira à apaiser la LICRA — la puissante ligue contre le racisme et l'antisémitisme, partie civile dans le dossier de la rue des Rosiers.

Cette organisation, en tant que partie civile, a en effet eu droit à l'information sur le cours de l'instruction. M. Robert Badinter, Garde des Sceaux, fait partie de la LICRA, et le Président de la République en est membre d'honneur...

Le voyage en Autriche a été un échec total.

(1) Cette technique de « renseignement » est systématique dans l'organisation Abou Nidal — nous en avons nous-même fait l'expérience, en octobre 1986, lors d'un reportage dans l'un de ses camps de la plaine de la Bekaa au Liban...

⁂

C'est bien pourquoi, en arrivant à Lisbonne ce 20 juin 1983, le juge Bruguière a plutôt chaud au cœur. « ... La connexion Al-Zomar-Al-Aouad, ça, au moins, c'est du solide. »

Ses accompagnateurs de la Criminelle et de la 6e section de la PJ se trouvent dans la capitale portugaise depuis deux jours. Pour « préparer le terrain ».

— Monsieur le juge, tout est réglé, lui dit l'un de ces policiers à sa descente d'avion. — Le magistrat portugais est d'accord, nous allons pouvoir entendre Al-Aouad...

Las ! Le magistrat instructeur lusitanien, lorsqu'il reçoit la délégation française, ne se montre plus du tout aussi coopératif que prévu :

— Monsieur le juge, dit-il à Bruguière, nous n'avons pas encore reçu officiellement votre commission rogatoire internationale... Vous ne pouvez donc vous livrer à aucune investigation sur notre territoire. Rentrez à Paris...

— ... Mais, l'interrompt Bruguière, vous savez bien qu'elle existe cette commission rogatoire internationale. Je vous en ai fait tenir copie... La régularisation diplomatique, vous le savez, est automatique. Elle se fera plus tard...

Le magistrat portugais ne veut rien entendre. — « Rentrez à Paris, nous vous ferons signe dès que la situation sera juridiquement régulière... »

Y a-t-il eu pression, politique bien entendu, sur le juge de Lisbonne ? C'est vraisemblable. Mais subir en deux mois un double échec pour non-coopération ? Et sur une piste aussi alléchante que celle d'Al-Aouad ? — Cela, Bruguière ne peut l'accepter. Et il fait ce qu'il a déjà fait à Vienne : il demande et obtient audience de l'ambassadeur de France à Lisbonne.

Episode significatif de ce que peut et ne peut pas obtenir un juge d'instruction, en principe agent suprême de la Justice de la République Française. En Autriche, l'irruption de Bruguière dans l'ambassade de France n'a fait de bruit qu'au Quai d'Orsay à Paris, et même pas au ministère de la Justice... A Lisbonne, coup de chance, l'ambassadeur de France ne se contente pas d'adresser un courrier à son administration centrale. Informé de la situation par Bruguière, il a pris son téléphone et appelé M. Gérard Simon, consul général de France à Lisbonne :

— Pouvez-vous venir immédiatement ? J'ai ici, avec moi, un juge d'instruction français à qui nos amis portugais font quelques misères...

Mis au courant du problème, le consul dit à Bruguière :

— Ecoutez, je suis un ami personnel du Président Mario Soarès (1). Je vais voir ce que je peux faire... Donnez-moi deux heures...

Une heure plus tard, le consul tend au juge Bruguière une lettre *manuscrite* du ministre portugais de la Justice, M. Rui Machete...

Jean-Louis Bruguière prend sa lettre et se rend immédiatement chez le directeur général de la Police de Lisbonne. « On » l'a déjà annoncé... C'est tout juste si « on » n'a pas sorti les palmiers en pots et les tapis rouges... Le Procureur Général est là, tout sourires et courbettes, et... le juge d'instruction, un peu « coincé » tout de même, qui, le matin même *exigeait* la régularisation de la commission rogatoire internationale des Français.

Toutes les portes s'ouvrent. Et, littéralement, on « livre » Al-Aouad à l'équipe française : Bruguière et ses accompagnateurs se retrouvent dans une salle « ad hoc » du Palais de Justice de Lisbonne. On leur amène l'assassin de Sartaoui. Tant qu'on y est dans la politesse et la coopération les Français resteront *seuls* avec Al-Aouad — il n'y a même pas un magistrat portugais (2), juste un interprète...

Il semble bien qu'Al-Aouad aurait affirmé trois choses :

1) Il appartenait bien aux réseaux Abou Nidal.

2) Il approuvait l'attentat de la rue des Rosiers.

3) Il affirmait qu'Abou Nidal n'était pour rien dans la tuerie du restaurant Goldenberg.

Classique chez les hommes d'Abou Nidal : ils se laissent prendre souvent sans la moindre résistance. Mais ils n'acceptent *jamais* que leur « organisation » soit mise en cause en tant que telle.

***

(1) Premier Premier ministre (socialiste) de la République portugaise après la chute du régime dictatorial de Salazar, et la « Révolution des œillets » de 1974...

(2) Ce moment n'est pas sans rappeler l'étrange « conversation » que Mgr Capucci, en septembre 86, à Paris, put tenir à la prison de la Santé avec Georges Ibrahim Abdallah. Bien qu'il n'y ait évidemment aucune comparaison possible entre un magistrat officiel et un émissaire ambigu.

« Très intéressant », c'est le seul commentaire que l'on arrachera, bien plus tard, au juge Bruguière à propos de sa rencontre avec Al-Aouad.

Mais l' « affaire » portugaise ne s'est pas arrêtée là. Parce que le magistrat a rapporté avec lui à Paris le fameux passeport d'Al-Aouad. Expertises, contre-expertises... Al-Aouad était-il à Paris le 9 août, oui ou non ? Réponse : Non, catégorique ! Le cachet litigieux, authentique (on a retrouvé le fonctionnaire qui l'a apposé), indiquait, comme l'autre, la date du 10 août et non pas du 9, jour de la tuerie de la rue des Rosiers...

Reconstitution : le premier cachet correspond à la *sortie* de la zone douanière de Roissy du porteur du passeport, le 10 août — entre 3 h et 4 h du matin. Le porteur du passeport arrivait de Bagdad — encore l'Irak — et n'avait donc pas pu participer à la tuerie de la rue des Rosiers.

Le deuxième cachet, toujours en date du 10 août, marque la *rentrée* du porteur du passeport vers 7 h 20 du matin. Il a embarqué sur un vol Air France à destination de Francfort. D'où il est reparti, dans la matinée, en direction de... Damas ! — encore la Syrie.

Beau périple pour ce passeport parti le 9 août au soir (22 h) de Bagdad, arrivé à Roissy vers 3 h du matin, sorti de l'aéroport, puis rentré pour repartir via Francfort pour Damas ! Illustration parfaite du vademecum terroriste, on va, on vient, on brouille les pistes et — sauf malchance — on passe...

Bagdad-Paris-Damas... de 22 h le 9 août, à 13 h le 10 août avec un « trou » entre 3 h et 7 h 20 du matin quelque part dans Paris. Quelques heures seulement après l'attentat contre le restaurant Goldenberg.

Intéressant, marquant, significatif, troublant — tout ce que l'on voudra, mais le fait n'est pas *probant*. Deux hypothèses ne seront jamais ni infirmées ni récusées :

1) Al-Aouad, porteur du passeport lors de son arrestation au Portugal, a très bien pu faire partie du groupe des tueurs de la rue des Rosiers. Il a retrouvé, dans Paris, entre 3 h et 5 h du matin un « frère d'armes » venu lui apporter le passeport lui permettant de quitter la France sans attendre.

2) Al-Aouad n'était pas rue des Rosiers. Il est venu apporter à un « frère d'armes », X, qui, lui, a tué chez Goldenberg, le passeport lui permettant de quitter la France sans problème. Al-Aouad aura récupéré le document plus tard et s'en est resservi au Portugal...

D'une façon ou d'une autre, de près ou de loin, Al-Aouad a donc été mêlé au carnage de la rue des Rosiers. C'est « un jeune homme plutôt sympathique », selon les magistrats...

Mais tout cela n'est pas suffisant pour que la justice française — par la main du juge Bruguière — puisse introduire une procédure... Présomptions ne sont pas preuves !

D'ailleurs — la suite de l'histoire d'Al-Aouad va le démontrer — même lorsqu'il y a *preuve*, les Etats « démocratiques » savent l'oublier (1).

(1) Voir chapitre 6 de la dernière partie.

Chapitre IV

LA MULTINATIONALE DU TERRORISME

Israéliens et Soviétiques ont au moins un point commun : ils estiment que la DST française est un excellent service de contre-espionnage... Non sans perfidie d'ailleurs ! Quoi qu'il en soit, disposer d'un tel service ne suffit pas pour écarter tout danger d'attentats, surtout quand le terrorisme est dicté par des jeux diplomatiques plus ou moins secrets.

Repéré, surveillé, suivi sans cesse, en février 1983, par les policiers du contre-espionnage, Hagop Hagopian les a conduits de place en place, aux « planques » des membres de son réseau : tous — on le vérifiera par la suite — Arméniens d'Orient, élevés « à la dure », très motivés par la « cause ». Ils ont fui Beyrouth à la fin du mois de juillet 1982 avec leur « chef ». Installés en France, en « dormants », ils sont soigneusement restés à l'écart du Mouvement National Arménien que dirige Ara Toranian... qu'ils jugent trop modéré.

Les pisteurs de la Surveillance du Territoire ont laissé filer Hagopian volontairement : en réalité, ils ne savaient pas encore, au moment où l'homme reprenait l'avion pour Athènes, de qui il s'agissait. Son identification, grâce à la photo prise à Lyon-Satolas, n'est intervenue qu'après son départ, en mars... Trop tard ? Non... La « trace » laissée par Hagopian est féconde en « exploitations » futures...

Des écoutes téléphoniques sont installées chez certains de ses « contacts ». Chez un dénommé Garbidjian, par exemple, Arménien de nationalité syrienne, qui ne manque pas d'intéresser vivement ses « surveillants » : il aura déménagé au moins trois fois en trois mois —

entre Courbevoie, Colombes et Issy-les-Moulineaux. Son comportement général montre en lui un spécialiste de la clandestinité. Toujours sur le qui-vive, attentif à déjouer toute filature (il y réussit souvent), c'est à coup sûr un terroriste potentiel. Il ne vit qu'en milieu arménien d'Orient... Il rencontre souvent un autre personnage, un certain Soner Nayir, Arménien de nationalité turque...

Les deux hommes sont mis sur écoute vingt-quatre heures sur vingt-quatre ! Malheureusement se produit en ce 14 juillet 1983 sinon une faute, du moins une défaillance dans la surveillance. C'est que le 14 juillet, fête nationale, est jour chômé. Du coup, la bande qui enregistre toutes les conversations de Nayir et de Garbidjian ne sera décryptée — ils communiquent en langue arménienne bien sûr — que le lendemain 15 juillet. Or, dans cette écoute — non écoutée — du 14 juillet, Garbidjian a appelé Nayir. Un échange très bref :

— Va acheter deux petites bonbonnes de camping-gaz...

Quand, le lendemain 15 juillet, un vendredi, en fin de matinée, les « oreilles » du contre-espionnage entendent ce message de la veille, ils ont la certitude que les deux hommes sont sur le point d'agir... Mais où ? L'un et l'autre ont disparu...

A 14 h 11, ce vendredi 15 juillet 1983, devant le comptoir d'enregistrement de la Turkish Airlines, dans l'aérogare d'Orly-sud, une déflagration terrifiante éclate dans un éclair orange, un souffle qui rafle tout sur son passage, voyageurs, employés, mobilier : cinq tués, cinquante-six blessés dont trois ne survivront pas, ce qui portera à huit le nombre des morts. Treize autres blessés sont dans un état grave. La bombe, dès les premiers examens, était « appuyée » de deux bouteilles de camping-gaz...

Dès le lundi 18 juillet, à la première heure, un inspecteur de la Surveillance du Territoire retrouve au Quai des Orfèvres ses « collègues » des autres polices...

— Voici les noms et les adresses, commente-t-il sobrement en déposant sur la table de réunion une enveloppe épaisse...

Le pli contient vingt fiches : vingt noms, vingt adresses d'Arméniens résidant pour la plupart à Paris ou dans la banlieue, mais aussi à Marseille, Lyon, Bordeaux, Lille... Les résultats noir sur blanc de la traque d'Hagopian et de ses contacts depuis le mois de février.

Tout le monde est là. L'atmosphère générale n'est pas des meilleures. Dès le vendredi, au soir de l'attentat, Gaston Defferre a organisé un « énième » conseil de guerre de toutes les polices : le Président n'était pas content, le ministre n'était pas content et il a sommé chacun — PJ, Renseignements Généraux et... même DST — de sortir ses archives. Yves Bonnet, en personne, a acquiescé. Parole donnée, parole qui sera tenue à l'aube de ce lundi matin. Que d'amertumes réciproques! Au cours de cette réunion, Bonnet, serviteur de l'Etat, a avoué : « ... Nous avons des indications précises... »

Stupéfaction, colère rentrée chez les grands flics « publics » — RG, PJ. On ne s'insulte pas, pas devant le ministre en tout cas, mais « c'est limite »...

Le lendemain samedi 16 juillet, Gaston Defferre ayant regagné Marseille, c'est Joseph Franceschi qui a reconvoqué tout son monde... Et là — amertume d'Yves Bonnet — il a été décidé que la PJ *seule* exploiterait le matériel de la Surveillance du Territoire. Des semaines et des semaines de Renseignement qui vont être « grillées ». Mais, ce qui est dit est dit...

L'opération est donc effectuée à partir du lundi 18. Seules les grandes Brigades centrales de la PJ, toutes branches confondues — Criminelle, BRB (Répression du Banditisme), BRI (Recherche et Intervention, « l'Antigang ») — récolteront les fruits de la moisson du contre-espionnage. Personne n'est content, ni la DST dont on va brûler les filières, ni la PJ qui reproche au contre-espionnage de n' « avoir rien dit alors qu'il en était temps... ».

Le lundi 18 au soir, les vingt fiches de la ST ont débouché sur quarante interpellations. Parmi ces quarante personnes, celles que le contre-espionnage tient, à juste titre, pour le chef opérationnel en France du noyau dur d'Hagopian, vraisemblablement l' « exécuteur » du carnage d'Orly : Varouj Garbidjian ; également, le chef politique de l'*Asala* nouvelle version : Robic Avanessian, qui n'a pas participé à l'attentat (1)... Seront « logés » et interpellés à leur tour quelques dizaines de jours plus tard — toujours par la DST, toujours « exploitée » par la PJ — Soner Rayir, à Marseille, et Ohannes Semerci... (2).

Mais, comme toujours — c'est désormais une habitude — l'affaire

(1) Sa fonction consistait surtout à rameuter les « militants » des autres mouvements arméniens et d'organiser la disparition — physique s'il le fallait — d'Ara Toranian.

(2) Garbidjian, Nayir, Semerci seront jugés du 19 février au 3 mars 1985, par la cour d'Assises de Créteil et condamnés respectivement à la réclusion à vie, pour le premier, quinze et dix années de prison pour les deux autres. Parmi les avocats de la défense, de nouveau Jacques Vergès ! A la fin de 1986, les trois hommes purgeaient toujours leurs peines.

« fuit » — guerre des services oblige... La presse est mise au courant. Dès le lendemain, mardi 19 juillet, *le Quotidien de Paris* pose la question : « ... Pourquoi la police a-t-elle attendu l'attentat d'Orly pour s'attaquer aux terroristes ? » Et tous les journaux de commenter la semonce que le Président Mitterrand a infligée à Gaston Defferre et à Joseph Franceschi — les priant notamment de ne pas faire publiquement état des progrès de l'enquête...

L'instruction a été diligentée par le tribunal de Créteil, compétent pour la commune d'Orly !

Volonté délibérée de « parcelliser » les dossiers sur le terrorisme, simple souci d'appliquer à la lettre les règles du droit (1) ? En tout cas, aucun des « grands » juges d'instruction des affaires de terrorisme, ni Bruguière, ni Corneloup, ni Martine Anzani, ne seront saisis d'un dossier qui ressortit pourtant d'évidence de leur « spécialité ».

Dommage...

***

Dommage, car la suite de l'enquête le prouvera, c'est bien l'*Asala* d'Hagopian qui a préparé et exécuté le coup — l'attentat le plus meurtrier qu'ait jamais connu la France sur son territoire. Cette *Asala* directement importée du Proche-Orient depuis l'automne précédent est l'organisation d'un homme, Hagopian, qui a eu comme « camarades de jeux » dans les années 70, sous la férule du Maître ès terrorisme Waddi Haddad, des hommes comme Carlos (rue Marbeuf), Selim Abou Salem (rue Copernic) et... Georges Ibrahim Abdallah — qui occupera en 1985 et au début de 1986 toute l'actualité terroriste en France. Hagopian, enfin, entretient des liens très anciens avec Abou Nidal (rue des Rosiers) ; et ses hommes se trouvent toujours cantonnés dans la plaine de la Bekaa, à Anjar, en compagnie de ceux du principal adversaire d'Arafat.

Hagopian, le « mort-ressuscité » juste après son retour de France, a donné, sous le pseudonyme de Mihran Mihranian, une interview au journal pro-irakien *Al Watan Al Arabi* (2). Au mois de mars 1983,

(1) Qui permettent d'ailleurs à un juge de se dessaisir d'un dossier auprès de l'un de ses collègues... Sauf « pression » de la chancellerie via le Parquet local.

(2) Décidément précieuse « boîte aux lettres » de tous les messages *importants* adressés au monde par les mouvements les plus durs liés de près ou de loin à la cause palestinienne.

une interview significative, recueillie dans un camp d'entraînement de la plaine de la Bekaa (sous contrôle syrien). L' « Arménien » s'y est montré opposé à l'une des thèses du mouvement arménien traditionnel. Hagopian-Mihranian a déclaré en effet que « son » *Asala* considère désormais que les Arméniens jouissent « ... d'une liberté entière en URSS » ; que son organisation a refusé l'aide des Américains, « ... car nous sommes des révolutionnaires et nous ne pouvons oublier le soutien et l'appui du peuple arabe » ; et qu'elle a « ... noué des alliances avec des mouvements de libération nationale du Proche-Orient ». Cela préfigure la scission qui s'opérera dans le mouvement arménien au lendemain de la tuerie d'Orly entre Arméniens d'Orient et Arméniens d'Occident.

Schématiquement, les Arméniens d'Occident appartiennent à la diaspora française (Ara Toranian), américaine (Monte Melkonian), canadienne (Tcharkhutian), etc. Ils ont, sous diverses appellations, effectué un grand nombre d'attentats antiturcs (42 morts au moins dont 31 diplomates et fonctionnaires) depuis une quinzaine d'années, en France notamment. Ils se séparent de l'*Asala* d'Hagopian en condamnant ses méthodes de terrorisme « aveugle » type Orly. L'*Asala* d'Hagopian, inféodée ponctuellement — comme on l'a vu précédemment — au Libyen Kadhafi et historiquement aux Syriens, ne regroupera plus que des « Arméniens d'Orient » et se fondra en de multiples occasions dans le vaste réseau « arabo-islamique » de la terreur. C'est ainsi qu'apparaîtra, en 1986, à la suite des attentats aveugles en France, la demande de libération de Garbidjian, condamné à perpétuité, dans les revendications réclamant l'élargissement de Georges Ibrahim Abdallah.

***

Objectif : la paix en France ? Joinet à Matignon, Thiriez qui n'appartient déjà plus au cabinet de Joseph Franceschi sont *politiquement* les premières victimes de l'irruption brutale de l'*Asala* d'Hagopian à Orly, le 15 juillet 1983... François Mitterrand « craque » — onze mois après la rue des Rosiers, l'attentat d'Orly placarde à la une des journaux et des télévisions du monde entier cette vérité : la France n'a pas su « faire face » au terrorisme...

Pourtant, Orly n'est, dans l'histoire française du terrorisme, qu'un « incident de parcours ».

Tragique, pour les familles des quatre Français, du Suédois, de l'Américain, et des deux Turcs tués, déchiquetés, éventrés dans l'explosion et pour celles de la soixantaine de blessés de diverses nationalités... La France entière comme l'année précédente partage cette émotion, affiche sa sympathie aux « martyrs de la terreur ».

A côté de ses amis — Carlos, « seigneur du terrorisme » ; Abou Nidal, « saigneur du terrorisme » — Hagopian apparaît comme le « Dalton » du terrorisme, le plus méchant : ni foi ni loi prétendent ses « frères » arméniens... En tout cas, et il *nous* l'a dit : « ... La cause arménienne, qu'est-ce que c'est ? C'est un million cinq cent mille Arméniens qui se sont laissé faire et qui en sont morts... Ce n'est plus notre affaire. Tout ce qui compte, c'est d'intégrer la cause arménienne dans la lutte arabe, islamique, contre la holding américano-israélo-française... C'est là, et là seulement, que la " cause " peut retrouver sa place »

Une vieille histoire qui remonte à l'année 1974, au Liban.

Quelques jeunes Arméniens de gauche — des intellectuels mi-Mao, mi-trotskistes — enthousiastes de la « cause » — venger le génocide turc, récupérer l'Arménie, toute l'Arménie — ont besoin d'un chef efficace. Ils sont fascinés par les Palestiniens d'Arafat qui savent se faire entendre, ceux de Habache, de Waddi Haddad. Et voilà que, justement, l'*Olp* — Abou Iyad notamment — n'apprécie guère que la Turquie ne lui accorde pas de « reconnaissance officielle ». Dans cette « mouvance palestinienne », il y a déjà un « homme à tout faire » (vraiment tout). Il a fait ses preuves et il est, pour le moins, à moitié Arménien : Hagop Hagopian.

Son vrai nom est Bedros Avanessian. Il est de nationalité irakienne. *Son Asala* se manifeste pour la première fois en France le 22 décembre 1979 : en assassinant un membre de l'ambassade de Turquie à Paris. Lutte à mort, c'est le cas de le dire, à partir de là, pour concurrencer et distancer les *Justiciers du Génocide* (1). Eux, ils ont tué, le 24 octobre 1975, l'ambassadeur turc lui-même — Ismael Erez (et son chauffeur...).

Après sa « mort » de Beyrouth le 31 juillet 1982, — qui fut d'abord une fuite, doublée d'un sens remarquable de la mise en scène — Hagop a passé son « contrat libyen ». Kadhafi — merci Messieurs les Français — « tient » Tcharkhutian. Mais l'*Asala* doit « payer son loyer »... L'occasion ne tarde guère et, comme dans toute grande

(1) Premier, historiquement, des mouvements terroristes arméniens, lié au Parti Tachnag (courant social-démocrate, majoritaire dans la diaspora).

manœuvre terroriste, le « coup » sera double et même triple pour Hagopian.

1) Kadhafi veut lancer un « message » aux Français : il n'est pas très heureux de l'*opération Manta* (1) que ceux-ci se préparent à déployer au Tchad pour couper court à toute invasion libyenne. Les Français, une fois de plus, s'occupent de ce qui ne les regarde pas. Il faut frapper : « Hagopian, à vous de jouer... ».

2) Hagopian : « ... Ma " cause " officielle reste la vengeance anti-turque. Je vais donc frapper, en France, un établissement turc. Monsieur Kadhafi, vous serez satisfait. Et moi, je vais recruter de nouveaux militants... ».

3) Il y a à Lausanne, le 24 juillet, un congrès mondial arménien. « ... Moi, Hagopian, je vais tous les mettre au pied du mur : ou ils me suivront ou ils resteront démobilisés... Chacun choisira son camp. »

Huit morts, soixante blessés... Le prix d'une « lutte d'influence » dans la diaspora internationale arménienne. Lutte sans vainqueur, sans vaincu — excepté les victimes...

***

Orly simple « accident de parcours » de quelques Arméniens égarés ? Pas seulement... L'année 1983 est celle de tous les malheurs.

Malheurs de la politique française au Liban, au Moyen-Orient en général, en Afrique — et... on vient de le voir : en France même.

Cette année 1983 permettra de décompter mille cent un attentats sur le sol national ou contre les intérêts français à l'étranger (2). C'est le point culminant des assauts terroristes contre les réalités concrètes, culturelles ou politiques de la démocratie française.

Jusqu'à présent, le terrorisme n'était que sporadique — même si l'on en ressentait toute l'horreur tragique. Désormais, il est systématique, apparemment incompréhensible — on se réfugie, dans les journaux, dans les expressions « nébuleuse », « mouvance » pour tenter de le décrire et non de l'expliquer.

Pourquoi ce tournant dans l'histoire du terrorisme ? Il est plus facile de dire, tout de suite, *comment* se fait ce changement : par

(1) Trois mille militaires français envoyés au secours du Président tchadien Hissène Habré, pour dissuader toute offensive libyenne au-dessous du 16e parallèle.

(2) Dont 660 en Corse (pour la plupart bénins), 374 en France et 67 dans les DOM-TOM et à l'étranger. Cent huit soldats français sont morts, au Liban, cette année-là.

l'apparition lumineuse d'un nouveau label, le *Jihad islamique*. C'est en son nom, qu'une douzaine d'organisations aux ordres d'une douzaine de Services secrets de trois Etats (1) vont frapper avec une efficacité jusqu'ici inégalée... mais, jusqu'en 1986-87 quasi permanente.

C'est ce qu'on appellera le « terrorisme du troisième type », que nous préférons dénommer « troisième âge du terrorisme ». Car la *nature* des crimes n'a pas changé ; seules les motivations profondes des parties agissantes, à cause du poids de l'Iran, se rangent plus ou moins volontiers sous la bannière de l'Islamisme expansionniste.

***

Le triomphe, la première apogée du *Jihad islamique* — revendiqué comme tel — c'est, à Beyrouth, le 23 octobre 1983, l'attaque simultanée du quartier général des « Marines » américains et de l'immeuble français « Drakkar » occupé par une compagnie du 1er régiment de chasseurs-parachutistes. Pour les premiers : deux cent quarante-deux morts ; chez les seconds : cinquante-huit morts. Deux camions-kamikazes piégés ont fait le « travail » à 6 h 20 du matin, presque simultanément. Au volant de chaque véhicule, un chiite libanais de dix-neuf ans contre la base américaine ; un chiite libanais de dix-huit ans contre la « caserne » française. Des « fous de Dieu » ! Des *Hezbollahi* — ce qui signifie, plus précisément, « membres du parti de Dieu »...

Le premier coup de semonce avait été tiré le 16 mars 1983, à l'aéroport de Beyrouth, contre — déjà — des « Marines » américains. A la grenade : ni blessé ni mort. Un « ratage ». Revendiqué pourtant — *Jihad islamique*.

Deuxième essai, dans la nuit du 8 au 9 avril 1983. Le deuxième membre du « couple satanique » — l'Amérique plus la France aux ordres d'Israël — est frappé à son tour : une roquette antichar soviétique (R.P.G.7.) est expédiée sur une position des paras français. Deuxième « ratage » : deuxième revendication — *Jihad islamique*.

Le troisième coup sera le bon, mais pas le « meilleur » : le 18 avril, à Beyrouth toujours, une voiture-kamikaze volée à l'ambassade américaine, soigneusement bourrée d'explosifs, revient en bolide vers son garage d'origine et y fait explosion : soixante-neuf morts — dont

(1) La Syrie, la Libye, l'Iran.

sept des membres des « services » de la CIA qui, comme par hasard, tenaient réunion en ce début d'après-midi à l'ambassade... En somme, la décapitation du Renseignement américain au Moyen-Orient (les « sept » couvraient respectivement le Liban, la Syrie, Israël, la Jordanie, l'Irak, Chypre et la Turquie). Revendication : *Jihad islamique*.

Puis, c'est le 23 octobre. Un cataclysme. Stupéfiant pour les Libanais eux-mêmes pourtant déjà bien aguerris au bruit et au souffle des bombes. Un témoin a raconté (1) ce qu'il a vécu alors qu'il faisait quelques exercices de gymnastique sur son balcon : « ... Là où je voyais d'habitude un immeuble d'une dizaine d'étages, il n'y avait plus qu'un tas de gravats de deux mètres de haut. Et puis, la mer au loin... » C'est ainsi que se refont les paysages urbains au nom du *Jihad islamique*. Pas un seul grain de poussière de ces décombres n'a été ni examiné ni transféré à Paris pour examen scientifique visant à déterminer la nature de l'explosif... Choquant ? Oui. Mais à quoi bon, en réalité ? Cependant, à l'inverse, les Américains ont « prélevé » sept tonnes de gravats pour les passer au microscope.

De même, les Américains — à la différence des Français — ont « remonté » le véhicule piégé que le *Jihad* leur avait expédié. Il s'agissait d'un camion destiné au transport de fruits et légumes, construit au... Mexique ! Ils ont reconstitué son itinéraire : le véhicule avait été acheté par un commerçant chypriote, puis revendu à une grande famille chiite de la plaine de la Bekaa.

L'une de celles qui contrôlent le nerf de la guerre, l'argent : en l'occurrence les récoltes de haschich, de pavot transformable en morphine, héroïne, etc. (2).

***

Vingt-deux jours plus tôt, pour ce qui est de la France, le porte-avions *Clemenceau* croisant au large de Chypre, en appui des deux mille soldats français de la Force Multinationale de Sécurité de Beyrouth, a légèrement changé de cap. Son « pacha » ne fait qu'obéir aux ordres.

(1) Dans « *Enquête sur trois secrets d'Etat* de Jacques Derogy et Jean-Marie Pontault (Robert Laffont, 1986).

(2) Deux familles et deux seulement exercent ce monopole de la drogue dans la Bekaa. La première sous influence syrienne. La seconde se montre plus « résistante » à l'emprise damascène.

Dans l'un des ponts inférieurs du porte-avions, cinq « super étendard » (fabrication Dassault) viennent tout juste d'être « déshabillés » de leurs cocardes tricolores. On les a repeints à la hâte... aux couleurs des forces aériennes irakiennes.

Les cinq appareils sont arrivés quarante-huit heures auparavant de la base aérienne de Landivisiau, après une escale technique sur le terrain militaire de Solenzara en Corse. Pilotés par des officiers et des sous-officiers de l'Aéronavale française.

Cinq pilotes irakiens, formés depuis plusieurs mois en France, dorment sur leur couchette. Leur « spécialisation » au vol de nuit a été particulièrement poussée — et, même, repoussée de semaine en semaine par le Quai d'Orsay. L'avion « super étendard », à l'époque, est le seul appareil susceptible d'être doté des remarquables missiles air-mer « Exocet » qui ont réalisé de sensationnelles performances dans le combat anglo-argentin pour les Malouines en mai 1982 (1)

Le lendemain matin, dans le cadre normal des exercices de catapultage et d'appontage des « super étendards » du *Clemenceau*, les cinq appareils aux couleurs irakiennes prennent leur envol... Simplement, eux ne reviendront pas sur le pont du porte-avions. Leur cap : Bagdad, via l'Egypte et Koweit...

Nous n'en savons pas plus. Mais tout le monde, à l'époque, s'est demandé comment avait été réalisé ce « transfert » d'armement à l'Irak. Il ne s'agissait, d'ailleurs, que d'un « prêt » de Mitterrand à Saddam Hussein — un prêt qui fut restitué l'année suivante... Un « prêt » qui consolidait l'alliance franco-irakienne.

A Téhéran, on n'a guère apprécié. Décidément, la France...

***

Cet épisode à lui seul ne saurait expliquer la tuerie du Drakkar — 58 cercueils de soldats français exposés dans la cour d'honneur des Invalides. On ne « monte » pas un coup pareil en quinze jours... Disons que la politique française d'aide à l'Irak, plus feutrée que jamais avec cette livraison des cinq « super étendards », n'a été qu'un *plus* dans la balance négative de la France vis-à-vis de l'Iran : c'est-à-dire un énorme *moins*. Un peu plus, un peu moins, qu'importe ?

En outre, au moment de l'attentat, les vrais patrons du *Jihad*

(1) Mme Thatcher et toute l'opinion publique britannique furent très touchées par la perte du destroyer *Sheffield* de la Royal Navy (par le coup d'un seul Exocet air-mer AM 39 : trois cents marins britanniques morts).

islamique ne sont pas seulement les Iraniens. Ce sont aussi les Syriens. L'Iran, pourtant, s'affiche déjà comme un « challenger » redoutable.

La tradition du terrorisme est séculaire dans la Syrie, comme elle le fut dans ses provinces (le Liban en particulier) de jadis.

Mais alors à qui, exactement, profite le double crime ? Qu'est-ce que c'est que le *Jihad islamique* ?

Dans sa sémantique même, le label porte la marque syrienne. C'est un héritage de la tradition alaouite. Une secte, chiite, qui remonte au XIIe siècle : celle du « vieux de la montagne »... qui tua proprement le 28 avril 1192 le marquis Conrad de Montferrat, roi de Jérusalem et qui avait pour alliés, déjà, des Alaouites. Hafez El-Assad, Président de la République baassiste (laïque, progressiste) de Syrie est un Alaouite.

La double présence des Américains et des Français, en cet automne 1983, gêne, empêche la « syrianisation » du Liban. Le calcul de Assad est simple : « ... Je profite du poids croissant du chiisme iranien pour conserver ma mainmise sur le Liban. A eux de porter les couleurs du combat ». *Jihad islamique*, une invention publicitaire géniale où le manipulé croit encore être le manipulateur...

Dix jours après le double attentat contre les forces américaines et françaises à Beyrouth, le 4 novembre, une autre voiture piégée vient exploser à Tyr devant la résidence du gouverneur militaire israélien. En plein sud-Liban, tampon protecteur dont s'est doté Israël, par la force. Echec : soixante-deux morts dont trente soldats israéliens. Un « succès » jamais atteint par le front des « antisionistes » !

Amérique-France-Israël : amalgame douloureux, injuste pour la France de François Mitterrand et de Claude Cheysson. Mais c'est ainsi...

Ce n'est pas tout : le 12 décembre 1983, le *Jihad* s'exporte au cœur même des pays arabes les plus modérés, favorables à l'Irak, attentifs aux messages de l'Occident (USA-France). En six attentats quasi simultanés au Koweit : cinq morts. Dix-sept chiites irakiens, pro-iraniens, appartenant au mouvement *Al-Daoua* sont arrêtés. Ils sont toujours en prison. Ce sont ces « Dix-sept » qui figurent (en 1986-87) dans les revendications de libération du *Jihad islamique*.

***

Le *Jihad islamique* ? c'est la multinationale du terrorisme. A côté du gérant syrien, en 1983, le cogérant iranien veut augmenter son portefeuille d'actions. Et l'*ami* le plus faible de son *ennemi*, l'Irak, c'est la France...

Roublanglov, depuis 1981, a continué d'informer le Quai d'Orsay des vœux de Téhéran. Il a reçu à Paris, à deux reprises, Ahmed Sadegh, émissaire « particulier » de Rafigh Daoust tout-puissant ministre, à Téhéran, des *Pasdarans* (cadres politico-militaro-religieux du régime Khomeiny...).

Cet Ahmed Sadegh, autre personnage aux multiples identités, *Roublanglov* l'avait rencontré à Téhéran, lors de son premier voyage au cours duquel Hani Al-Hassan lui avait transmis le message de Khomeiny : « Que la France nous pardonne... Qu'elle nous rende nos « cinq camarades » arrêtés pour la " sainte " tentative d'assassinat de Chapour Bakhtiar... »

Ce jour-là, *Roublanglov* s'en souvient comme si c'était hier.

— ... C'est ici, lui avait dit Rafigh Daoust, près de cette pièce d'eau (1), que nous avons exécuté Hoveida (2) puis le chef de la police secrète du shah — la Savak... Il brandissait son pistolet — c'est avec cette même arme que nous les avons tués... Il riait comme un fou... C'est ici aussi — avait ajouté Daoust — que nous avons organisé l'assassinat de Bakhtiar... Tous ces camarades, avait-il dit, d'un geste théâtral, quasi liturgique, étaient présents.

Ahmed Sadegh est revenu voir *Roublanglov* à Paris dès 1981. Puis une fois encore en 1983. *Roublanglov* observe que si le contenu du message reste le même « Rendez-nous nos " cinq camarades " », le ton « se fait de plus en plus menaçant ». *Roublanglov* tient son ami palestinien, Hani Al-Hassan, le « renard des renards qui entourent Yasser Arafat », tout-puissant auprès de Khomeiny, au courant de l'évolution de la situation. Il informe aussi Bruno Delaye, conseiller technique de Claude Cheysson, spécialiste du Proche et Moyen-Orient.

Hani Al-Hassan, politique par-dessus tout, lui conseille : « ... Il serait utile de voir Rafigh Daoust, mais avec au moins un début de promesse concernant la libération des " cinq "... »

Le deuxième, Bruno Delaye, l'écoute — attentif, connaissant bien

(1) La scène se déroula à la fin du mois d'août 1980, dans l'ancien « Palais des hôtes » du shah complètement dévasté...

(2) Autre ancien Premier ministre du shah, à l'époque de la plénitude de ses pouvoirs.

le « contentieux » (1) — reste cependant sur la réserve. Qui est ce *Roublanglov* ? a-t-il demandé à la DST, lorsque Boidevaix lui a « passé le bébé » — comportement normal de la part d'un fonctionnaire rigoureux, soucieux de servir l'Etat en orientant au mieux l'attitude du gouvernement auquel il participe. Et là, surprise !

Car la DST, très bien informée, l'est quelquefois trop... Cette « surinformation » aboutit à une situation absurde... La véritable identité (2) de *Roublanglov* se trouve être homonyme de celle, usurpée, d'un agent des « services » roumains, financier lui aussi, installé en France. Sous Bonnet pas moins que sous Chalet, on ne plaisante pas avec de telles coïncidences. A l'occasion, même, on les utilise... Conclusion : attention ! suspect... D'où réserve, au ministère des Affaires étrangères — et d'une certaine façon immobilisme.

L'art du secret est difficile, souvent, à maîtriser. Il est toujours risqué et périlleux. Ou le soupçon ou la confiance. Pour un temps, la confiance n'y est plus tout à fait entre Roublanglov et son interlocuteur du Quai d'Orsay... Mais l'intérêt pour l'« information » subsiste... Heureusement.

L'année suivante, en 1984, tout soupçon sera levé en ce qui concerne *Roublanglov*. Et, grâce à lui, la présence iranienne dans la multinationale du terrorisme se fera tragiquement lumineuse.

(1) L'un des avocats des « cinq », Me Antoine Conte, était déjà venu lui proposer une première évaluation des dédommagements que l'Iran se proposait de verser aux familles des victimes françaises...

(2) Rappelons que Roublanglov est un pseudonyme inventé par les auteurs, et qui n'évoquera sa véritable identité que pour quelques rares initiés.

CHAPITRE V

UN SECRET « IRANIEN » TROP BIEN GARDÉ

Roublanglov, pourtant, avait tout annoncé avant même la fin de 1983. Ahmed Sadegh, l'émissaire de Rafigh Daoust, lors de leur deuxième rencontre s'était montré plus menaçant. — « Si la France ne libère pas nos " cinq camarades ", elle aura à en subir les conséquences... »

Le « négociateur officieux » de Téhéran avait commencé d'évoquer les diverses « représailles » envisagées, d'ores et déjà, par Rafigh Daoust, ancien marchand de légumes devenu « bras séculier » de Hashemi Rafsanjani, Président du Parlement de Téhéran : « ... *attentats contre des bâtiments publics, des grands magasins, contre le TGV, contre des avions d'Air France et d'Air Inter...* »

Comme toujours en matière de terrorisme, c'est d'abord l'effet sur l'opinion publique qui sera recherché... Ahmed Sadegh a expliqué, en substance à *Roublanglov,* qu'il fallait apaiser la poussée de fièvre des « amis de Téhéran » ; la sainte colère de l'imam Khomeiny contre « ... ces Français qui ne veulent rien entendre... Qu'est-ce que cela peut donc bien leur faire de libérer cinq prisonniers que tous les Français ont oubliés ? Pourquoi refuser ce geste si simple qui atténuerait — au moins un peu — le fait que la France continue d'armer l'Irak ? »

Rafsanjani (1), Daoust ne *comprennent pas* — au sens propre du

(1) A la fin de 1986, il apparaissait comme l'un des successeurs possibles de Khomeiny, l'autre étant l'Ayatollah Montazeri désigné par l'imam comme son « dauphin spirituel ». L'imam a eu 84 ans le 9 novembre 1986. Mais son père aurait vécu... 115 ans !

mot — que les Français se « réfugient » derrière l'autorité de la chose jugée et qu'ils avancent toujours comme argument que, Naccache et ses quatre « camarades » ayant été condamnés, il est *impossible* de revenir là-dessus... En Iran, l'autorité suprême n'est ni politique, ni juridique : elle est d'abord religieuse. D'un simple coup de fil, on libère ou on exécute. L'autorité est d'abord « sacrée ». Elle n'est pas celle du Droit — tel que les démocraties occidentales l'entendent...

Une incompréhension philosophico-politique réelle — et dramatique.

Et c'est ainsi que les annonces de *Roublanglov* ne tarderont guère à se réaliser...

*
**

Le 17 novembre 1983, les « diables de Français » ont voulu venger l'attentat du Drakkar. Charles Hernu, Claude Cheysson (ce fut lui le plus résolu pour cette opération), le Président Mitterrand ont décidé de couper la main qui les avait frappés (58 cercueils dans la cour d'honneur des Invalides)... Quelques superétendards décollent donc du Pont du *Clemenceau* et vont, cap sur Baalbek, bombarder une caserne Hezbollahi — baptisée « Cheik Abdallah ». Les résultats ne sont guère probants... L'opinion mondiale moque ouvertement la France et ses avions — qui n'auraient tué qu'un ou deux bergers oubliés sur place par les Hezbollahi mis à l'abri ailleurs, avant l'attaque.

Les chiites iraniens, eux, ne brocardent pas la France : ils la vouent aux gémonies... Les Syriens également : « Encore les Français qui viennent, en maîtres, sévir au Liban... » Insupportable.

Première réponse, le 21 décembre 1983 : le *Jihad islamique* revendique un bis de l'attentat — un peu raté — contre le Drakkar. Cette fois, il s'agit du poste français « Frégate » attaqué par une camionnette-kamikaze piégée, qui fait dix morts et cent un blessés... Où est le ratage ? — Parmi les morts, il n'y a qu'un seul Français, un parachutiste en sentinelle qui aurait très bien pu se mettre à l'abri (comme tout le monde) mais qui a tenu à prévenir ses camarades...

Attentat contre attentat, bilan de morts contre bilan de morts — le cycle infernal est désormais sur orbite, en terre libanaise. Pour les ultimes revanches, ne reste que la terre de France. Les coups portés par le duo irano-syrien y resteront — pour cause de Démocratie, de Justice, de Droit — sans réponse.

Et voici que commencent de s'accomplir les menaces que le « messager » *Roublanglov* a collectées auprès des Iraniens. Au premier jour de l'année 1984 — très exactement dans la douce soirée, chère au cœur des Français, de la Saint-Sylvestre, celle du 31 décembre 1983.

... *TGV, bâtiments publics*, avait préconisé le duo Daoust-Rafsanjani. Ce 31 décembre, à 20 h 09, gare Saint-Charles à Marseille (ville dont le maire est Gaston Defferre, menacé l'année précédente par Carlos), un casier de consigne explose : deux morts. Un peu plus tôt, le TGV avait quitté cette même gare Saint-Charles, direction Paris. Parvenu à Tain-l'Hermitage entre Montélimar et Valence, un wagon explose : trois morts. Les deux déflagrations ont fait en tout quarante blessés.

Ce « tout » sera revendiqué le 2 janvier 1984 par... Carlos. Le « chef de la société de prestation de services terroristes le plus cher du monde » (1) revendique le double attentat par une lettre manuscrite (avec, comme toujours, ses empreintes digitales entourant sa signature) envoyée à l'agence France-Presse de Berlin-Ouest. Il s'y fend d'un message rédigé en arabe et en français : « ... Au peuple de France, pas seulement nos enfants pleureront à la mémoire des martyrs de Baalbek... (2) » Une proclamation au nom de l'OLAA (Organisation de la Lutte Armée Arabe)... Le même label que celui utilisé en février 1982 par Carlos pour faire « chanter » Gaston Defferre.

Ce même 31 décembre 1983, un attentat contre le centre culturel français à Tripoli (Liban) a fait d'énormes dégâts. Revendication, encore, de l'OLAA... Le nom du directeur de ce centre culturel ? Gilles Peyrolles, qui sera, en mars 1985, enlevé, puis libéré par les *Fractions Armées Révolutionnaires Libanaises* (*Farl*).

Et ce n'est qu'un début...

***

... *Attentats contre des avions d'Air France et d'Air Inter...* avait également annoncé l'émissaire iranien Sadegh à *Roublanglov*...

Durant tout le printemps 1984, Rafigh Daoust — chef des

(1) Ainsi le qualifie Hagop Hagopian.

(2) Ce qui tendrait à indiquer que l'opération aérienne française a peut-être eu plus de résultats que ce que la presse mondiale en a rapporté. Un raid israélien sur un objectif analogue, le 4 janvier 1984, fera 100 morts et 300 blessés...

Pasdarans de Téhéran — et Hashemi Rafsanjani n'ont toujours pas reçu le moindre commencement de réponse française à ce qui apparaît, pour l'instant, comme leur revendication essentielle : ... le retour des « cinq camarades ». Malgré des « avertissements » répétés (1) à Beyrouth où la surveillance syrienne canalise encore à son profit l'influence croissante et la présence de plus en plus active des Iraniens dans les factions chiites, Hezbollahi — relevant toutes, peu ou prou, du *Jihad islamique*...

Les commanditaires de Téhéran s'impatientent... Puisque la France ne répond pas, il faut frapper un grand coup... A l'occasion, par exemple, du changement de gouvernement en France : Fabius remplace Mauroy le 19 juillet.

Dès le mardi 31 juillet 1984, en fin d'après-midi, Laurent Fabius a été alerté.

L'Airbus (Air France) assurant la ligne Francfort-Téhéran a été « saisi » par des Pasdarans iraniens. Ses soixante passagers — excepté quatre femmes — sont retenus à bord après l'atterrissage à Téhéran ; trois « pirates » ont réalisé l'opération et ils menacent de tuer d'heure en heure un passager français ; leur revendication ? — Que la France rende les « cinq camarades » — à ce détail près que les « cinq », ce jour-là, ne sont plus des « camarades », mais des *Pasdarans*.

Rafigh Daoust étale ses cartes, ses *Pasdarans*...

Ce même mardi soir, au Quai d'Orsay, une « cellule de crise » a été convoquée à la hâte par Francis Gutman, secrétaire général du ministère des Relations extérieures. Le groupe — tous des experts — « planche » toute la nuit sur le problème. Le ministre, Claude

(1) Depuis janvier 1984 : 1 mort, 2 blessés chez les paras français à Beyrouth, le 9 janvier ; attentat par balles contre la femme du directeur du centre culturel de Beyrouth, qui n'est que blessée, le 13 janvier ; enlèvement — le premier — d'un Français de Beyrouth, Christian Joubert, le 15 février — il sera relâché le 15 avril ; grenade contre l'ambassade de France à Beyrouth durant une visite de Claude Cheysson, le 4 mars ; un soldat français abattu à la Résidence des Pins de Beyrouth, le 5 mars ; un membre des services culturels français à Beyrouth, M. Gliozzo, grièvement blessé, le 27 mars ; un « observateur » français tué à Beyrouth le 25 mai, un autre « observateur » tué le 6 juin... Tous ces attentats sont revendiqués (ou portent la marque — au choix) par diverses factions libanaises (chiites pro-iraniens, chiites prosyriens, Druzes, chrétiens, Arméniens) et Palestiniens d'obédience syrienne : c'est la grande braderie au supermarché du terrorisme... dont les deux principaux actionnaires sont la Syrie et l'Iran avec un associé occasionnel : la Libye...

Cheysson, a bien été prévenu (1) — mais il se trouve à Caracas pour y prononcer un discours devant la colonie française. Il ne sera pas à Paris, après escale à la Martinique, avant le milieu de l'après-midi du mercredi.

Or, les Iraniens se montrent très déterminés. Jean Perrin, chargé d'affaires français à Téhéran, le confirme d'heure en heure. Que faire ? Vers 4 heures du matin, la « cellule de crise » rappelle Laurent Fabius : il faut agir. Le tout neuf Premier ministre accourt. On le met au courant de l'évolution de la situation. Pas une minute à perdre...

Roland Dumas, ministre des Affaires européennes, est à Paris. Fabius l'appelle sans plus attendre...

Dumas, réveillé à son tour par le téléphone, rejoint le Premier ministre. « L'ami Roland » (2) est homme d'expérience et de finesse en matière de relations internationales. Il fait partie du groupe des « amis » de François Mitterrand (il est l'avocat du Président) qui apprécie, tout spécialement, les qualités de négociateur, l'entregent du célèbre avocat (3).

Fabius et Dumas tombent d'accord : il faut négocier au plus vite. Dumas prend les choses en main...

Il appelle immédiatement le chargé d'affaires iranien à Paris, Ali Velyati (4). Celui-ci a sauté de son lit si vite, il se présente dans un tel négligé à la porte du Quai d'Orsay que huissiers et gardes... (il y a peu de monde au ministère à cette heure-là) refusent de croire en sa qualité de diplomate... Il faut que Roland Dumas, en personne, vienne l'identifier pour que lui soient ouvertes les portes du ministère.

D'entrée, Ali Velyati abat ses cartes : « ... Ce n'est pas, bien entendu, l'Etat iranien qui est responsable du piratage de l'Airbus... »

(1) Nouveau rendez-vous historique pour Jacques Rummelhardt (l'homme qui avait reçu l'ultimatum de Carlos à La Haye deux ans auparavant) : devenu directeur adjoint du service de presse du Quai d'Orsay, c'est lui qui a été chargé d'annoncer la nouvelle à Claude Cheysson...

(2) Titre du portrait qu'en a dressé André Passeron dans le quotidien *Le Monde* du 22 au 23 juillet 1984.

(3) Il a été le conseil de Picasso et de Chagall, de la fille de Roger Martin du Gard, du sculpteur Giacometti ; il s'est occupé des procès du *Fln*, de l' « affaire des micros » du *Canard Enchaîné ;* de l'affaire Ben Barka ; de l'affaire du Prince de Broglie. Défenseur en France de Klaus Croissant (*bande à Baader*), en Israël de Mgr Capucci, et à Paris du Palestinien Abou Daoud — un grand avocat tous azimuts...

(4) Devenu ministre des Affaires étrangères de la République islamique d'Iran.

— Mais, ajoute-t-il, vous pouvez comprendre aisément que nos révolutionnaires islamiques, nos *Pasdarans*, s'en prennent à la France... Ils veulent récupérer leurs cinq « camarades »... Ils savent que votre pays abrite les « traîtres » iraniens Bakhtiar, Bani Sadr, Radjhavi... Enfin, ils savent aussi que votre gouvernement a jusqu'ici refusé de prendre en considération les intérêts financiers de l'Iran (1). »

Voici donc dévoilé — d'un coup d'un seul — le contentieux franco-iranien. Un contentieux décrit (en tout cas pour la libération des « cinq ») depuis 1980 par *Roublanglov*...

***

Est-ce une révélation pour l' « élégant Gavroche » du PS (62 ans) Roland Dumas ? Sûrement pas tout à fait... Mais cette mise à plat brutale, sèche, des revendications iraniennes exige que l'on aille vite.

Vers midi, ce mercredi 1er août 1984, Roland Dumas reçoit à nouveau le chargé d'affaires iranien, Ali Velyati... Il faut le convaincre de la « bonne volonté française » — mais aussi des limites de cette bonne volonté. Spécialement en ce qui concerne le sort des « cinq » condamnés qui ont tenté de tuer Chapour Bakhtiar...

Les deux hommes se voient en tête à tête, dans le bureau personnel de Roland Dumas, au premier étage de l'immeuble au coin de la rue de l'Université et de l'esplanade des Invalides. Il y a un témoin...

Dumas : « ... Monsieur le chargé d'affaires, je peux vous dire qu'il y a des possibilités en ce qui concerne les cinq prisonniers — et vous pouvez transmettre vos espérances à vos supérieurs... La loi française laisse entrevoir un certain nombre d'aménagements possibles. Car nous ne pouvons que rester dans le cadre strict de nos lois... »

Et le ministre français d'énumérer — en bon professeur de droit — les diverses possibilités « d'aménagement ». La révision du procès. Une mesure de grâce (du Président ; ou d'occasion : une fête nationale ; ou de « considération » médicale). Il y a aussi le jeu possible des remises de peine pour « bonne conduite », etc.

(1) Le fameux dossier Eurodif — prêt d'1 milliard de dollars consenti à la France par le shah en 1974 pour participer au projet nucléaire civil européen dont le Commissariat à l'Energie atomique est maître d'œuvre.

Velyati, visiblement, comprend *et ne comprend pas*. N'est-on pas en train de le rouler ? Voyons... La France a, par le passé, procédé à des élargissements extrajuridiques. Abou Daoud, Melkonian, Tcharkhutian... Les « amis » palestiniens ont évoqué tout cela à Téhéran.

A quoi Dumas répond : « ... Ce qui est jugé est jugé. Pour nous, ce n'est pas si simple... Vos cinq *Pasdarans* ont été condamnés, quatre d'entre eux à perpétuité, comme des criminels de droit commun. » Et il s'engage verbalement, de nouveau, à rechercher toutes les solutions « possibles dans le cadre de la loi française ».

Engagement concrétisé dès le début de l'après-midi par un télégramme adressé au chargé d'affaires français à Téhéran, Jean Perrin, dont celui-ci transmet la teneur aux autorités iraniennes.

Le *quiproquo* est complet. Comme leur représentant iranien à Paris, à Téhéran, Rafigh Daoust — instigateur de la prise d'otages — et Rafsanjani — qui en attend des développements susceptibles de renforcer sa position politique auprès de l'imam Khomeiny — comprennent et *ne comprennent pas*. Pour eux, si un ministre français s'engage à « faire tout ce qu'il est possible de faire », c'est qu'il accède à leur demande (la libération des « cinq »). La clause « dans le cadre de la loi française » leur *échappe totalement*. Peut-être, un peu, volontairement... Car ce ne sont pas, ni l'un ni l'autre, des révolutionnaires dénués de finesse...

Le lendemain 2 août, au terme de cette partie de « diplomatie-pèse-lettres » (1) sans doute trop subtile (avec des interlocuteurs chez qui le pouvoir politico-religieux est tout-puissant et refuse de connaître les limites que le Droit impose au pouvoir politique français) — tous les otages de l'Airbus d'Air France sont libérés. Les *Pasdarans*, pour concrétiser leur *victoire*, se contentent de clouer au sol l'avion de ligne en faisant exploser son poste de pilotage...

⁂

Dans la décision iranienne de libérer les passagers de l'Airbus, le télégramme de Roland Dumas, certes, a été déterminant... Mais, à lui seul, il n'aurait peut-être pas suffi ! C'est que du 31 juillet au soir, au jeudi 2 août il s'en est passé des choses — connues ou pas —

(1) L'expression est de Roland Dumas lui-même. Entretiens avec les auteurs en 1986.

qui éclairent mieux le « théâtre d'ombres » de ce qu'il faut bien appeler par son nom : une négociation.

*
**

Le « climat » favorable à la réussite (provisoire !) de Roland Dumas résulte de la conjonction secrète de quatre autres « fils » français, quatre autres pistes vers Téhéran.

Premier « fil », le ministre des Affaires étrangères de... la République fédérale allemande, Hans Dietrich Gensher. Il est, presque, le premier concerné puisque l'Airbus a été « piraté » après son départ de Francfort. Les *Pasdarans* sont montés à bord à l'escale de Vienne. Roland Dumas, ministre des Affaires européennes a, déjà, eu affaire à Gensher. Or, celui-ci vient tout juste de rentrer de Téhéran — avec qui la RFA entretient des relations très étroites. Très fructueuses pour l'économie ouest-allemande (1). Moins positives de ce point de vue pour les Iraniens qui trouvent cependant dans ces échanges l'un des seuls *ponts politiques* de leur nouveau régime avec les grandes nations occidentales. En outre, c'est l'Allemagne fédérale qui abrite sur son territoire la plus importante émigration iranienne chiite (2) en Europe...

Roland Dumas appelle donc, dès le matin du 1er août, son collègue Hans Dietrich Gensher. Celui-ci, bien entendu déjà au courant du piratage de l'Airbus, offre ses « bons offices ». Les deux hommes resteront en contact téléphonique toute la journée, Gensher tenant Dumas au courant de l'évolution de la situation et « affinant » son appréciation du contentieux franco-iranien. Il n'est pas douteux, non plus, que la représentation allemande à Téhéran est intervenue auprès de Rafigh Daoust et de Hashemi Rafsanjani pour « arranger les choses »...

Deuxième « fil » : les Algériens. Depuis 1979, l'Algérie est le point de passage obligé dès que surgit un problème « sensible » entre les pays occidentaux et le monde arabe et musulman. Cette référence à 1979 remonte à l'affaire des « otages de l'ambassade américaine » à

(1) En 1984, les importations allemandes en provenance de l'Iran s'élevaient à 1 milliard 848 millions de DM. Les exportations de la RFA vers l'Iran étaient six fois supérieures (6 milliards 524 millions de DM) soit 21 milliards 333 millions de FF.
Pour les 10 premiers mois de l'année 86, la France a acheté à l'Iran pour 556 millions de F et l'Iran lui a vendu pour 1 milliard 461 millions de marchandises.

(2) C'est également vrai des émigrations palestinienne et surtout turque.

Téhéran — une négociation qui devait durer quatorze mois et dans laquelle les Algériens prirent une part décisive pour « arranger les choses » entre les Américains et les Iraniens.

Les Algériens se sont ainsi parés d'un titre, celui de « Juge de paix » de l'univers islamique. Quant à la France, leur banlieue (1), ils la « surveillent » attentivement. L'émigration algérienne en France est un abri pour certains opposants (partisans de Ben Bella, etc.) du régime en place. D'autre part, si les relations franco-algériennes venaient à se détériorer au point que cette émigration soit brutalement renvoyée en Algérie, ce serait une véritable catastrophe économique pour le plus grand Etat du Maghreb (qui comptera en l'an 2000 environ quarante millions d'habitants).

Les Algériens, dans l'affaire de l'Airbus, ont immédiatement déployé tout leur arsenal diplomatique à Téhéran — au plus haut niveau. Parés d'un prestige immense aux yeux de tous les pays arabes et musulmans (comme l'Iran) précisément grâce à la victoire de la lutte de libération du FLN *contre la France*, les Algériens n'en ont que plus de poids lorsqu'ils s'entremettent. Surtout lorsqu'il s'agit de la France.

Troisième « fil » : l'*Olp* d'Arafat. Yves Bonnet, qui dirige depuis maintenant un an et demi la DST, a noué de très solides relations de coopération avec l'entourage d'Arafat. Et surtout avec Abou Iyad (2), l'homme de la rencontre « secrète » (qui ne le resta pas longtemps) avec Grossouvre et Franceschi en décembre 82...

Cette coopération est « réputée » entière et réciproque. Ce n'est pas par hasard que, consulté et approuvé par Pierre Joxe (nouveau ministre de l'Intérieur du nouveau Premier ministre Fabius), le patron de la DST prend l'avion, le 1er août au petit matin, pour... Tunis où se trouve toujours réfugié l'état-major de l'*Olp*, Arafat et Abou Iyad s'y montrant de temps en temps. Message : « Les Iraniens

(1) 780 000 ressortissants sur le territoire français en 1986, sur 2 700 000 musulmans.

(2) Ces « relations privilégiées » entre Y. Bonnet et A. Iyad expliquent la mise à l'écart de *Roublanglov* — l'homme de Hani Al-Hassan, *concurrent* de A. Iyad. C'est la DST, comme par hasard, qui a « semé le doute » au Quai d'Orsay, à propos de *Roublanglov* — en le faisant suspecter d'être un « agent roumain ». En fait, le financier était et est toujours un « homme d'influence » d'opinions politiques plutôt à droite et connaissant particulièrement bien l'Afrique du Sud. Son « amitié » avec Hani Al-Hassan, lui-même financier fort influent, n'avait d'autre fondement que le « business » — ce qui n'enlève rien au « désintéressement » de ses incessantes démarches pour un apaisement des relations franco-iraniennes.

vous respectent ; vous avez aidé Khomeiny à prendre le pouvoir ; la France vous a sortis du guêpier de Beyrouth : cette fois, c'est à vous de nous aider. »

Ce sera chose faite... Les Iraniens sont assurés par le « sommet » de l'*Olp* de la « bonne volonté » française. L'*Olp*, en soi, est une caution.

Mais il y a là un petit accroc, au passage... qui *favorise* en définitive la démarche de Roland Dumas ! Un peu compliqué en apparence, très simple sur le fond. Pour Daoust et Rafsanjani, l'homme de l'*Olp* à Téhéran, le « représentant » d'Arafat, c'est Hani Al-Hassan (l'initiateur des démarches de *Roublanglov*)... Surprise — demi-surprise Daoust et A. Iyad se connaissent bien — quand, à la demande d'Yves Bonnet, Abou Iyad appelle, en personne, de Tunis : « ... Les Français sont prêts à nouer le contact, n'allez pas trop loin... » Diable ! voici les Iraniens accrochés : ils ont barre *et* sur la France *et* sur l'*Olp*.

Car ils n'ignorent rien de la lutte pour la succession qui s'est instaurée parmi les *fidèles* d'Arafat. Hani Al-Hassan — ils le connaissent bien. Abou Iyad, le n° 2 du *Fatah* (et non pas de l'*Olp*), ils le connaissent aussi bien mais il n'a jamais vécu, lui, à Téhéran... Le tandem Daoust-Rafsanjani n'est pas sans savoir que les deux Palestiniens — et quelques autres — sont prêts, à tout moment, à succéder au « Vieux ». La compétition est ouverte. La convergence de Al-Hassan (qui a organisé via *Roublanglov* les premières approches vers Paris) et d'Abou Iyad qui se porte garant de la bonne volonté française, touche l'entourage de l'Ayatollah. Tout commence à aller mieux...

Ce qui n'est pas sans modifier, à coup sûr, la lecture iranienne du télégramme de R. Dumas.

Mais il y a mieux encore pour les Iraniens. Et c'est sans doute ce qui les incite le plus à « croire » ce qu'ils *veulent croire* du contenu de ce télégramme.

Chacun voit midi à sa porte... Pour *Roublanglov*, la *première* revendication iranienne à l'endroit de la France, c'est la « libération des cinq ». Roland Dumas a désormais une vision complète du contentieux... Pour Charles Hernu, ministre de la Défense et pour son entourage, ce qui compte le plus, c'est l'armement... Car le ministre de la Défense a lui aussi son « fil » direct avec Téhéran. C'est le « quatrième fil » — et non le moindre : un vrai câble, pourtant indécelable à l'œil nu.

C'est dans le secret le plus absolu que, ces 3 et 4 juillet précédant la « prise d'otages » de l'Airbus, un haut fonctionnaire de la « Direction des Affaires Industrielles » (DAI : l'une des directions de la Défense qui, sous cette pudique appellation, s'occupe exclusivement des ventes d'armes françaises à l'étranger) s'est rendu à Téhéran. Qui est ce voyageur ? L'un des adjoints de l'ingénieur général Audran. Un nom parfaitement inconnu de la quasi-totalité des Français.

Pourtant, René-Pierre Audran, 55 ans, brillant polytechnicien, ingénieur général de l'armement, est un personnage de toute première importance. C'est lui qui, en 1975-76, a dirigé — *sur ordre* de Jacques Chirac — les premiers contrats de vente d'armes françaises aux Irakiens. Depuis lors, il est resté l'interlocuteur unique du général irakien Amer, chargé de recevoir et de répartir ces armes... et de passer d'autres commandes. Pour autant, Audran n'est qu'un haut fonctionnaire. Il n'agit que *sur ordre* du pouvoir politique. Dans le « milieu » ultrasecret de l'armement, on l'appelle « Monsieur Irak »...

Cet ingénieur général de l'armement est unanimement respecté pour sa compétence professionnelle, son sens rigoureux du « service de l'Etat » à quoi il faut ajouter de remarquables qualités humaines de courtoisie, de charme même.

Au printemps 1984, au plus haut niveau, à l'Elysée, « on » a décidé, en ce qui concerne la guerre Irak-Iran, de « ne plus mettre tous les œufs français dans le même panier (irakien) ». Il faut « moduler ». Ne pas oublier l'Iran, l'empire séculaire, le gendarme perse du golfe qui porte son nom... Roland Dumas — considéré dès cette époque par François Mitterrand comme l'homme qui relèvera à la fin de l'année le ministre des Relations extérieures Claude Cheysson — Dumas n'est certainement pas étranger à cette décision. Par l'intermédiaire de Jean-Louis Bianco d'autre part, certains messages — autant d'appels iraniens à la France — ont été transmis au Président Mitterrand. Ils émanaient de... Hani Al-Hassan, le Palestinien de Téhéran. Hani Al-Hassan qui, avec son frère Khaled, font partie de la « technocratie du Golfe ». Deux figures remarquables et remarquées de la *Nomenklatura palestinienne* qui enserre dans son réseau technico-financier *tous* les Etats du Proche et du Moyen-Orient.

« On » en est donc arrivé, à l'Elysée, à tenir le raisonnement suivant : « Il n'y a pas de raison que la France, d'une façon ou d'une autre, ne vende pas d'armes à l'Iran... Après tout, les Américains, les

Britanniques, les Israéliens en font autant. Pourquoi pas nous (1) ? »

Le « message » est redescendu, toujours dans le plus grand secret, vers Charles Hernu. Celui-ci a consulté René-Pierre Audran. Pour lui donner l'*ordre* de prévoir et d'organiser deux missions à Téhéran. La première se déroule les 3 et 4 juillet. Audran a choisi parmi ses nombreux adjoints celui en qui il a totalement confiance (2). Le « montage » — secret absolu — entre Français et Iraniens est organisé une fois de plus par des Palestiniens du Golfe. Parmi eux, une fois de plus, l'inévitable... Hani Al-Hassan...

Cette première mission, vingt-cinq jours *avant* le « piratage » de l'Airbus, n'a qu'un objectif : débroussailler le terrain — qu'est-ce que les Iraniens attendent de la France ? Qu'est-ce que la France peut leur vendre ? Mais, bien entendu, la *portée politique* de ce voyage prime tout le reste. La France fait « preuve de bonne volonté » politique, sans négliger des intérêts financiers et stratégiques (3).

L'oreille iranienne de l'émissaire secret du général Audran a été, comme toujours, Rafigh Daoust... Pour Daoust, l'homme des coups de main, de la manipulation des foules ; pour Rafsanjani, le « politique », prétendant à la « couronne » ; pour Hani Al-Hassan, « fil » avec l'Occident, et la France en particulier — pour ce trio, l'heure de la presque victoire vient de sonner... Ils n'ont plus qu'à attendre l'arrivée d'un deuxième émissaire français, annoncée pour le mois de septembre. Il « concrétisera » les contrats possibles.

Pourquoi alors l' « incident » de l'Airbus, vingt-cinq jours plus tard ? Pensé, organisé, réalisé par Rafigh Daoust... Réponse : c'est un « coup de pouce » pour réactiver la bonne volonté française en matière d'armes ; et c'est un « coup double » car Daoust obtient ainsi — du moins le prétend-il — une « promesse » de Roland Dumas pour la « libération des cinq »...

*
**

(1) Le « *scandale Reagan* » qui avéra la vente d'armes américaines, via Israël, aux Iraniens n'éclata qu'en novembre 1986, alors que s'achevait la rédaction de cet ouvrage...

(2) Compte tenu de la suite de cet « épisode » de la diplomatie secrète du terrorisme, le lecteur comprendra que nous ne revélions pas son identité...

(3) La guerre Iran-Irak : 43 millions d'Iraniens environ, à majorité chiite, sur 1 million 648 000 km², contre 15 millions d'Irakiens, dont 52 % de chiites, sur 435 000 km². (Voir *L'Islam dans le monde* de Paul Balta. Ed. La Découverte-Le Monde — septembre 1986).

Effectivement, toujours supervisé par Audran, un deuxième émissaire français — il s'agit cette fois d'un officier supérieur du cabinet militaire de Charles Hernu — retournera bien à Téhéran au début du mois de septembre 1984. Il prendra bonne note des vœux iraniens (types d'armes, nombre, etc.) et enregistrera une sorte de premier « bon de commande » ne portant que sur du matériel classé « défensif ».

Mais dès son retour, surprise ! Audran, impavide — il ne fait, là encore, sans commentaire, qu'obéir *aux ordres* venus d'en haut, arrête tout. Les ordres viennent en l'occurrence de Charles Hernu, lui-même à coup sûr agissant selon les vœux du Président. « On » a décidé de traîner un peu les pieds.

Pourquoi ? Nous devons le reconnaître, nous n'en savons rien. La décision échappe à toute la « logique » précédente...

Ce brusque revirement de l'attitude française en matière de livraisons d'armes, à l'approche de l'hiver 1984-1985, vient se surajouter à la « promesse non tenue » de R. Dumas s'agissant des « cinq ». Ce qui était carillon de victoire pour le clan Daoust-Rafsanjani, en juillet, égrène un tocsin funèbre dès les mois d'octobre-novembre. La France a doublement « trahi »...

Pour les armes, tant pis... Mais « les cinq » ! *Roublanglov* depuis 1980 a crié dans le désert. Les cinq Iraniens détenus en France sont à Khomeiny ce que les faux époux Turenge seront l'année suivante au gouvernement français : des soldats dévoués qui n'ont fait que leur devoir et qu'il faut récupérer à tout prix !

Roublanglov, dès octobre 1984, a reçu, via Hani Al-Hassan, un nouveau message de Rafsanjani. Celui-ci souhaitait le voir dès que possible... Hani Al-Hassan assurerait la protection et la sécurité de l'émissaire français, à l'aller comme au retour, par « un collaborateur direct de Yasser Arafat... Un certain Abou Khaled ». Le ton iranien a été plus menaçant que jamais. La gamme des menaces de représailles antifrançaises s'est augmentée. Rafsanjani parle, désormais, d' ... *assassinats de personnalités civiles et militaires françaises, d'enlèvements et de prises d'otages en France et au Liban...*

Effectivement Abou Khaled, le « protecteur », vint chercher *Roublanglov* à Paris. Ils eurent plusieurs conversations à l'hôtel Sheraton de Montparnasse... Dont l'une au téléphone avec Yasser Arafat en personne. Mais selon *Roublanglov,* « ... brusquement les exigences montaient. Les Iraniens voulaient que je ramène au moins l'un des " cinq " comme preuve de bonne volonté... Ensuite, il y eut des fuites, tant du côté palestinien que français. Ibrahim Souss (1) fut prévenu, par dieu sait qui… Il informa Tunis où il ne trouva qu'Abou Iyad *qui n'était pas au courant de l'affaire* et qui se renseigna auprès des Français… qui prévinrent l'Elysée… Je ne suis donc pas allé à Téhéran… »

Toujours selon *Roublanglov :* « … En janvier 1985, Roland Dumas, devenu ministre des Relations extérieures, se rendit à Tunis où il rencontra Yasser Arafat… » De nouveau le même sujet de conversation : la libération des « cinq ». « … Dumas répondit qu'il s'en occupait et que l'affaire serait réglée sans doute vers l'été (la fête nationale française permettant d'exercer le droit de grâce — c'est en tout cas ainsi que cela fut interprété…). Mais (à Téhéran), on ne se contentait plus de promesses vagues. »

*
**

Le 25 janvier 1985, l'ingénieur général René-Pierre Audran gare sa voiture, une R 20 banalisée, devant la porte du parking de sa maison de La Celle-Saint-Cloud. Il est rentré, le matin même, d'une mission à Bonn. Il est presque 21 heures. Deux ? Trois ? Quatre ? agresseurs — l'enquête ne le démontrera jamais — vident huit balles (sept dans chaque chargeur de deux « colt » 45 de l'US Army, modèle 1911) sur l'ingénieur général toujours assis à son volant. Six balles l'atteignent dans la poitrine et l'abdomen ; les deux autres lui ont fracassé le crâne. Une violence, un goût de tuer, rares…

Dernière indication des experts : « Les étuis en laiton retrouvés sont marqués au culot des lettres HP qui signifient « Hirten Berger Patronen ». Ces cartouches ont donc été fabriquées en Autriche par Zundutchen und Metallwalen Fabrik.

Revendication : *Action Directe.*

Le 22 mars 1985, à Beyrouth-ouest, trois Français : Marcel Fontaine, vice-consul ; Marcel Carton, chef du protocole à l'ambassade de France et sa fille (2) sont enlevés. Revendication : *Jihad islamique.*

(1) Représentant officiel de l'OLP en France, très lié à Abou Iyad. Ce dernier n'appréciait guère l'importance prise par Hani Al-Hassan à Téhéran… dans les relations franco-palestino-iraniennes. D'autant qu'Abou Iyad en relation lui-même avec Rafigh Daoust avait convaincu le directeur de la DST, Yves Bonnet, qu'il était le canal le plus sûr vers les Iraniens.

(2) Mme D. Perez, secrétaire à l'ambassade, sera libérée le 31.3.85.

Le 22 mai 1985, le journaliste Jean-Paul Kaufmann (1) et Michel Seurat, chercheur islamologue au CNRS, sont enlevés à Beyrouth-ouest toujours. Revendication : *Jihad islamique*.

Le 9 mars 1986, à la veille des élections législatives françaises qui vont porter M. Jacques Chirac au poste de Premier ministre de la « cohabitation », une équipe d'Antenne 2 — Philippe Rochot, Georges Hansen, Aurel Cornéa et Jean-Louis Normandin — est enlevée par une « filiale » du *Jihad : l'OJR* (Organisation de la Justice Révolutionnaire).

Les trois prochains noms de la liste des otages français n'auront plus rien à voir avec le *Jihad islamique*. On n'y trouvera plus trace du co-gérant iranien de la multinationale terroriste !

Le 8 avril 1986, un enseignant français, Michel Brian, est enlevé à Beyrouth puis libéré dans des conditions rocambolesques dans la plaine de la Békaa — la Syrie réclame la reconnaissance de son « intervention » ! Un cas à part... Un trompe-l'œil.

Le 8 mai 1986, l'octogénaire Camille Sontag est enlevé à Beyrouth-ouest, à la veille de son départ définitif du Liban. *Pas de revendication* (2).

Audran ? Pourquoi *Action Directe* ? Dix jours avant l'assassinat de l'ingénieur général, la *Fraction Armée Rouge* (allemande) et *Action Directe* avaient solennellement annoncé leur « fusion ». Des « durs » des deux côtés du Rhin. Des « durs » — on l'a vu — en liaison constante avec le Proche-Orient. Surtout la *Fraction Armée Rouge* dont l' « élite » des militants émarge dans les organisations du supermarché terroriste du Liban...

Comment — telle est la seule *vraie* question — des activistes auraient-ils pu connaître les déplacements ultrasecrets de l'ingénieur général si des « services secrets » ne les en avaient informés ? Pourquoi l'auraient-ils, lui cet inconnu, choisi pour cible ?

Seules douze personnes, à Paris, connaissaient son emploi du temps de cette journée du 25 janvier — classé « Secret Défense ». Douze personnes au-dessus de tout soupçon... Mais sans doute aussi, quelques « agents » bien informés. Dont des correspondants iraniens

(1) A la rédaction de *l'Evénement du jeudi*.

(2) Il a été enlevé dans le cadre de ce qui est devenu le *marché aux otages libanais* par la famille Dandash — renommés grands cultivateurs de pavot et de haschisch dans la Békaa — pour obtenir la libération de l'une des « filles » de la famille, détenue à Marseille pour trafic de stupéfiants. L'octogénaire sera « rendu » par les services syriens aux autorités françaises en novembre 1986, en même temps que Marcel Koudari — dont l'enlèvement reste très ambigu.

fortement implantés en Allemagne fédérale qui pouvaient désigner la cible Audran.

Les plus proches collaborateurs de l'ingénieur général Audran, plusieurs diplomates de l'équipe Cheysson se montrent aujourd'hui convaincus qu'*Action Directe* a été utilisée seulement comme instrument d'exécution et label...

L'instruction ? Quasi nulle — sans vouloir offenser la dignité du magistrat versaillais chargé des dossiers et qui, de sa vie, n'avait eu à connaître une seule affaire de terrorisme. Pourquoi n'avoir pas dessaisi ce magistrat pour confier l'affaire au « spécialiste d'Action Directe », Jean-Louis Bruguière ? Et à la Brigade Criminelle de Paris ?

Les deux enfants et les plus proches collaborateurs de René-Pierre Audran iront déposer devant ce juge de Versailles.

Les « initiés » ont bien compris, eux, que « Monsieur Irak » a été bêtement tenu pour responsable de l'interruption de la négociation sur la livraison d'armes françaises à l'Iran... *Bêtement,* parce que le haut fonctionnaire n'a *évidemment* fait qu'obéir aux ordres. Rafigh Daoust le confiera à ses amis palestiniens : « ... C'est lui, Audran, qui a contribué à tout faire capoter, qui a refusé l'autorisation de livraison des armes au nom de sa vieille amitié pour le général (irakien) Amer. »

Parmi ces proches collaborateurs de René-Pierre Audran, en 1986, l'un au moins (1), convaincu de la justesse de cette thèse, a demandé au juge l'audition d'Henri Martre (Président de l'Aérospatiale) et de l'amiral Pierre Lacoste (l'ancien Patron de la DGSE, en activité au moment de l'assassinat et tenu au courant des missions secrètes de juillet et septembre 1984).

Aucune suite n'a été donnée à ces deux demandes. A notre connaissance, l' « affaire », sur ce plan-là du moins, dort toujours...

(1) Il nous l'a confié.

Chapitre VI

LA « MORT » D'ABOU NIDAL

Le 8 février 1984, M. Khalifa Al Moubarak, ambassadeur à Paris des Emirats Arabes Unis, est assassiné devant son ambassade, avenue Charles-Floquet...

L'attentat est revendiqué par les *Brigades Révolutionnaires arabes* — l'une des sous-marques des groupes Abou Nidal... Ce que tout le monde en France paraît ignorer. Excepté, bien sûr, Jean-Baptiste *Menuet* (1) avec d'autres rares interprètes des signaux proche-orientaux.

Est-ce un échec ? Le dossier sera instruit par le juge Jean-Louis Debré. Il est toujours ouvert... pour un « détail » trivial : la montre (en or) et le stylo (incrusté de diamants) du diplomate ont disparu entre le moment de son assassinat, celui des premiers constats, le transport par le Samu et le dépôt du corps à l'institut médico-légal, Quai de la Rapée.

A l'Elysée, le général Saulnier — « mentor » de *Menuet* en 1982 — a déjà largement passé la main à Gilles Ménage, directeur adjoint du cabinet du Président. Peu à peu, ce dernier s'est mis au « Renseignement » : du haut fonctionnaire qu'il était, préoccupé exclusivement de la sécurité publique (c'est un Préfet), il a progressivement admis que la DST n'était pas un service de police comme les autres... Il a apprécié les qualités d'Yves Bonnet, patron de la Surveillance du Territoire — à la nomination duquel il n'a pas été étranger.

Au « réveil » d'Abou Nidal — coup de canif dans le contrat passé

(1) Voir le 1er chapitre de cette IVe partie.

par *Menuet* avec les Irakiens — Ménage et Bonnet réagissent immédiatement.

Menuet, consulté, va s'informer auprès de ses « amis » de Bagdad. Le général Barzan, demi-frère du Président Saddam Hussein, vient d'être brutalement limogé. *Menuet,* bien entendu, connaît son remplaçant, médecin dans le civil. Mais il n'a pas avec lui des relations aussi privilégiées qu'il en avait avec Barzan. Retour de mission, il confirme : Abou Nidal a filé « officiellement » ; il était impossible aux Irakiens de retenir en « résidence amicalement surveillée » un Palestinien « historique » qui leur devait beaucoup — mais qui était aussi leur créancier dans maintes actions, assassinats, attentats secrets...

Un nouvel émissaire français sera donc expédié, à l'automne (1). Nous l'appellerons *Andante* (2). Cette fois, sa destination n'est plus Bagdad mais Damas. La visite du Président Mitterrand, du 26 au 28 novembre 1984 chez Hafez El-Assad, a préparé le terrain... Yves Bonnet, en personne, tout de suite après ce voyage présidentiel est allé rencontrer, dans la capitale syrienne, le général Mohamed El-Khouly — grand coordinateur des Services secrets syriens. (Rifaat El-Assad, frère du Président, a été écarté de ces « responsabilités » : il était devenu trop puissant pour l'entourage de Assad.) Bonnet et El-Khouly se sont à ce point compris qu'ils ont — tels Kennedy et Khrouchtchev — décidé de se doter d'un « téléphone rouge », un simple télex crypté.

Mais l'engin magique ne fonctionnera guère. *Andante* doit combler la brèche...

Retour d'*Andante :* Abou Nidal n'est déjà plus en Syrie. Certes, tous ses cantonnements sont désormais installés dans la plaine centrale de la Békaa, au Liban, sous surveillance syrienne. Quant à Abou Nidal lui-même — un personnage que si peu de gens connaissent physiquement — il a été tout bonnement déclaré « mort » en Jordanie, le 6 novembre. Un coup de bluff — qui n'est pas sans rappeler celui de Hagop Hagopian, le 31 juillet 1982, à Beyrouth. C'est la conviction d'*Andante,* d'Yves Bonnet et de Gilles Ménage. Et pour cause...

Car *Andante* a vu deux des quatre principaux lieutenants d'Abou

(1) Au moment même où étaient rompues les négociations secrètes des émissaires du général Audran pour la livraison d'armes aux Iraniens.

(2) De l'italien *andare* : aller... *Andante*, ce qui va lentement mais sûrement. Le thème de la musique française reste le même.

Nidal : Abou Bakr (1) et Abou Nizar... Ceux-ci n'ont pas pleuré le « mort ». Au contraire, ils ont édicté les conditions de renouvellement du « contrat » d'Abou Nidal avec la France : 1) pas trop d'affichage de la coopération française avec Yasser Arafat et l'*Olp* ; 2) encore moins de publicité aux relations privilégiées (mais « regrettables ») de Paris et de Tel-Aviv ; 3) ouverture à Paris d'un bureau du *Fatah-Conseil Révolutionnaire,* à égalité avec la représentation de l'*Olp* ; 4) libération anticipée des deux assassins d'Azzedine Kalak...

Azzedine Kalak, représentant de l'*Olp* à Paris, « ami » de *Menuet* (2), a été sauvagement assassiné le 3 août 1978 dans son bureau du 138, bd Haussmann, de seize balles de pistolet. Deux « tueurs » hurlant à pleins poumons. Husni Hatem, 25 ans, et Assad Kayed, 21 ans, ont exécuté la « mission » que leur avait impartie la veille au soir un émissaire d'Abou Nidal. Deux étudiants palestiniens, l'un membre de la *Gups* en France ; l'autre inscrit à l'Alliance française. Immédiatement arrêtés — c'est souvent le cas avec les exécutants d'Abou Nidal, « dormants » trop tardivement « réveillés » comme les trois auteurs de la tentative d'assassinat de Schlomo Argov à Londres, le 3 juin 1982 ; ou encore Al-Aouad meurtrier d'Issam Sartaoui au Portugal en avril 1983.

Le Président Mitterrand, informé de ces exigences d'Abou Nidal, n'a eu qu'un mot : gagnez du temps... Surtout — et Badinter n'y est pas pour rien — en ce qui concerne la libération des deux assassins d'Azzedine Kalak.

Andante, donc, va faire durer... Quatre voyages jusqu'en novembre 1985... Tout dort, en France, dans l'attente des élections législatives du 16 mars 1986... Tout — y compris les scrupules : ce n'est surtout pas le moment d'avoir, en plus de la campagne électorale, des attentats terroristes sur le dos. On gagne du temps... Et le 5 février 1986, Husni Hatem et Assad Kayed, condamnés en 1980 à quinze ans de détention, se trouveront extraits de la centrale de Muret... Ils choisiront d'être expulsés vers... la Syrie.

Le 6 mars 1986, le groupe du « mort » Abou Nidal diffusera à Beyrouth un communiqué remerciant ses « amis intimes au Portugal et en France, qui ont aidé à la libération de trois de ses militants... ».

Pourquoi le Portugal ? Parce que Al-Aouad, assassin le 10 avril 1983 d'Issam Sartaoui (ambassadeur itinérant de Yasser Arafat), n'a

(1) Charles Villeneuve le rencontrera le 12 octobre 1986. Voir *Le Point* n° 737 du 3 novembre 1986 et *Le Matin de Paris* du 4 novembre 1986.

(2) Voir chapitre 4 de la Ire partie : l'élargissement d'Abou Daoud.

été condamné qu'à trois ans de prison pour usage de faux papiers... et vient d'être libéré lui aussi.

Il a fallu, pour obtenir cet étonnant résultat, deux procès. Lors de la première procédure, Al-Aouad avait reconnu être le seul auteur du meurtre. Mais ce premier jugement devait être cassé pour vice de forme. Rejugé le 25 mai 1985, l'« agent » d'Abou Nidal niait toute participation à l'attentat et le Procureur ne retenait contre lui que des délits mineurs (détention de faux papiers). Condamnation : trois années de prison...

A chacun ses méthodes pour se débarrasser des prisonniers encombrants.

***

Dans le « trou » des années 84-85, c'est vrai, il ne se passe pas grand-chose en France même en matière de terrorisme. Les gros coups contre la France ont été portés ailleurs : au Liban en particulier. Les forces militaires françaises y ont connu de très lourdes pertes et les enlèvements d'otages ont commencé...

Le nouveau ministre de l'Intérieur, Pierre Joxe, n'a donc pas à affronter directement, dans le périmètre hexagonal, le problème de la sécurité antiterroriste. Son grand projet, c'est d'abord de moderniser la police et de gérer selon une planification rigoureuse cette rénovation des services : il fera voter une loi (1) de programmation qui fixe les budgets, en fonction d'objectifs annuels précis.

Pierre Joxe, autoritaire, inflexible, « pas commode » n'aime guère à partager le pouvoir. Dès son arrivée, le 19 juillet 1984, il met tout en œuvre pour annihiler la « cellule antiterroriste de l'Elysée » — qui n'avait pourtant pas besoin de lui pour cela. Le « groupe » rassemblé par Christian Prouteau au cours de l'été 1982, après la tuerie de la rue des Rosiers, a très vite éclaté... Les quelques hommes, de qualité au demeurant, qui y survivent (2) ne s'occupent plus, depuis longtemps, que d'engranger de l'information... Des dossiers, des analyses qu'ils livrent au nouveau Monsieur « Secret » de l'Elysée : Gilles Ménage... Pierre Joxe n'apprécie pas.

Les deux hommes ne s'entendront jamais. D'autant moins que Gilles Ménage, directeur adjoint du cabinet de François Mitterrand,

(1) Cette loi n'a pas été abrogée et les successeurs, depuis mars 86, en reconnaissent les vertus au plan technique...

(2) Ils étaient toujours là en 86-87...

prend de plus en plus de poids auprès du Président. Quant au tout-puissant directeur de la Surveillance du Territoire, Yves Bonnet, il a d'abord connu une véritable idylle avec son nouveau ministre de l'Intérieur... Mais Pierre Joxe, qui apprécie le savoir-faire de la DST, n'en est pas moins jaloux du pouvoir dont elle le prive... Il sait bien qu'un certain nombre d'informations secrètes ne lui sont sans doute pas totalement communiquées...

Or, voici qu'au mois de mars-avril 1985, une affaire sur laquelle le secret de la DST avait été parfaitement protégé « sort » dans la presse. C'est le dossier « Farewell » (1) qui rebondit, sans, d'ailleurs, que le nom de code de l'opération n'apparaisse. Histoire toute bête : des confrères du quotidien *Le Monde* et de *TF1* reçoivent de M. Perrimond, conseiller de Pierre Joxe, l'autorisation d'interroger Yves Bonnet sur l'expulsion des 47 « diplomates » soviétiques au printemps 1983. Pourquoi cet intérêt ? Parce que l'URSS, manifestement, n'a pas réagi ; en outre, va se réunir bientôt la « grande commission » franco-soviétique — où les deux pays renouvellent leurs accords commerciaux tous les deux ans à Paris. Edith Cresson, ministre du Commerce extérieur, y représentera la France... Gaffe de Bonnet (2) qui donne à ses interviewers un aperçu du plan de renseignement soviétique dans le monde occidental. La France sait, preuves à l'appui, que tout l'appareil d'Etat en URSS repose sur le renseignement. Bonnet fournit même un document d'origine soviétique ; — sans dire toutefois que c'est Farewell qui l'a expédié... Il n'empêche : pour François Mitterrand, il en a trop dit — les Soviétiques, désormais, savent que la ST en sait beaucoup trop sur leur organisation secrète. Ils vont donc pouvoir la modifier complètement... Tout sera à recommencer.

***

Quant aux juges, en 1984 et 1985, tout le monde continue de superbement les ignorer...

Bruguière, inlassable, multiplie ses voyages. Il se rend, entre autres, en Algérie sur la piste de Mohand Hamami, en juin 1985, à la

(1) Dont nous avons parlé au chapitre 2 de cette dernière partie.

(2) C'est le « Greenpeace » à froid de la DST — qui précède de deux mois le « Greenpeace » à chaud de la DGSE à Auckland. Bonne occasion pour Joxe de faire table rase. Il peut enfin tout prendre en main. Yves Bonnet sera remercié courant juillet. L'amiral Lacoste, pour la DGSE, sera limogé à la fin de l'été.

suite d'un mandat d'arrêt international qu'il a lancé le 4 décembre 1984. Sans grand résultat (1). En revanche, il reçoit de Pologne des informations intéressantes sur les fameux WZ 63. Le Procureur Général de Varsovie admet qu'un stock de ces armes a été fourni, très officiellement, à certains pays du Proche-Orient dont l'Irak, base historique des groupes Abou Nidal. Il l'admet *par lettre*. Mais l'affaire a fait un certain bruit dans le service compétent du Quai d'Orsay... Bruguière avait tout simplement menacé de se présenter à la frontière polonaise pour s'y faire refouler... Les Yougoslaves ont, comme d'habitude, joué les intermédiaires — et le Procureur Général de Varsovie a finalement accepté de répondre épistolairement aux questions du magistrat parisien.

Le juge Corneloup s'est entêté, lui aussi, pour tenter de rassembler les pièces de son puzzle (2). Trois noms qui « recouvrent » une seule et même personne — Fröhlich, Odehnal, Zimerman — depuis le 18 juin 1982, l'obsèdent : comment prouver que Mlle Frölich est également Mlle Staedelman qui y a conduit devant le n° 33 de la rue Marbeuf l'Opel Kadett rouge-orange qui y a explosé le matin du 22 avril 1982 ?

Le juge s'est déplacé au moins deux fois au début de 1984 pour diligenter son enquête. Faire en sorte que des témoins — ceux de l'agence de location de Ljubljana, ceux de l'agence de Rome-Fiumicino puissent reconnaître visuellement Mlle Fröhlich, emprisonnée à Rome pour détention d'explosifs et usages de faux papiers. Qu'ils l'identifient comme ayant été Mlle Staedelman, locataire de la voiture piégée... Pour cela, il faut une « parade d'identification » — c'est-à-dire que Mlle Fröhlich soit présentée, sans que rien ne la désigne, au milieu d'un groupe d'autres femmes aux témoins yougoslaves.

Le juge insiste, imperturbable. En vain : la mauvaise volonté des autorités yougoslaves a rendu impossible toute confrontation. Aucun des témoins de l'agence de location de Ljubljana ne viendra à Rome identifier Margot Fröhlich — pour des motifs pas du tout convaincants...

De même, le juge parisien ne parviendra pas à obtenir de la police yougoslave la liste des passagers du vol JU 381 Berlin-Est-Zagreb du 18 avril 1982 — qui permettrait d'établir si une femme se nommant

(1) Voir chapitre 3 de cette dernière partie.
(2) Voir chapitre 2 de la IIe partie.

Fröhlich, Odehnal, Zimerman ou... Staedelman était à bord, la veille de la location de l'Opel rouge-orange du vol JU 381.

Yves Corneloup s'est d'abord rendu en Yougoslavie du 24 au 26 janvier 1984. Il a retrouvé l'hôtel où est descendu Staedelman, les loueurs de la voiture. Il a également dormi dans les hôtels d'Odehnal. Tous les témoins avec plus ou moins d'assurance ont reconnu Staedelman sur les photos de Fröhlich... Deux mois plus tard, à Rome cette fois, du 5 au 10 mars, le magistrat n'a même pas pu voir Fröhlich : elle a refusé ! Cependant, à Rome, autre progrès : il a pu consulter les billets d'avion trouvés sur elle au moment de l'arrestation. Il semble bien que la jeune femme est arrivée de Damas, via Bucarest — parcours classique des terroristes provenant du Moyen-Orient : de Damas, ils gagnent Athènes, Bucarest, Belgrade, Berlin-Est, etc. pour changer d'identité avant de pénétrer dans l'un ou l'autre des pays européens occidentaux.

Mais tout cela n'aboutit pas.

Et, le 11 mai 1984, le juge Corneloup écrit très calmement au Garde des Sceaux Robert Badinter : « ... Les difficultés rencontrées au cours de cette enquête dépassent de très loin les attributions habituelles du juge d'instruction. Elles ne peuvent, à mon sens, être réglées en l'état actuel des choses qu'au niveau des gouvernements des pays en cause. »

Y a-t-il eu ou non intervention française auprès des autorités yougoslaves ? Le juge Corneloup, un an plus tard, n'avait reçu aucune réponse du Garde des Sceaux, Robert Badinter. Il n'avait cependant pas abandonné tout espoir d'en savoir plus : le 21 janvier 1985, il se rendit à Wiesbaden — siège du BKA — et à Francfort, ville natale de Fröhlich, pour reconstituer son curriculum vitae (1).

Du significatif. Fröhlich-Staedelman a fait le parcours classique : enseignante marginale, écologiste, militante de divers comités de soutien aux prisonniers politiques, recrutée enfin pour la *Fraction Armée Rouge*, elle a sombré, un jour, dans la clandestinité et l'« action ». Ce qui l'a conduite aux « écoles » du Proche-Orient...

(1) Tous ces éléments d'information sont contenus dans la lettre, en date du 15 mai 1985, adressée au Garde des Sceaux par Me Francis Szpiner, avocat des victimes de l'attentat de la rue Marbeuf. L'avocat concluait : « ... Les victimes (...) ne peuvent que s'indigner et s'étonner de la passivité du gouvernement français, face aux mensonges et au cynisme des autorités yougoslaves... Complicité de fait avec les assassins... » Me Szpiner reçut une réponse de la chancellerie, en date du 31 mai 85, l'assurant que la France interviendrait de façon pressante « auprès des autorités yougoslaves »... Depuis, plus rien !

En 1986-1987, le dossier reste en l'état. Mais il n'est pas clos : ce n'est pas le genre du juge Corneloup que de renoncer...

***

Quelques jours après l'assassinat de l'ingénieur général Audran à la fin du mois de janvier 1985, l'UCLAT se réunit. L'Unité de Coordination de la Lutte Antiterroriste est une invention intelligente, à laquelle le nouveau ministre de l'Intérieur tient beaucoup. Elle est destinée à combler un vide dans l'arsenal antiterroriste français (1). Autoritaire, idéologue exacerbé selon certains, Pierre Joxe n'en est pas moins un gérant efficace de son ministère. Tout le monde l'admettra vite, y compris ses adversaires politiques. C'est ainsi que, ne sombrant pas dans l'erreur qui consisterait à créer une nouvelle direction de la police, spécialisée dans l'antiterrorisme (2), il a préféré instituer une unité de *coordination* des diverses directions de police. Sous l'autorité de deux anciens chefs de l'Antigang (François Le Mouel, le « démissionnaire » de la direction de la P.J. en 1982, du temps de Gaston Defferre, assisté de René-Georges Querry), l'Unité de Coordination écoute, se renseigne et missionne ses « commissaires correspondants permanents » de la PJ, des RG et de la DST...

Une idée simple, mais qui pour être efficace doit être respectée à la lettre.

La réunion de l'UCLAT qui suit le meurtre de l'ingénieur général Audran est bien entendu consacrée d'abord à l'événement. Assisterait-on à un « réveil » de la fraction dure d'*Action Directe ?* Va-t-il falloir se préoccuper à nouveau de retrouver les « anciens » de l'organisation, les mettre sous surveillance (3) ?... Mais un autre sujet de préoccupation — et d'exaspération — anime Le Mouel et Querry. « On » vient de leur faire passer copie d'un étrange télex à propos d'une information ouverte depuis octobre 1984 à Lyon. Il établit sans discussion possible de nouvelles « cachotteries » de la DST.

(1) Rappelons que les deux « institutions » créées à grand fracas en août 1982, après l'attentat de la rue des Rosiers : — « cellule » élyséenne d'une part, secrétariat d'Etat à la sécurité de J. Franceschi — n'ont jamais véritablement fonctionné ne serait-ce qu'en raison de leur réciproque rivalité.

(2) Ce qui reviendrait vite à « démobiliser » les autres directions (PJ, DST, RG) chaque fois que se poserait un problème terroriste...

(3) L'UCLAT, effectivement, par l'intermédiaire surtout des R.G., ne perdra plus de vue un certain nombre de personnages — tel André Ollivier qui sera interpellé à Lyon au printemps 1986...

Il s'agit de la copie d'un câble adressé à la Direction de la Surveillance du Territoire le 7 avril 1982... Il y a de cela bientôt trois ans ! Il émanait du service israélien de Renseignement : le *Mossad*. La Surveillance du Territoire — sous Marcel Chalet d'abord, sous Yves Bonnet à partir de la fin 1982 — n'en a jamais fait état.

Pourtant, le document israélien du 7 avril 1982 concernait trois affaires plus que « chaudes ». Sur lesquelles magistrats instructeurs et Brigade Criminelle n'ont cessé de s'activer âprement... sans aucune autre piste que celle d'un nouveau label terroriste — les *Fractions Armées Révolutionnaires Libanaises, Farl*... Un label que, justement, le télex du *Mossad* éclairait d'un jour nouveau — une lumière que les contre-espions ont gardée pour eux...

Le 12 novembre 1981, M. Christian Chapman (1) est sorti de son domicile parisien un peu avant 9 h. Ministre conseiller à l'ambassade des USA, M. Chapman a essuyé le tir d'un *inconnu* — 5 balles au moins d'une arme de calibre 7,65...

Deux mois plus tard, le 18 janvier 1982, Charles Robert Ray, attaché militaire à l'ambassade des USA à Paris, — appartenant à la « Defence Intelligence Agency » (DIA, services de sécurité militaire américain) — quittait lui aussi son domicile parisien, en civil, et se dirigeait, aux alentours de 9 h du matin, vers sa voiture. Un *inconnu* lui a tiré, pratiquement à bout portant, une balle dans la nuque. Mort instantanée. Le jour même, les *Fractions Armées Révolutionnaires Libanaises* (*Farl*) ont revendiqué, de Beyrouth, l'assassinat...

Entre 13 h et 14 h, ce même jour, une société de conseil en recrutement a reçu sur son répondeur-enregistreur téléphonique deux appels à quelques minutes d'intervalle. Messages livrés d'une voix juvénile, avec quelque trace d'accent anglais. En substance : « ... Je ne peux vous dire mon nom... Un diplomate américain a été tué ce matin. Son assassin et ses complices résident “ dans le 69 ” à Lyon... » Pourquoi cet appel à une société qui n'a rien à voir — ni de près ni de loin — avec le « Renseignement » ? Réponse : le numéro de téléphone de la société TIC — 260 32 22 — est à un chiffre près celui de la préfecture de Police de Paris (260 33 22). Dans le deuxième message, un rajout : « ... Vive la *Fas*. »

Première question : qui a bien pu vouloir « balancer » — sans excès de précision d'ailleurs — l'assassin ? Peut-être un membre d'un

(1) Le 23 août 1982, une lettre de revendication intitulée « Communiqué nº 4 des FARL » et envoyée à l'AFP Paris revendiquait les attentats contre Chapman, Ray et Barsimentov qualifiés d'agents des Services secrets américano-israéliens.

« service » qui ne voulait pas se découvrir... Les « services » américains, eux, se sont demandé d'abord *qui* leur voulait du mal.

Deux mois et demi plus tard, le samedi 3 avril 1982 (1), aux alentours de 12 h 45, M. Yacov Barsimentov, deuxième secrétaire à l'ambassade d'Israël à Paris, appelle l'ascenseur de l'immeuble où il réside à Boulogne-Billancourt. L'ascenseur arrive, il en ouvre la porte en attendant sa femme et sa fille âgée de 8 ans, qui le suivent à petits pas depuis le sous-sol où est garée leur voiture... Mme Barsimentov, lorsqu'elle pénètre dans le hall voit, à la fois, son mari « gardant » l'ascenseur et une femme venant de l'extérieur... L'inconnue ouvre immédiatement le feu, à cinq reprises, avec une arme de calibre 7,65. L'expertise établira très vite que c'est avec la même arme qu'« on » a tué Charles Ray. M. Barsimentov s'écroule.

L'inconnue s'enfuit immédiatement. Alerté par les détonations, embrassant la scène d'un coup d'œil, le gardien de l'immeuble sort dans la rue et la voit courir sur le trottoir...

C'est une femme de petite taille, 1 m 60 environ, aux fortes hanches — si fortes qu'on peut avoir l'impression qu'elle est un peu claudicante... Survient à ce moment précis le fils de la victime, à vélo. Le gardien lui hurle de poursuivre la jeune femme au bonnet blanc, là-bas... Le jeune Avi Barsimentov — 16 ans — croyant avoir à rattraper quelque « chapardeuse » repart immédiatement à pleine force de son pédalier... Il rejoint la fuyarde, la voit pénétrer dans la station de métro « Porte de Saint-Cloud », laisse tomber sa bicyclette, s'engouffre à son tour dans les couloirs... Elle est là, devant les caisses de délivrance des billets, se retourne — il la voit distinctement et remarque sa denture écartée, en « dents de lapin ». Et la femme le menace du geste : « Tire-toi et vite... » Avi Barsimentov n'insiste pas : il n'a pas envie d'un esclandre. Après tout, cette femme n'a peut-être rien commis de si grave...

Lorsqu'il est revenu de son équipée, rentré dans le hall de son immeuble, Avi a découvert tout à la fois sa mère en état de choc absolu, son père à terre, sanglant, l'équipe du Samu... Yacov Barsimentov venait de mourir...

Le jour même, les *Farl* ont revendiqué l'assassinat, depuis Beyrouth, auprès de l'agence Reuter...

Et quatre jours plus tard, le 7 avril 1982, le *Mossad* a expédié à

(1) On attend — coïncidence ? — l'ouverture du procès Bréguet-Kopp et Carlos a déjà fait exploser une bombe dans le train *Le Capitole* avant de faire déposer, le 22 avril, un autre engin meurtrier devant le n° 33 de la rue Marbeuf à Paris.

Marcel Chalet, patron de la DST, le fameux télex. Tout y était, concernant les trois « affaires » :

Le nom du chef présumé des *Farl* : Georges Ibrahim Abdallah. Ses caractéristiques : Libanais, chrétien, marxiste, proche de Georges Habache (Front Populaire de Libération de la Palestine), ardent défenseur de la cause arabe en général et palestinienne en particulier. Son signalement : il est grand, bel homme, cultivé...

*
**

Quelques questions méritent d'être posées. D'abord, pourquoi le *Mossad* a-t-il « informé » aussi vite les contre-espions français après le meurtre de Yacov Barsimentov ?

Réponse : parce que le « diplomate » israélien appartenait au *Mossad* lui-même — où règne la loi du Tallion : œil pour œil, dent pour dent...

Il existe, à cinq minutes du centre de Tel-Aviv, dans la banlieue d'Herzelia, un étrange monument aux morts : une crypte, à laquelle on n'accède qu'au bout d'un labyrinthe — symbolique du « Secret » — sur les parois de laquelle sont gravés les noms d'environ cent soixante personnages. Tous membres des deux « Services » israéliens — le Shin Beth (équivalent de la DST) et le *Mossad* (équivalent de la DGSE) — morts « au combat ». Des noms qui ne sont révélés au public israélien qu'*après* la mort de ces agents — et encore pas tous... La plupart d'entre eux, quatre-vingt-dix noms environ, bien que gravés dans la « pierre sacrée », restent dissimulés à la vue des visiteurs. De longues tentures noires les recouvriront aussi longtemps que la révélation pourrait engendrer des risques pour les familles de ces « disparus du secret ». Une obligation du Secret qui les fait, ainsi, doublement disparaître...

Le nom de Yacov Barsimentov serait gravé sur cette pierre depuis la fin de l'année 1982. Il fait partie de ceux qui doivent rester cachés pour l'instant... Important officier de sécurité des réseaux antiterroristes israéliens, Barsimentov est mort en héros !

... Deuxième question : comment une « petite » organisation libanaise comme les *Farl* a-t-elle été en mesure de choisir, sans se tromper, une telle cible ?

Réponse : il ne s'agit plus, à coup sûr, d'une « petite » faction de « propalestiniens enragés ». Son chef est trop remarquablement renseigné. Ce ne peut être que par des « Services » tout-puissants.

Lesquels ? Israéliens, Américains et Français en sont convaincus : des « Services » de l'Est transmettent leurs informations, via les « services », de certains Etats comme la Bulgarie, ou d'autres, au Proche-Orient, comme la Syrie...

Une dimension nouvelle des *Farl* et de leur chef Abdallah... que la DST a gardée pour elle pendant trois ans.

***

D'autant plus intéressant, tout cela, que les *Farl* n'ont pas arrêté leurs activités en France au 3 avril 1982 — ce qui ne manque pas d'aggraver dans l'esprit des magistrats l'irritation qu'ils ressentent à l'égard de la « faute » de la DST.

Le 31 mars 1982, au lendemain du voyage du Président Mitterrand en Israël, les *Farl* mitraillent — ou font mitrailler (1) — les murs de la mission d'achat israélienne à Paris. Les *Farl* revendiquent l'« action » dès le lendemain, depuis Beyrouth. Et, dans la foulée, agrémentent leur palmarès, au nom de cette victoire, du « ratage » de la tentative d'assassinat de Christian Chapman, du 12 novembre précédent...

Ce n'est pas tout... Il y aura encore, en 1982, deux autres attentats, à Paris, revendiqués par les *Farl* ! Le premier, le 21 août, avenue de La Bourdonnais vise à tuer, encore, un diplomate américain, R. Grant. Le 21 août, date de l'annonce officielle par les Américains de leur participation militaire à l'évacuation de Beyrouth. Le colis piégé, déposé sous la voiture de Roberik Grant, repéré à temps, explosera malheureusement dans les mains de Bernard Le Dréau et de Bernard Mauron, spécialistes du déminage de la Préfecture de Police. Tués sur le coup l'un et l'autre.

Le 17 septembre 1982 (on apprend ce jour-là le massacre des camps palestiniens de Sabra et Chatila) la mission d'achat israélienne à Paris fait encore l'objet d'un attentat. Et encore par un colis piégé placé sous la voiture d'un fonctionnaire israélien. Cinquante et un blessés dont le chauffeur du véhicule lui-même, deux autres Israéliens et... quarante-sept élèves du lycée Carnot présents dans la rue.

(1) Rappelons que l'une des armes, un pistolet mitrailleur Sten, devait être retrouvée dans la cache de Joëlle Aubron (*Action Directe*), 20 rue du Borrégo, dans le XXe arrondissement de Paris... Mohand Hamami qui accompagnait Joëlle Aubron au moment de l'intervention de la police apparaît bien dès lors comme le « fil » reliant les *Farl* à la fraction « dure » d'*Action Directe* (Rouillan, Ménigon, Schleicher, les frères Halfen, etc.). Encore que, d'après nos sources proches des FARL, Georges Ibrahim Abdallah aurait refusé toute alliance opérationnelle entre AD et son réseau.

Puis... le trou, jusqu'en 1984. Les *Farl* et leur chef, Georges Ibrahim Abdallah, ont-ils disparu définitivement ? Pas du tout...

... Simplement, cette fois, le 15 février 1984, c'est à Rome qu'ils frappent en la personne du responsable américain de la Force multinationale au Liban, M. Leamon Hunt. Mitraillé devant chez lui, dans sa voiture, M. Leamon Hunt ne survivra pas.

Enfin, les *Farl* revendiquent, le 26 mars 1984, la tentative d'assassinat, à Strasbourg, du consul général des USA. Comme toujours devant son domicile, à l'heure où il le quitte, le matin : le tueur ou la tueuse utilise un pistolet de calibre 7,65. M. Robert Homme survivra. Cinq balles l'ont visé, mais le consul s'est immédiatement couché sur le siège avant droit ce qui le sauvera — ainsi que la branche gauche de sa paire de lunettes qui fait ricocher l'un des projectiles.

Puis... de nouveau plus rien.

Excepté ce détail : le 25 octobre 1984, un certain Abdelkader Saadi est interpellé à Lyon par... la DST. On ne tardera pas à savoir qu'il s'agit de ce Georges Ibrahim Abdallah que décrivait dès le 7 avril 1982 le télex crypté des Services spéciaux israéliens du *Mossad* à destination de la DST.

On mettra un peu plus de temps à comprendre pourquoi et comment la détention du chef présumé des *Farl* empoisonnera, par vagues successives d'attentats, la vie des Français de la fin 1985 au printemps et à l'automne 1986... Et posera cette question cruciale : jusqu'à quand ?

ÉPILOGUE

D'Abdelkader Saadi
à Georges Ibrahim Abdallah.

Pour ce que l'on en sait, un bien curieux personnage l'homme que la DST interpelle « sur la voie publique », à Lyon, le 25 octobre 1984. Nez aquilin, yeux de braise, calme, pondéré, très courtois dans la vie — surtout avec les dames —, c'est un grand beau brun, venu visiblement d'ailleurs...

Toutes les occasions lui sont bonnes pour séduire — l'enquête l'établira. Son organisation se révélera riche en représentantes du sexe dit faible. En bon « agent » (de qui exactement ?), il brouille constamment sa trace, en allant de l'une avec une autre, chez une troisième, avant de rejoindre plus tard — sans laisser d'adresse — quelque quatrième esseulée qui ne l'attendait plus. Tantôt ingénieur, tantôt étudiant en sociologie comparée... Quel mal y aurait-il à cela, si... tout le démontre, cette nature généreuse quant aux choses du sexe ne dissimulait le manipulateur d'un véritable « réseau » de la terreur...

Au moment d'être interpellé, gardé à vue, puis placé sous mandat de dépôt à Lyon pour (dans un premier temps) usage de faux papiers administratifs, Abdelkader Saadi a présenté aux contre-espions de la Surveillance du Territoire ce qu'ils appellent un « comportement conspiratif ». Constamment aux aguets, repérant toute filature — ce qui le perdra —, il se déplace sans cesse de son hôtel à telle ou telle cabine téléphonique...

***

Un formidable scénario... où tout le monde ment, se cache, voyage...

Tout ce morceau de l'histoire a commencé au petit matin du 6 août 1984, au passage frontalier (entre la Yougoslavie et l'Italie) de Trieste-Opicina. Coup de chance ? Informations suite à « mise sous surveillance » ?... L'un des passagers du train à destination de Rome, un Marocain du nom de Abdullah El-Mansouri, fait l'objet d'un contrôle de la douane... Aux gardes « *Di Finanza* » qui l'interrogent sur ce que contient sa valise, il répond : « ... des chocolats, des vêtements (1)... » Ouvert, le bagage révèle une tout autre marchandise : 7,625 kg d'explosif (du Semtex). Arrestation du jeune homme (d'après son passeport marocain, il a 19 ans).

Une jeune femme l'accompagne.

Elle est libanaise, âgée de 23 ans, s'appelle Daher Ferial... Les « contrôleurs » italiens la laissent continuer son voyage... Curieux, mais somme toute admissible.

Très vite, l'enquête rondement menée par les Yougoslaves l'établit — cette Daher Ferial a passé deux nuits (les 4 et 5 août) dans un hôtel de Ljubljana, en compagnie d'El-Mansouri, et rentre... en France. La DST, tenue au courant de tous ces événements, consulte ses fichiers. On trouve son adresse à Paris : 3, rue d'Hauteville (X^{e} arrondissement). Elle est « étudiante ». A cette adresse parisienne, elle a hébergé à plusieurs reprises un certain Abbas...

L'enquête discrète des contre-espions français démontre que la demoiselle a un autre ami qui habite Lyon, celui-ci. Au n° 119 de la rue de Sèze. Mieux encore, les hommes de la Surveillance du Territoire identifient cet « ami » : il s'appelle *Maurice* Ibrahim Abdallah né à Kobayat (Liban).

Tilt? Est-ce à ce moment que l'on exhume la vieille copie oubliée du télex, en provenance du *Mossad*, en date du 7 avril 1982, dénonçant *Georges* Ibrahim Abdallah, né à Kobayat (Liban), comme chef présumé des *Fractions Armées Révolutionnaires Libanaises*. Une organisation qui revendiquait déjà deux assassinats à Paris (celui de Charles Ray, le 18 janvier 1982 ; celui de Yacov Barsimentov, le 3 avril de la même année...). Le rapprochement

(1) Il expliquera même, plus tard, devant un magistrat romain, qu'il a « été accosté à Ljubljana (Yougoslavie) par un Noir à qui il avait acheté une boîte couverte de tricots pour 100 dollars... », sans se demander « quel genre de marchandise comestible » il achetait...

entre les deux noms de Maurice et de Georges Ibrahim Abdallah ne s'est-il imposé que plus tard ? Oui, affirment aujourd'hui les agents de la DST.

« Mise sous surveillance » du 3, rue d'Hauteville (Paris X^{e}). « Mise sous surveillance » du 119 de la rue de Sèze à Lyon. Trop tard, dans les deux cas... Chacun des deux studios a été soigneusement vidé... et ses occupants ont disparu.

Tout ceci a pris, bien sûr, plus de temps qu'il n'en faut pour l'écrire. Courant septembre, début octobre 1984, chaque fois les agents de la DST sont arrivés trop tard (1) — comme si Daher Ferial (2) avait pris toutes ses précautions, *aussitôt après* l'arrestation d'El-Mansouri dans le train Ljubljana-Rome, pour disparaître et faire disparaître ses « relations » françaises. Troublant si l'on songe que son compagnon El-Mansouri, porteur d'explosifs, possédait lui aussi au moment de son arrestation des billets de train pour la France. Pour quel attentat ?

Autre coup de chance, pourtant, à Lyon, pour les hommes de la ST. Certes, l'appartement de la rue de Sèze est vide, mais à l'agence de location on leur indique que le locataire — ou si ce n'est lui, l'un de ses amis — doit revenir rendre les clés et récupérer la caution. Les loyers ont été régulièrement et intégralement payés... La ST n'a plus qu'à attendre...

*
**

Et, de fait, le 24 octobre 1985, le responsable de l'agence de location lyonnaise avise l'inspecteur de permanence de la Brigade locale du contre-espionnage, qu'un « individu de type arabe levantin vient d'arriver pour réclamer la caution de l'appartement... et remettre les clés en contrepartie ». L'homme s'est présenté sous l'identité de Michel Saad... (3).

Déploiement immédiat du dispositif de surveillance. Dès 17 h, l'homme est suivi sans relâche... Il prend le métro, descend à la

(1) Les 2 chefs de coordination de l'UCLAT considèrent que sur ce point la DST est d'entière bonne foi.

(2) Daher Ferial, à la fin de 1986, au moment où s'achevait la rédaction de cet ouvrage, n'avait toujours pas été retrouvée ni, en tout cas, arrêtée...

(3) Depuis que nous parlons du personnage, nous le connaissons déjà sous le nom de Abdelkader Saadi et sous le nom de Michel Saad. L'homme dispose de neuf autres alias Abbas Faiçal Hassan, Alex, Kanari Michaël, El Hillali Mohamed, El Nasri Saleh, Abdallah Gharsan, Iskandar, El Kattabi Hamid, Houri Salim.

station Perrache, se rend dans une cabine téléphonique, en sort pour prendre un autobus d'où il surgit vers 19 h, à la station Menival... Il va, alors, à pied, au n° 11 de l'avenue Menival... Il en ressort beaucoup plus tard en compagnie d'un autre homme (1). Il est 23 h.

A 23 h 30, après être montés à bord d'une GS, ils sont de retour dans le centre-ville, exactement Place de la Bourse. Après arrêt de la voiture, ils continuent de discuter une bonne dizaine de minutes... Le deuxième homme repart seul dans sa voiture... Quant à M. Saad, il va, comme au hasard des rues adjacentes... Enfin, après avoir téléphoné d'une cabine, il se rend à l'hôtel *Central Aixois,* rue Dubois, et y loue une chambre...

Voici M. Saad « logé » — comme disent dans leur jargon les spécialistes de la Surveillance.

***

Le lendemain, la filature continue... non sans mal. Il est clair que le suivi a repéré ses suiveurs. Ceux-ci observent que, « ... à plusieurs reprises, l'intéressé (met) en œuvre diverses méthodes de rupture de la surveillance ». Que faut-il faire ? Continuer la « filoche » au risque de le perdre — et, du même coup, de perdre la piste terroriste ouverte par le trio Mansouri-Daher-Maurice Abdallah ? Ou bien « interpeller » — au risque d'avoir affaire à un citoyen étranger en situation parfaitement régulière ?

Episode peu clair — qui ne change d'ailleurs rien au fond de l'affaire : se sentant suivi, et se croyant menacé par les services israéliens, l'homme serait rentré dans un commissariat de police — une bonne façon de casser la filature... Le procès-verbal de la Brigade de la ST de Lyon, établi à 20 h, le 25 octobre 1985, fait état d'une « interpellation *sur la voie publique* » et, des doutes étant émis sur l'authenticité de ses papiers d'identité — au nom d'Abdelkader Saadi — de son placement « sous le régime de la garde à vue ».

Un quart d'heure plus tard, fouille méthodique de la chambre occupée la nuit précédente par Abdelkader Saadi. Une chambre modeste. Notre « héros » — la suite de l'enquête le prouvera —

(1) A notre connaissance, ce deuxième personnage n'apparaîtra jamais dans la suite de l'enquête.

habite très souvent à l'hôtel. Il choisit toujours des établissements sans grand luxe. Ou alors, il se fait héberger pour une nuit ou deux, par une femme toujours...

Dans la chambre de l'hôtel « ... se trouve un imperméable dont la manche droite présente une rigidité anormale dans la doublure : un passeport de la République de Malte du 23 juin 1983, au nom de " Michaël Kanari " y est découvert. »

Michel Saad, Abdelkader Saadi, Michaël Kanari... Beaux débuts pour un seul homme... Le groupe spécialisé dans l'antiterrorisme de la Direction parisienne de la ST est tenu au courant heure par heure et envoie immédiatement un certain nombre d'informations. Celle-ci, par exemple : la photo d'Abdelkader Saadi représente le même homme qui, sous le nom de Fayçal Abbas, a loué avec Daher Ferial le studio de la rue d'Hauteville à Paris...

La piste était bonne. Elle ira enrichissant chaque jour le « portrait » de celui que l'on établira bientôt comme Georges Ibrahim Abdallah.

Consultées dès les jours suivants, les autorités maltaises ont déclaré à propos du passeport maltais qu'il s'agissait d'un faux pur et simple. Les Algériens ont été un peu plus embarrassés. Ils ont déclaré « qu'il s'agissait d'un document authentique mais obtenu par un canal anormal et pour un usage probablement prohibé ».

Voilà qui expliquera, en partie du moins — car il y a d'autres raisons — le comportement « coopératif » des Algériens envers les Français, tout au long du déroulement de l'affaire Ibrahim Abdallah. La possession de ce passeport authentique, mais truqué quant à l'identité réelle de son possesseur, est un indice troublant : il est aujourd'hui à peu près certain que Georges Ibrahim Abdallah était « membre », ou pour le moins « correspondant », des Services spéciaux algériens...

Dès ses premiers interrogatoires, Abdelkader Saadi « refuse de répondre » à toutes les questions qui lui sont posées. Il s'est incliné, pourtant, au départ, devant les preuves de son « comportement conspiratif » en déclarant être représentant d'un *Mrua* (Mouvement Révolutionnaire de l'Unité Arabe) et coordonner un réseau installé en Europe. Ce réseau a-t-il quelque rapport avec les *Farl?* Réponse : absolument pas... « Mes amis analysent et accumulent les informations sur nos ennemis israéliens et américains. » Des attentats ? Absolument pas. Le *Mrua*, en somme, est uniquement une « centrale de renseignement » — pas un « Service Action ».

Dès la première fouille de sa chambre d'hôtel et la récupération des documents qui s'y trouvent, la silhouette de Georges Ibrahim Abdallah est celle d'un « clandestin » sans cesse en déplacement, disposant d'argent liquide et de comptes bancaires à l'étranger...

Des dollars US, un billet de 5 000 lires, un billet de dix francs suisses, quatorze pièces de monnaies diverses, une déclaration d'entrée en France de devises pour 2 400 dollars, des billets espagnols, d'Arabie Saoudite, des dinars yougoslaves. En francs français, très peu de chose : 157 francs et 20 centimes.

En plus — élément déterminant pour la suite de l'enquête — trois chèques de l'Universal Bank de Genève. C'est à partir de ce compte que l'on retrouvera, dès mars-avril 1985, rue Lacroix à Paris, un autre « appartement conspiratif ». Deux titulaires sur le même compte : Mohand El Hillali et Jacqueline Esber... El Hillali n'est qu'un des alias de Georges Ibrahim Abdallah. Quant à Jacqueline Esber, libanaise d'origine elle aussi, tout le « remontage » des activités des *Farl* en France en 1981-82 et 1984 tendra à établir qu'elle a été la tueuse de Yacov Barsimentov.

Enfin, dans les notes du « voyageur », Abdelkader Saadi, les agents de la ST trouvent un nombre impressionnant de numéros de téléphone, des noms, des initiales (« soixante-huit mentions de ce genre », indique le procès-verbal...). Et encore des numéros, des additions apparemment sans queue ni tête, sur quantité d'autres papiers volants — dont un dissimulé dans un vêtement... Les experts du contre-espionnage — très appuyés en cela par les cryptographes du *Mossad* — ne tarderont guère à traduire tous ces codages en autant de rendez-vous téléphoniques possibles, correspondant à des adresses, dont l'une se révélera capitale : celle d'une femme habitant Grenoble qui a rencontré Georges Ibrahim Abdallah et Jacqueline Esber à l'automne 1981, durant l'hiver et le printemps 1982... Période où ont été perpétrés, à Paris, les attentats contre Christian Chapman, Charles Ray et Yacov Barsimentov...

***

Dès le mois de février 1985, au petit jeu des repérages téléphoniques et des enquêtes pouvant en découler, les « remonteurs » de la ST ont découvert l'existence de Martine Toulotte, 44 ans, divorcée, vivant à Grenoble avec ses deux jeunes filles Marielle, 19 ans, et G., 16 ans... Les numéros de téléphone de Mme Toulotte — celui de son lieu de travail (un bureau d'urbanisme municipal), puis celui de son domicile, puis celui de l'une de ses résidences de vacances au Havre — ont été décryptés dans la liste de Georges Ibrahim Abdallah. Celui-ci a d'ores et déjà été identifié sur présentation de photographies par les « autorités libanaises » — également par le *Mossad,* les services « algériens » et par les témoins rameutés à Paris, à Lyon, à Genève, en Yougoslavie, en Espagne, à Chypre...

Martine Toulotte, interrogée, commence par mentir... Certes, elle est militante de gauche, trotskyste. Elle connaît bien Mohand Hamami pour lequel, d'ailleurs, elle animait un « comité de soutien », lorsque celui-ci était en prison. A sa libération, en 1981, elle a même organisé une « petite fête en son honneur ». Mais elle n'a jamais entendu parler d'un Georges Ibrahim Abdallah... Oui, elle a entendu parler de nouveau de Hamami, par les journaux, lors de la découverte de la cache d'armes de la rue du Borrégo (en avril 1982)... Mais elle n'en a plus jamais eu de nouvelles...

La suite... un mauvais, mélodramatique feuilleton populiste. La dame a deux filles qui font beaucoup moins de difficultés qu'elle pour « se mettre à table ». Oui, leur mère avait, à la fin de 1981 et au début de 1982, un ami qui s'appelait Georges et qui était libanais. Il est venu à plusieurs reprises à la maison. Et, même, une fois, en compagnie d'une jeune femme qui s'appelait Jacqueline. Ils avaient un nourrisson avec eux — qu'ils confièrent aux Toulotte qui, elles-mêmes, dès le lendemain, l'auraient confié à d'autres amies...

Confondue, Martine Toulotte avoue, tout... C'est-à-dire pas grand-chose en ce qui la concerne (1). Mais beaucoup, s'agissant des dates de la présence en France — à Grenoble, à Lyon, à Paris — de Georges Ibrahim Abdallah et de Jacqueline Esber à la fin de l'automne 1981 et au printemps 1982 : la période où, de la tentative de meurtre sur Christian Chapman (novembre 81), aux assassinats de Charles Ray (janvier 82) et Yacov Barsimentov (avril 83), les *Fractions Armées Révolutionnaires Libanaises* faisaient parler d'elles (2).

— Il ne me disait jamais où il allait, ce qu'il faisait, où je pouvais le joindre... C'est lui qui m'appelait, tous les trois mois environ. — Voilà tout ce que Martine Toulotte a « reconnu », niant absolument

(1) Son cas devait d'ailleurs être disjoint du réquisitoire définitif de l'affaire Abdallah à juger au printemps 1987.

(2) Naturellement, beaucoup d'autres témoignages ont prouvé le passage plus ou moins prolongé, à Paris, dans divers hôtels (des VIe et X^e arrondissements notamment) et dans leurs multiples « résidences d'accueil » des membres des FARL. L'énumération en serait fastidieuse et a été remarquablement synthétisée dans l'ordonnance de renvoi en police correctionnelle du procès de Lyon en juillet 1986.

avoir jamais été au courant d'activités « terroristes » de son ami Georges.

Plus vaudevillesque encore — l'histoire de la cantatrice yougoslave séduite dans le train Ljubljna-Belgrade par un bel étudiant en sociologie le 4 janvier 1984. Il se disait Maltais, travaillant pour une agence de presse libanaise. Il lisait en français une œuvre d'André Gide... Il s'appelait Alex El Hilali (mixture de deux des alias de Georges Ibrahim Abdallah).

Vaudevillesque, mais tout aussi intéressante pour l'information judiciaire sur les *Farl*. L'anecdote établit formellement tout un réseau d'accointances, de relations de Georges Ibrahim Abdallah en Yougoslavie — et, même, un relais avec la Bulgarie. Yougoslavie : terre de repli, base arrière, sas de passage quasi permanent pour les terroristes du Proche-Orient venus frapper en Europe...

Les policiers de la ST ont très vite reconstitué cette piste yougoslave — grâce aux tampons de passage de frontière des passeports de Georges Ibrahim Abdallah... Ils ont aussi trouvé le numéro de téléphone et le nom — Kojadinovic — de la dame sur Abdelkader Saadi. Les collègues yougoslaves ont fait le reste sur demande d'enquête internationale du juge de Lyon, Marie Kleinmann... « En parlant de ses origines, il m'a demandé s'il faisait penser à un Arabe par son apparence — à quoi j'ai répondu : non, car il était assez clair de peau... Ainsi a témoigné la dame qui a assisté en quelques jours à diverses conversations téléphoniques : Alger (longuement), l'Italie, un ami ou une amie à Belgrade, etc. Et l'ambassade bulgare : une brève conversation, pas plus d'une minute, en *langue française*... Pour finir deux ou trois jours plus tard : « ... Alex ne m'a pas dit où il irait en partant de Belgrade... Je n'ai pas insisté... Pendant la première semaine du mois d'août, il m'a rappelée, m'a annoncé qu'il serait là le 20 août... Puis la communication s'est coupée. Je ne l'ai plus jamais entendu, ni vu. »... Triste à pleurer !

UN PROFESSIONNEL DE LA CLANDESTINITÉ

Extraits de l'ordonnance de renvoi en Police Correctionnelle de Mlle Kleinmann en 1984.

« ... Abdallah pousse le souci de la clandestinité à l'extrême, prenant soin que son nom n'apparaisse qu'exceptionnellement dans un document écrit ; à titre d'exemple : — location d'un appartement à Paris — 3, rue d'Hauteville, il accompagne Daher Ferial, locataire en titre ; en décembre 1983, il est à Rome, accompagnant Abdo Joséphine pour louer un studio à Ostie ; en février 1984, il accompagne Abdo Joséphine en Espagne, pour louer un appartement à Alcala de Henares (près de Madrid) ; le 9 mars 1984, il est présent à Lyon lors de l'achat d'un véhicule CX au nom de Esber Jacqueline (mais c'est lui qui conduit la voiture et apparaît comme le maître-d'œuvre de l'acquisition) ; le 23 juin 1984 à Genève, avec Esber Jacqueline, il fait ouvrir un compte à l'Universal Bank sous le double nom de J. Esber et El Hillali Moh'd ; en septembre 1984, le contrat de location du studio 18 rue Lacroix est mis au nom de J. Esber... »

On remarque que toutes les « résidences » d'Abdallah — autant de caches potentielles ? — sont toujours louées en France et à l'étranger par des femmes. Outre ses « compagnes » de rencontre, l'homme descend à l'hôtel — en change pratiquement chaque jour.

De la même ordonnance :

« ... Identification des membres des FARL. Groupe connu des autorités libanaises, israéliennes et algériennes, dirigé par Georges Ibrahim Abdallah, les FARL ont agi en France (outre leur chef) par huit individus identifiés contre lesquels des faits constitutifs du délit d'association de malfaiteurs sont à retenir en charge (...).

1) El-Mansouri Abdullah, né le 15 décembre 1965 à Casablanca. Arrêté à Trieste, pratiquant un mutisme absolu, il n'a rien révélé, semble-t-il, de son action. Son nom se retrouve sur les registres d'hôtels parisiens, le plus souvent aux mêmes jours que Georges Abdallah, ou que El Khoury Salim (*NDA : en 1981 et 1982*).

2) El-Khoury Salim, né le 21 décembre 1954 au Liban, connu comme membre actif du FPLP. Grand voyageur également, il est signalé en France : à Paris 4 janvier, 2 février (hôtel Excelsior). A Lyon, il a participé à l'achat d'une Citroën CX, au volant de laquelle il est contrôlé le 29 août 1984, à l'entrée du tunnel de Fréjus, en provenance du Proche-Orient.

3) Daher Ferial, née le 2 décembre 1961 à Andakt (Liban). Son arrivée en France est signalée en décembre 1983. Fin septembre 1984, elle est vue au village d'Andakt (Liban).

4) Esber Jacqueline, née le 2 septembre 1959 à Gebrayel (Liban).

L'identité de cette personne est incertaine. Dès septembre 1981, elle est identifiée comme ayant accompagné Georges Abdallah à Grenoble pour rendre visite à une sympathisante de Mohand Hamami, membre d'Action Directe. (*NDA : Martine Toulotte*). Le 23 juin 1984, elle ouvre un compte à l'Universal Bank à Genève et y verse 5 000 dollars.

5) Abdo Joséphine Sarkis, née à Kobayat en 1958, institutrice fréquentant les cercles de la gauche libanaise. Elle est en France le 23 mars 1984 (visa d'entrée au poste de Cerbere — 66). Liée à Georges Abdallah, elle est accompagnée par lui lors de deux opérations de location de studio : en Espagne (février 1984) à Alcala de Henares (pour cela elle ouvre un compte bancaire au Banco Exterior de Espana) ; en Italie, le 9 décembre 1983, location d'un studio à Ostie, qu'elle quitte d'urgence le 1er novembre 1984.

6) Abdallah Maurice Ibrahim, né le 5 mars 1963 à Kobayat, frère de Georges Abdallah.

7) Abdallah Robert, frère de Georges et de Maurice. Sa présence à Lyon est signalée, en 1984, ainsi qu'à Bruxelles, où il séjourne en compagnie de son frère Maurice.

8) Dagher Nabil, cousin de El-Khoury Salim, il est venu en France en juillet 1980, puis du 6 mars 1982 au 23 octobre 1984 pour suivre des stages de pilote d'hélicoptère. Des soupçons d'appartenance aux *Farl* ont pesé sur lui car il a aidé au déménagement du studio de la rue d'Hauteville. (*NDA : il sera l'une des deux victimes de l'attentat du 20 mars 86, à la galerie* Point Show).

LA PREMIÈRE NÉGOCIATION CAPUCCI

Le samedi 23 mars 1985, à 8 h 45 du matin, M. Sydney Peyrolles s'apprête à garer sa voiture devant le centre culturel français de Tripoli, au Nord-Liban...

Une grosse Mercedes de couleur verte s'arrête à sa hauteur. Un homme en descend — Sydney Peyrolles le reconnaîtra, plus tard, comme étant Salim El-Khoury. Le bras plié et recouvert d'une veste laisse juste pointer sur Peyrolles la gueule menaçante d'un pistolet de petit calibre. El-Khoury, en un français impeccable, intime à Sydney Peyrolles l'ordre de descendre de sa voiture et de monter dans la Mercedes verte.

Le directeur du Centre culturel de Tripoli vient proprement d'être enlevé... Tripoli se trouve à quelques kilomètres seulement du village de la fratrie des Abdallah — Kobayat... Dans la Mercedes verte, d'ailleurs, se trouve Maurice Ibrahim Abdallah (également identifié plus tard par l'otage).

Dans le courant de la matinée, toutes vérifications faites sur l'absence du directeur, le personnel du centre avise l'ambassade de France à Beyrouth. L'hypothèse de l'enlèvement est plus que probable. L'ambassadeur, Fernand Wibaux, informe immédiatement Paris. Le ministre des Relations extérieures, Roland Dumas — il a remplacé Claude Cheysson à la fin de 1984 — réagit vite... La première question qu'il se pose : s'agit-il d'une « suite » des enlèvements, effectués la veille, à Beyrouth, de MM. Marcel Fontaine et Marcel Carton qui dépendent comme Sydney Peyrolles de l'administration du Quai d'Orsay ?

La coïncidence est troublante (1). Mais qui peut répondre instantanément à cette interrogation ?

Dès le début de l'après-midi, un avion en provenance de Rome dépose à Orly un étrange « civil » barbu et majestueux qui, quoi qu'il fasse, ne saurait passer inaperçu... Une heure plus tard, le personnage se trouve dans le bureau de Roland Dumas. Le « civil » arrive directement du Saint-Siège — où il exerce officiellement les fonctions de *Visiteur de la communauté grecque catholique pour l'Europe occidentale*. Il s'appelle Hilarion Capucci. On l'appelle « Monseigneur ». Mais pour ce voyage-ci, il est accouru à « titre privé », d'où ses vêtements non cléricaux revêtus à la demande du ministre français des Relations extérieures.

Roland Dumas et l'évêque Capucci se connaissent bien. Ils sont même de vrais amis depuis que, en Israël, le premier a défendu le second... En 1974, en effet, Hilarion Capucci, Syrien de nationalité, Palestinien de cœur, évêque à Jérusalem du Patriarcat catholique de rite grec, avait eu la mauvaise idée de se faire « prendre » par les « services » israéliens au volant d'une voiture bourrée d'armes et d'explosifs... Enquête faite par « *le Juif* » (2), ses convictions propalestiniennes et antisionistes bien mises à jour, il avait fallu lui trouver

(1) La confusion quelques heures plus tard ne sera plus possible. MM. Fontaine et Carton sont « retenus » par le *Jihad islamique*. M. Peyrolles sera revendiqué par... les FARL. On observera que l'enlèvement de ce dernier a été réalisé, jour pour jour, cinq mois après l'interpellation à Lyon de Georges Ibrahim Abdallah.

(2) C'est sa façon à lui de désigner tout à la fois l'Etat d'Israël, ses habitants et leurs amis de par le monde...

pour son procès un avocat international de grand renom. L'OLP, les Iraniens d'opposition au shah réfugiés en France et à Beyrouth et... le Saint-Siège étaient tombés d'accord sur Roland Dumas (1).

Hilarion Capucci et Roland Dumas, depuis lors, ont noué entre eux une telle complicité qu'ils se tutoient... En ce début d'après-midi du 23 mars 1985, Sydney Peyrolles se trouve enfermé il ne sait où avec ses ravisseurs, « au rez-de-chaussée d'une maison basse, assez sordide... une couverture ajustée sur la vitre de la porte... », au terme d'un « voyage » effectué dans le coffre de la Mercedes verte...

Au Quai d'Orsay, rapide et précis comme il sait l'être, voici donc Roland Dumas face à son ex-client et ami Hilarion — un « rapide » lui aussi, mais pas quant à l'élocution, châtiée, prudente, mesurée, toujours imprégnée de non-dits très levantins.

Un thème général dans cette conversation — plus exactement dans cette « consultation » du ministre français auprès de l'évêque propalestinien (2). Pour Hilarion Capucci, la plupart des « organisations de résistance palestinienne et libanaise » sont autant de « petits ruisseaux » inévitablement attirés vers les grands fleuves que sont les Etats de la Région et la grande Organisation de Libération de la Palestine. En foi de quoi : — 1) il faut faire vite, le plus vite possible, dans ce genre d'affaire ; sinon, le « groupe » qui a fait l'enlèvement va être pris en main par tel ou tel Etat (la Syrie, les « services » libanais ?) ; pour conserver son « autonomie » le groupe des ravisseurs « partagera » son otage avec d'autres — et alors, phénomène de globalisation : il n'y aura plus une, mais deux, trois, quatre revendications (3)... 2) Avant toute chose, donc, il faut « repérer » le groupe des ravisseurs de Sydney Peyrolles et savoir ce qu'ils veulent. 3) Hilarion Capucci prend les choses en main... veut aller à Beyrouth, finit par y renoncer à la demande « suppliante » du Saint-Siège.

Les deux hommes se revoient le lendemain soir — dimanche 24 mars 1985. En privé, et en secret. Tous renseignements pris par Mgr Capucci — au téléphone, depuis Paris : les ravisseurs sont un groupe des *Fractions Armées Révolutionnaires Libanaises* dont la

(1) Condamné en août 1974 à 12 années d'emprisonnement, Mgr Capucci devait n'en effectuer qu'un peu plus de trois... Libéré par les Israéliens sous la pression du Saint-Siège, il s'engageait à ne plus mettre les pieds au Proche-Orient. Une promesse qui ne fut pas tenue...

(2) R. Dumas a bien voulu nous en confier la substance en 1986.

(3) Une négociation tout aussi « déployée » fut tentée à propos de MM. Carton et Fontaine. Le *Jihad islamique* étant exemplairement un ensemble « globalisé », celle-ci n'a pas abouti.

France détient un chef important en prison... Son nom? Georges Ibrahim Abdallah; les Algériens sont déjà au contact des ravisseurs et proposeront leur entremise pour évaluer une possibilité de libération d'Abdallah... Monseigneur se répète. Il faut aller très vite. Les auteurs de l'enlèvement sont encore dans la phase d'exécution. Il ne faut pas attendre la stabilisation de la situation.

Au moins, les choses sont désormais claires... Elles auraient pu l'être, d'ailleurs, un peu plus tôt car la DST — encore elle — avait été mise en alerte dès la semaine précédant l'enlèvement de Peyrolles par son chef de l'époque, Yves Bonnet (1). Mais, une fois de plus, semble-t-il, l'information n'était pas « passée », Yves Bonnet étant parti pour les Etats-Unis au siège de la CIA, à Langley, la veille de l'enlèvement de Peyrolles...

En fait, diligentée par la DST, une enquête « discrète » était menée dans le village de Kobayat par la « Sûreté libanaise » — une opération dûment « chapeautée » par un juge d'instruction de Tripoli... De quoi inquiéter le groupe des *Farl :* La « police » de Gemayel voulait-elle mettre la main sur Georges Ibrahim Abdallah, en le faisant extrader (2)? Mauvais climat. Au point que, avant son départ pour les USA, Yves Bonnet avait alerté ses « amis » algériens et palestiniens.

Voici donc les Algériens doublement contactés : par Bonnet *avant* même l'enlèvement de S. Peyrolles; par Capucci *tout de suite après...* Et ce n'est pas tout : tandis que, calendrier diplomatique oblige, Roland Dumas s'envole pour Bruxelles, où il accompagne le lundi 25 mars le Président Mitterrand — non sans avoir fait appeler Bonnet pour qu'il rentre au plus tôt des Etats-Unis... un troisième homme part pour l'Algérie... Décidément, les Algériens, plus que jamais, jouent les « juges de paix ». Ce qui s'explique tout particulièrement dans l'affaire Georges Ibrahim Abdallah qui a été arrêté porteur d'un passeport algérien authentique au nom (faux) de Saadi Abdelkader et « traité » par un commandant de la Sécurité militaire algérienne identifié par la DST, et rencontré par Jean-Baptiste *Menuet.*

Ce troisième homme s'appelle Alain Chenal. C'est un militant-cadre actif du PS, universitaire, passionné par les affaires du monde arabo-islamique. Dumas a voulu utiliser tous les relais possibles. Il a averti Lionel Jospin, Premier secrétaire du Parti Socialiste. Lequel a

(1) Entretien avec les auteurs à l'automne 1986.
(2) Ce qui eût été juridiquement impossible...

mandaté Chenal à Alger... pour demander l'aide des « amis du FLN » (1) et tout spécialement celle de Mohamed Yazid, l'un des « Historiques », et Cherif Messadia, numéro 2 du FLN, le parti unique algérien.

Décidément, ce G. I. Abdallah, alias Alex Abbas, Mohand El-Hillali, Abdelkader Saadi, etc., ne doit pas être tout à fait n'importe qui dans un univers terroriste où, pourtant, les « vedettes » ne manquent pas... Car, la triple démarche française vers les Algériens porte ses fruits. Un lieutenant de la Sécurité militaire algérienne débarqué sous un faux nom (Ben Mahdi) est venu à Paris dès le 26 mars — trois jours après l'enlèvement de Sydney Peyrolles. Il a pu rencontrer au parloir de la prison de la Santé le détenu Abdallah — objet d'une information à Lyon... Une entrevue prélude à d'autres, en septembre 1986, organisées par le juge Marsaud.

A l'issue de cette entrevue, Abdallah plutôt méfiant a tout de même indiqué du doigt, sur une liste, le nom d'Abou Sharif (2) comme étant celui que l' « on peut contacter à Beyrouth pour discuter de (sa) libération avec (son) organisation »... Et, de fait, dès le surlendemain, une « négociation » s'engage au Liban entre les ambassadeurs algériens (à Damas et à Beyrouth), le lieutenant Ben Mahdi, et Abou Sharif d'une part ; et d'autre part, « ... on ne savait trop qui » (3), représentant les *Farl*...

Tout va donc bon train... comme l'avait conseillé le bon évêque Capucci. En outre, Robert Badinter, Garde des Sceaux, aurait confié que compte tenu de l'état des charges qui pèsent sur lui, « ... bien que noir comme un corbeau Abdallah, ne risque pas plus de huit mois de prison. » Or, il en a déjà passé cinq dans les cellules françaises... Certes, comme une instruction est ouverte, il faudra bien aller jusqu'au jugement. Mais, au terme de cette procédure, il ne restera plus qu'à le libérer...

Scénario idéal ! Tout baigne : on *doit* pouvoir récupérer Peyrolles.

Effectivement, dès son retour de Bruxelles, en compagnie du Président de la République tenu au courant des négociations, Roland Dumas envoie à l'ambassadeur de France à Alger, François Scheer

(1) Cette démarche qui aurait dû rester secrète fut révélée dans *le Canard Enchaîné* de la semaine suivante.

(2) Le même qui nous avait facilité certains contacts à Beyrouth, durant le siège en juillet 1982, avec un certain nombre de « chefs » de l'OLP de Yasser Arafat et d'autres organisations plus clandestines (voir IIIe partie, chapitre 1).

(3) Yves Bonnet — 1986 — *Ibid.*

(ancien directeur de cabinet de Claude Cheysson), un premier télégramme chiffré. Comme dans l'affaire de l'Airbus de Téhéran, le prudent avocat, qui connaît bien le poids de la chose écrite, se couvre. D'abord, il faut clairement expliquer la position française. En substance : ... une promesse catégorique de libération de Georges Ibrahim Abdallah ne peut être faite selon les termes proposés (par les « entremetteurs » algériens) ... un processus judiciaire conforme à la loi française se trouve engagé, on ne peut l'enrayer.

François Scheer transmet aux Algériens. Dès le lendemain, nouveau câble de Roland Dumas sur le thème — il y a de l'espoir : ... on peut prévoir que la procédure en cours à propos de Georges Ibrahim Abdallah restera, dans l'état du dossier, une procédure correctionnelle... sauf, bien entendu, complications judiciaires (1).

Le 29 mars, — Sydney Peyrolles se trouve toujours retenu par ses ravisseurs — François Scheer répond à son ministre (en substance toujours) : ... les choses étant ce qu'elles sont, sans attendre réponse précise... compte tenu urgence du dossier, les Algériens estiment qu'il faut agir... Ils prennent sur eux de demander et obtenir la libération de la « personne en question ».

Autrement dit, la France ne s'est pas engagée à autre chose que de respecter *sa* loi... Et les Algériens, confiants, feront toutes les promesses qu'il faudra auprès des ravisseurs.

Et, en effet, dès le jeudi 28 mars au soir, Sydney Peyrolles croit bien qu'il va se trouver libre. On l'extrait sans plus d'explication de la chambre où il est enfermé depuis six jours, on le fait monter à bord d'une Mercedes (blanche cette fois) pour... qu'il se retrouve emprisonné dans une cabane de berger au soir du vendredi 29... Puis il change de gardiens — des miliciens libanais de l'organisation chiite *Amal* aux ordres des Syriens — ont remplacé les membres des *Farl*... Le 31 mars, une semaine après son enlèvement, réapparition des frères Abdallah — Maurice et Joseph — et de Selim El-Khoury... Sydney Peyrolles, pour finir, sera déposé à Beyrouth, au milieu de la nuit du 1er au 2 avril, chez le leader d'*Amal*, Nabih Berri (2), qui le conduira à l'ambassade de France le 2 avril au matin.

(1) Ce qui signifie bien, en clair, que G. I. Abdallah n'encourt que des peines légères, qu'il peut être rapidement jugé et donc libéré, si aucun élément nouveau de charges n'est versé au dossier.

(2) *Amal*, organisation chiite libanaise, prosyrienne, en opposition aux Chiites pro-iraniens *Hezbollahi*. Nabih Berri, avocat, est aujourd'hui ministre de la Justice à Beyrouth.

L' « incident » est clos... Dans sa prison, G. I. Abdallah alias Abdelkader Saadi peut désormais espérer « sortir » bientôt, sans trop de bruit. Dans ces conditions, il peut se montrer patient...

***

Des divers témoignages que Sydney Peyrolles (1) a donnés de sa détention, plusieurs points méritent d'être relevés :

D'abord, il a formellement « identifié Selim El-Khoury, Maurice et Joseph Abdallah, comme étant ses ravisseurs ». Une jeune femme faisait aussi partie du groupe — elle était « cassante, agressive, parfois à la limite de l'hystérie — mais il ne l'a pas identifiée « *avec une certitude absolue* » comme étant Jacqueline Esber. »

Ensuite, ses ravisseurs se sont clairement expliqués lui, en français. Ils se sont déclarés chrétiens, communistes et ont moqué leur otage lorsque celui-ci leur a demandé s'ils appartenaient au *Jihad islamique* : non, eux, ils sont membres des *Fractions Armées Révolutionnaires Libanaises* et, de toute façon, pour eux, « le *Jihad* en tant que tel n'existait pas ».

Enfin, pas une fois, ces ravisseurs n'ont prononcé le nom de Georges Ibrahim Abdallah. Pour eux, « ... le membre du mouvement, emprisonné injustement en France, s'appelle Abdelkader Saadi » (2). Enfin, ils ont clairement et longuement revendiqué les attentats contre Barsimentov, Ray, Chapman et Homme, ainsi que « la voiture piégée ayant entraîné la mort de deux artificiers français qui auraient " dû se montrer moins maladroits ": ce n'était qu'un accident ! Leurs objectifs n'ont jamais été qu'américains ou israéliens... » En dehors du cas Abdelkader Saadi, ils estimaient « n'avoir aucun contentieux avec la France qu'ils avaient choisie comme terrain pour frapper, parce que c'était le plus facile... ».

« ACCIDENT » DE PARCOURS : LA CACHE D'ARMES DE LA RUE LACROIX

Sydney Peyrolles, libéré le 2 avril 1985 à Beyrouth, tout devrait rentrer dans l'ordre...

Il n'y a plus qu'à attendre le « petit » procès d'un « petit »

(1) Aujourd'hui directeur du Centre Culturel français à Glasgow.

(2) Ce qui montre une remarquable coordination de groupe quant au respect de la clandestinité de son chef.

terroriste itinérant, prétendant ne se livrer, avec ses amis en France, qu'à des travaux « d'analyse, d'évaluation des cibles potentielles israéliennes et américaines ». Péchés veniels — facilement pardonnables, sur lesquels le juge Marie Kleinmann, du tribunal de Lyon, accumule indices, détails sur l'*existence* et les « activités » du réseau européen d'Abdallah. La DST collabore au maximum...

... Mais le 2 avril 1985, fortement aidés en cela par les Services israéliens et américains, les contre-espions français à force d'éplucher les carnets, notes, documents découverts à l'hôtel d'Abdelkader Saadi en octobre 84, remontant par des jeux d'écritures bancaires (Universal Bank à Genève) aux dépenses du couple Esber-El-Hillali — Esber-Abdallah, etc. — le 2 avril 1985, donc, jour de la libération de Sydney Peyrolles, la DST découvre, comme par hasard, une cache d'armes au n° 18 de la rue Lacroix, à Paris XVIIe loué par Jacqueline Esber.

L' « appartement conspiratif » a été découvert « ... vers 18 h ». Cette précision et combien d'autres sont données dans un message « à chiffrer », classé « secret » et départ « immédiat » émanant de la Police Nationale-DST Paris, en date du... 6 avril 1985 (1). Reçu à 14 h 04 par le service du chiffre, il a été transmis dès 15 h 34 (ou 39...). A qui ? Le destinataire est désigné comme *Ketel-DZ*... (La base de la DST régionale de Lyon qui transmettra au juge) (2).

En voici le texte intégral en fac-similé :

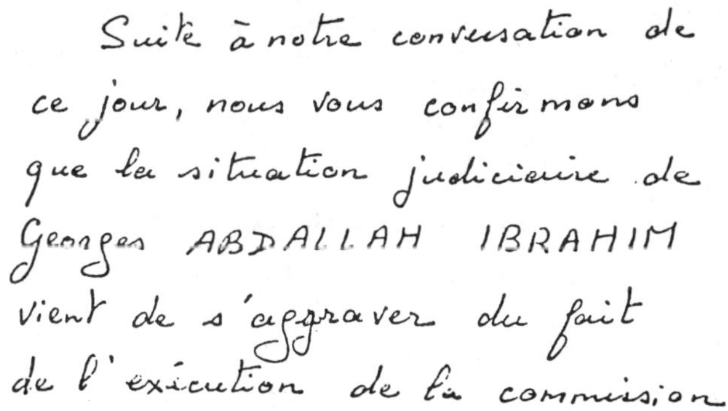

Suite à notre conversation de ce jour, nous vous confirmons que la situation judiciaire de Georges ABDALLAH IBRAHIM vient de s'aggraver du fait de l'exécution de la commission

(1) Le délai entre les dates des 2 et 6 avril s'explique par le temps nécessaire aux expertises...

(2) Les journaux sont très vite informés.

rogatoire en cours. le concernan
STOP. En effet, il a été décou-
vert le mardi 2 avril vers 18H
dans un studio 18. rue Lacroix
Paris XVII, loué par Jacqueline
ESBER, amie du prévenu,
une malle contenant le matériel
suivant :

. 25 kgs d'explosifs divers
. des détonateurs
. 6 propulseurs de RPG7
. 2 pistolets mitrailleurs scorpi
. 1 pistolet automatique tchécosl
vaque CZ de calibre 7,65
. 1 silencieux
. des munitions
. des systèmes de mise à feu
télécommandés pour explosif
. des papiers d'identité
. de nombreux documents et

matériels divers, dont des listes d'objectifs potentiels sur la France.

En l'état actuel des expertises, il semble que le pistolet tchécos-lovaque soit l'arme utilisée dans les assassinats de plusieurs diplomates en poste à Paris revendiqués par les FARL. STO

Cette découverte implique directement Georges ABDALLA IBRAHIM. En conséquence, il est prévisible que l'affaire judiciaire prenne de nouveaux développements qui ne permettion pas de tenir les délais impartis. Nous nous tenons à votre dispositio pour toutes informations complémentaires que vous souhaiteriez. STOP ET FIN.

« Suite à notre conversation de ce jour, nous vous confirmons que la situation judiciaire de Georges Abdallah Ibrahim vient de s'aggraver du fait de l'exécution de la commission rogatoire en cours le concernant. *Stop*. En effet, il a été découvert le mardi 2 avril vers 18 h dans un studio 18 rue Lacroix Paris XVIIe, loué par Jacqueline Esber, amie du prévenu, une malle contenant le matériel suivant :

— 25 kg d'explosifs divers
— des détonateurs
— 6 propulseurs de RPG7
— 2 pistolets mitrailleurs Scorpion
— 1 pistolet automatique tchécoslovaque CZ de calibre 7,65
— 1 silencieux
— des munitions
— des systèmes de mise à feu télécommandés par explosif
— des papiers d'identité
— de nombreux documents et matériels divers, dont des listes d'objectifs potentiels sur la France.

En l'état actuel des expertises, il semble que le pistolet tchécoslovaque soit l'arme utilisée dans les assassinats de plusieurs diplomates en poste à Paris revendiqués par les FARL. *Stop*. Cette découverte implique directement Georges Abdallah Ibrahim. En conséquence, il est prévisible que l'affaire judiciaire prenne de nouveaux développements qui ne permettront pas de tenir les délais impartis. Nous nous tenons à votre disposition pour toutes informations complémentaires que vous souhaiteriez. *Stop et fin*.

L'Histoire, on le sait, est peuplée de coïncidences bizarres, de rencontres imprévisibles, de malentendus dramatiques...

Dans ce cas, cependant, le décalage entre la date du 2 avril — découverte du studio de la rue Lacroix — et celle du 6 avril — transmission de ce message, ne paraît en rien être dû au hasard. La mention « ... *Il est prévisible que l'affaire judiciaire prenne de nouveaux développements qui ne permettront pas de tenir les délais impartis...* » laisse rêveur. Ainsi, la police nationale — et tout particulièrement la Surveillance du Territoire — avait connaissance de « délais » ? Quels délais ? Ceux de la libération de Georges Ibrahim Abdallah — anticipée ? On n'ose imaginer que ce message ait eu pour objet d'influencer le traitement du dossier du juge Marie Kleinmann, à Lyon.

Tel est bien, pourtant, le but recherché lorsque l'expéditeur affirme que « ... *il semble que le pistolet tchécoslovaque soit l'arme utilisée dans les assassinats de plusieurs diplomates en poste à Paris revendiqués par les Farl...* ».

C'en est fini du « petit » activiste arabo-algéro-libano-palestinien Ibrahim Abdallah et de son « réseau » d'amis très intellectuels, analystes surfins des activités israéliennes et américaines en France. Il s'agit des *Fractions Armées Révolutionnaires Libanaises,* chef présumé : Georges Ibrahim Abdallah. Pas du tout des « gambergeurs » : des tueurs.

Et, évidemment, c'est là « l'élément nouveau de charges » envisagé par Roland Dumas comme pouvant éventuellement retarder la libération de Georges Ibrahim Abdallah. Hasard ? Sûrement pas. Quelqu'un a voulu casser le « deal » franco-algéro-Farl... L'approche des élections législatives (pour l'année suivante), le désir de nuire ? Peu importe. Une fois de plus, il y a eu « fuite », sciemment, volontairement organisée. « On » ne voulait pas — Israéliens ? Américains ? Magistrats français au courant de la tractation mais opposés à celle-ci par principe ? — que Georges Ibrahim Abdallah pût être libéré comme convenu.

Dommage ? La France l'avait déjà fait, pourquoi ne pas continuer ? Cela aurait pu éviter quelques ennuis dès décembre 1985, puis au printemps 86, puis à l'automne 86.

Dommage ? Peut-être pas... L'avenir, seul, dira si la *bonne voie* pour répondre à la terreur est ou n'est pas de *négocier.*

En tout cas, voici l'instruction Abdelkader Saadi relancée.

A Paris, le juge d'instruction Martine Anzani avait été saisie des dossiers Chapman (indemne), Ray (tué) et Grant (indemne). A Nanterre — parce que le crime avait été commis à Boulogne-Billancourt, — le juge Jacques Pometan avait été saisi du dossier Barsimentov (tué). La première avait clos ses deux informations dès 1984. Le deuxième — on l'appellera le « Bruguière de Nanterre », parce qu'il prend toujours son temps — avait laissé ouverte son instruction sur le meurtre du diplomate israélien... Avant de partir en vacances, en cet été 1985, il relance son affaire à la lumière de la découverte de la cache d'armes de la rue Lacroix ; et en raison de l'existence de l'arme qui a tué Ray et Barsimentov, il inculpe Georges Ibrahim Abdallah de complicité d'assassinats. Martine Anzani fait de même et rouvre ses dossiers... pour la forme, car elle va quitter l'Instruction.

Le juge Pometan part en vacances au mois d'août... « Pour faciliter la bonne marche de la justice... », le Parquet de Nanterre introduit un recours devant la chambre criminelle de la Cour de cassation, visant à dessaisir le magistrat instructeur de Nanterre. La raison première de cette démarche insolite ? Le caractère même du juge Pometan — une forte tête qui, à l'instar des Bruguière, Corneloup et d'autres à Paris, ne se montre pas très docile aux « suggestions » du Parquet. Par exemple, Pometan, en 1982, saisi du meurtre de Yacov Barsimentov, avait fait appel à la gendarmerie (section de recherches du commandant Morel) pour mener l'enquête et non pas à la Brigade Criminelle de Paris... Raison profonde et plus « finalisée » : il fallait dessaisir le juge Pometan pour pouvoir joindre le dossier Barsimentov aux dossiers Ray, Chapman, Grant instruits puis clos, puis rouverts par Martine Anzani, juge d'instruction à Paris... Celle-ci ayant demandé à quitter l'Instruction, pour siéger au Tribunal (1), il ne restait plus qu'à joindre en un seul dossier toutes les affaires reliées aux *Fractions Armées Révolutionnaires Libanaises* en général, et à Georges Ibrahim Abdallah en particulier (2).

L'homme qui reçoit cet héritage s'appelle Gilles Boulouque... Il en perçoit « ... immédiatement le poids et la portée ». Le poids c'est celui, d'abord, des victimes — toutes américaines et israéliennes. C'est aussi celui du « chef » Georges Ibrahim Abdallah — qui reste inculpé à Lyon d'association de malfaiteurs, dans l'attente de son jugement. La portée du dossier ? Le « rayonnement » des *Farl*, l'implication qui en résulte de « services » comme le *Mossad* israélien, la sécurité algérienne, la CIA, et bien sûr, la DST — et déjà, un épisode significatif : l'enlèvement de Sydney Peyrolles...

Mais quels que soient le « poids et la portée » du dossier Abdallah, le juge Boulouque estime en son âme et conscience qu'il faut d'abord savoir attendre. Attendre quoi ? Le jugement de Georges Ibrahim Abdallah au terme de la procédure instruite à Lyon par Marie Kleinmann.

*
**

Savoir attendre... Normal : l'actualité des mois de décembre 85, de février et mars 1986 reste « dominée » par la vague d'attentats aveugles qui secouent la capitale. Le juge Alain Marsaud (3), comme tout le monde, relie ces salves de la terreur à la libération des otages

(1) Elle était dès la fin de 1985 juge siégeant à la XVIe chambre du Tribunal de Paris, spécialisée dans les procès de drogue.

(2) Le dossier sur la tentative d'assassinat du consul général des USA à Strasbourg, Robert Homme, ne sera joint cependant au dossier « général » du juge Boulouque qu'au mois de novembre 1986.

(3) Voir prologue, l'énumération et le bilan de ces attentats et les démarches d'Alain Marsaud au ministère de l'Intérieur et au Quai d'Orsay *avant* le changement de gouvernement de mars 1986.

français détenus au Liban. Comme tout le monde ? A dire vrai, pas tout à fait : *Roublanglov* d'une part — qui finit de mettre au point son « rapport » sur les revendications iraniennes pour la « libération des cinq » — sait bien que là n'est pas la question ; *Menuet*, désormais rattaché *aussi* comme conseiller à la Direction de la ST, « flaire » que les attentats ne visent pas à renforcer cette revendication iranienne, et pense plutôt aux Syriens et aux *Farl* dont le chef G. I. Abdallah est détenu en France.

C'est que Alain Marsaud, par ses démarches au ministère de l'Intérieur et au Quai d'Orsay, a appris un « secret » — encore un — qui secoue tous les « initiés », les désoriente et lui aussi par la même occasion.

En un mot : le 5 janvier 1986, Anis Naccache, le chef des « cinq », a été extrait de sa cellule de Clairvaux. Un hélicoptère devait arriver d'un instant à l'autre pour l'emmener « discrètement » vers les voies de la liberté. Trente minutes, une heure, deux heures d'attente dans le froid du petit matin, au milieu de la grande cour de la Centrale... L'hélicoptère n'est jamais arrivé, et le directeur de la prison a aimablement prié son prisonnier de regagner sa cellule...

Que s'est-il passé ? Pas grand-chose... Les jours précédents un accord secret avait été passé entre Téhéran et Paris via la Syrie. Les Iraniens acceptaient le principe d'un échange : Naccache contre quatre otages français (Carton, Fontaine, Seurat, Kaufmann). Joëlle Kaufmann, avait été prévenue... Mais entre l'accord Téhéran-Paris et la concrétisation de cet accord, il y avait un ultime écueil : l'approbation des Hezbollahi chiites libanais. Ceux-ci ont voté, dans la nuit du 4 au 5 janvier. Réponse : non. L'échange devait concerner *les cinq, tous les cinq d'un coup contre les quatre Français...*

Le Président Mitterrand n'a pas accepté ce marchandage de dernière heure...

Un ratage... qui infeste par son apparente signification, à Paris, toutes les tentatives d'explication des attentats aveugles... « On » en restera là : « on » continuera de croire que les attentats sont surtout la réponse au refus français de libérer « les cinq ».

LA « RÉVÉLATION » ALGÉRIENNE ET LES « PRESSIONS » AMÉRICAINES

Après l'ultime coup de semonce du 20 mars 1986 — l'attentat de la Galerie Point Show qui saluait l'arrivée du nouveau Premier ministre Jacques Chirac — le mois d'avril s'est passé dans une relative tranquillité en France. Quelques « signaux », cependant, ont continué de s'allumer — comme si le terrorisme dit « intérieur » s'appliquait à entretenir un climat d'inquiétude (1)... Mais, c'en est fini, semble-t-il, des attentats aveugles dans les lieux publics.

« Nous terroriserons les terroristes » — a solennellement déclaré Charles Pasqua. Tout se passe comme s'il avait été entendu.

Les conseillers de Jacques Chirac et d'Albin Chalandon n'en retiennent pas moins l'idée et le vocable proposés par le juge Alain Marsaud, au mois de décembre précédent : la mise en place d'un « Conseil de sécurité intérieure ». Cette structure se réunit pour la première fois le jeudi 1er mai à 11 h du matin à l'Hôtel Matignon. Les hommes qui entourent Chirac au sein de ce conseil — Charles Pasqua (Intérieur), Robert Pandraud (Sécurité), Albin Chalandon (Justice), André Giraud (Défense), Jean-Bernard Raimond (Affaires Étrangères) et Maurice Ulrich (directeur du cabinet de J. Chirac) — décident qu'ils se réuniront au moins une fois par semaine — et plus s'il y a urgence...

... En fait, le conseil de sécurité ne se réunira plus jusqu'au... 8 septembre 1986 (2). C'est assez pour dire combien les déclarations d'intentions sécuritaires restent — en l'absence d'attentats — assez éloignées des préoccupations quotidiennes du gouvernement. Tant que les bombes n'explosent pas et ne tuent pas, les ministres ont bien d'autres chats à fouetter... Comportement classique !

Deux événements pourtant, à la fin des mois d'avril et de mai, vont « réveiller » au moins deux des ministres directement concernés par la politique sécuritaire.

Début avril d'abord, Albin Chalandon, ministre de la Justice, a

(1) M. Guy Brana, vice-président du CNPF, fut l'objet d'une tentative de meurtre, le 15 avril (revendication Action Directe). M. Kenneth Marston, Britannique, directeur général de *Black et Decker-France,* est assassiné le 25 avril à Lyon (revendication d'un mystérieux « groupuscule arabe »).

(2) La salve d'attentats de l'automne vient de commencer. Le Conseil de sécurité, du coup, se réunira les 10, 14, 17, 20 et 30 septembre...

reçu demande d'audience — qu'il accorde le 25 avril — de l'ambassadeur des Etats-Unis en France, M. Joe Rodgers. Celui-ci expose courtoisement au Garde des Sceaux que le Département d'Etat américain (ministère des Affaires étrangères) reste très attentif au destin que la justice française réservera au « terroriste Georges Ibrahim Abdallah » considéré, depuis la découverte, rue Lacroix, de l'arme qui a tué Charles Ray et Yacov Barsimentov, comme, pour le moins, complice de ces assassinats. Il n'est pas exclu que la famille Ray et le gouvernement américain se portent partie civile. Voilà qui donne à réfléchir à Albin Chalandon : les Américains se font pesants sur une « affaire » dont le jugement est d'ores et déjà fixé au début juillet à Lyon.

Un mois jour pour jour après cette entrevue quelque peu irritante — mais dont personne ne mesure encore les conséquences — Robert Pandraud s'envole pour l'Algérie en compagnie du conseiller diplomatique de l'Intérieur, M. Didier Quentin. Objet officiel de ce premier déplacement à Alger, le 26 mai 1986 : le « recadrage » des réglementations françaises à l'endroit des immigrés algériens — et notamment des expulsions d'auteurs de délits de droit commun...

Robert Pandraud, pipe au bec, est d'abord reçu par son homologue Hamed Hadj Yalla. On parle en effet « règlements ». Très vite. Visite ensuite à l'un des principaux conseillers du Président algérien Chadli, M. Khediri. Un officier général, Larbi Belkher, prend note de l'entretien : les perspectives de la politique générale du nouveau gouvernement français, dans le cadre de la cohabitation gauche-droite. Enfin, le général Lakmal Ayat — jadis jeune officier de l'armée française, aujourd'hui chef de la « Sécurité militaire » — rejoint Robert Pandraud à la Présidence algérienne. Les choses sérieuses commencent. Un compte à rebours se trouve enclenché... dont le point d'impact tombera, à Paris, dès les premiers jours de septembre.

Lakmal Ayat, fin politique, remarquable diplomate, connaît bien l'affaire Georges Ibrahim Abdallah. C'est lui, l'année précédente (mars 1985) qui, avec son ami Yves Bonnet — il manifeste son regret que celui-ci ne soit plus à la tête du contre-espionnage français — a « traité » la négociation sur l'enlèvement de Sydney Peyrolles. Pandraud est tout de même au courant. Yves Bonnet, ex-patron de la DST, préfet du Finistère, futur Préfet de région en Guadeloupe lui a rendu compte par écrit de l'affaire peu après la constitution du nouveau gouvernement. Mais, ô surprise pour le ministre français délégué à la sécurité : le message du « patron » algérien des services spéciaux est clair, net.

— ... Nous, Algériens, avons bien voulu servir d'intermédiaires, pour la libération de votre diplomate enlevé à Tripoli-Liban... Attention : cet homme, que vous détenez, et ses amis des *Fractions Armées Révolutionnaires Libanaises* sont des chrétiens, des marxistes, de vrais révolutionnaires qui ont pris à leur compte la lutte pour la libération de la Palestine et celle de leur pays : le Liban... A leur façon, ce sont des « Résistants » contre l'ennemi commun : Israël et son alliée l'Amérique... Pour eux, la France ne doit *jamais* apparaître comme soutenant ce duo israélo-américain...

Pandraud, dans les grands moments, se tait. Seuls de brefs raclements de gorge, des bruits de suçotement de pipe brisent le silence, tandis qu'il vous regarde en face, droit dans les yeux. Sa machine intellectuelle tourne dans sa tête — sans que rien, ni émotion ni jugement n'apparaisse sur ses traits. Les plus avisés de ses familiers — ils sont peu, bien que « Bob » soit de bonne compagnie — mesurent l'intérêt qu'il porte aux propos qu'on lui tient à la vitesse qu'il déploie pour rouler dans chacune de ses deux mains, du bout des doigts, trois cigarettes (blondes) dont il récupérera soigneusement le contenu pour en bourrer sa pipe...

— ... La partie arabe a tenu sa promesse : elle a libéré Peyrolles, grâce à nous, poursuit le général Ayat (en substance) et nous nous sommes engagés auprès des *Farl.* La France devait tenir sa parole et libérer le prisonnier à l'issue de sa peine, qui devait être brève — c'est du moins ce qu'on nous avait laissé entendre : sept ou huit mois de détention au maximum... Avez-vous observé, Monsieur le ministre, que les attentats que vous avez subis à Paris, au mois de décembre, correspondaient exactement à cette échéance de sept ou huit mois ?

Re-surprise de Pandraud ! Même silence, les brins de tabac s'égrènent sous ses mains... au-dessus d'un cendrier vierge de toute cendre.

— ... Les *Farl,* poursuit Lakmal Ayat, attendent désormais que la justice française se prononce... Mais plus ils attendent, plus se joignent à eux d'autres « revendicateurs » — vous avez, maintenant, sur les bras les Arméniens pour Garbidjian, les Libanais pro-iraniens des Hezbollahi pour Naccache... Prenez-y garde... En tout cas, pour ce qui nous concerne, nous Algériens, nous partageons avec vous les conséquences du « retard » : certains de nos diplomates dans la « Région » ont déjà reçu des menaces de rétorsion...

Robert Pandraud bourre sa pipe en se raclant la gorge... Le message est clair, limpide. Il explique les attentats de décembre, éclaire ceux de février et de mars : les *Farl* de Georges Ibrahim Abdallah se sont laissé absorber par le Comité de Solidarité avec les Prisonniers Politiques Arabes *(Csppa)*.

Pour cet éternel jeune homme de 58 ans, rondouillard, bon vivant, fort en gueule à l'occasion, entré à l'ENA à la force du poignet — un poignet tôt fatigué à la fin de la guerre à porter des valises de survie (cochonnailles, alimentations diverses) pour le jeune Auvergnat en provenance du Puy — pour l'homme rompu aux tractations terroristes (1), il n'y a plus qu'à rentrer à Paris au plus tôt...

... Et y donner un avis, un seul : que l'on se débarrasse — en toute légitimité bien sûr — de cet encombrant Abdelkader Saadi-Georges Ibrahim Abdallah qui doit être jugé à Lyon au début du mois de juillet prochain... Avis que tous les ministres concernés entendront d'une oreille bienveillante, excepté peut-être M. Jacques Chirac, soucieux de respecter « sa » fermeté antiterroriste.

*
**

Au début du mois de juillet 1986, pratiquement un an après avoir été saisi du dossier (l'avoir analysé, en avoir recoupé tous les éléments concourant à concrétiser les *Farl* comme une association de malfaiteurs ayant commis des crimes), le juge Boulouque recevra à son tour une visite inattendue : celle du troisième secrétaire de l'ambassade des Etats-Unis en France. En plein procès à Lyon, du chef « présumé » des *Farl*, Georges Ibrahim Abdallah.

Le troisième secrétaire américain, M. Kashkett, ne cachera pas au juge que son pays s'intéresse de très près au destin de Georges Ibrahim Abdallah... En plus direct, ce que l'ambassadeur américain avait dit deux mois plus tôt à Albin Chalandon, en l'interrogeant sur les « suites » possibles du dossier Abdallah.

A l'issue du procès de Lyon, le 10 juillet, Georges Ibrahim Abdallah *ne sera condamné qu'à quatre ans d'emprisonnement*. « On » aurait pu en requérir au moins six et même dix. Les Etats-Unis et la famille du colonel Charles Ray se portent partie civile, dès le 9 juillet, auprès du juge Boulouque *afin que son dossier ne puisse s'éteindre*. Ni

(1) Voir chapitre de la Ire partie, l'affaire Abou Daoud au cours de laquelle R. Pandraud, alors directeur général de la police nationale, eut à prendre des décisions « historiques ».

l'Etat israélien ni la famille Barsimentov ne s'associeront à cette constitution de partie civile présentée par l'un des maîtres du barreau français Me Georges Kiejman.

Kiejman partie civile, Vergès défenseur de Georges Ibrahim Abdallah, quel beau duel !

C'est alors et seulement alors que Gilles Boulouque, 36 ans, natif de Neuilly, juge d'instruction au tribunal de Paris depuis deux ans et demi, comprendra que l'affaire Georges Ibrahim Abdallah dont il a la charge depuis neuf mois est encore plus importante que ce qu'il avait pu imaginer... Et qu'il commence à s'expliquer, comme son ami Alain Marsaud, chargé d'instruire les attentats de l'hiver 85 et du printemps 86, *pourquoi* ces attentats ont eu lieu.

Une fois encore, les juges d'instruction n'ont pas été tenus au courant de l'évolution secrète d'une affaire a priori sans grande consistance, où les charges précises contre Georges Ibrahim Abdallah étaient cruellement légères — mais dans laquelle le poids de la « résistance arabo-palestinienne » face à celui du duo israélo-américain a engendré en France, et engendrera encore au mois de septembre suivant, des séries d'attentats de plus en plus meurtriers.

Petit-fils d'un des frères Gaumont, pas très grand, plutôt fluet d'apparence — il n'en est pas moins sportif : il a fait 10,8 au 100 m — et quelque peu effacé, Gilles Boulouque, à côté de son massif ami Marsaud, peut donner l'illusion qu'il ne fait pas le poids... Il a pourtant déjà l'expérience des dossiers terroristes. C'est lui qui, en 1985, a instruit une nouvelle affaire Melkonian (1). Au vrai, le « petit juge » — dont le regard fixe et pénétrant vous transperce dans les longs silences qu'il affectionne — se sent très à l'aise dans ce genre d'affaires. Non pas qu'il n'en mesure pas les risques... Il les évalue très bien, au contraire. Mais, homme tranquille par-dessus tout, il voit le monde et ses horreurs avec sérénité, sans plus ni moins de fatalisme que le manipulateur de matières radioactives au fond de son laboratoire. Il ne parle pas souvent — amateur des silences qui disent ce que l'on veut y mettre. Mais lorsqu'il s'exprime, d'une voix toujours retenue, presque douce — ce doit être un bon père — une implacable logique, une parfaite cohérence conduisent son discours. Un astucieux « décortiqueur » d'embrouilles...

(1) L'ex-Georghiu élargi en novembre 1981 (voir chapitre 5 de la 1re partie) s'était réintroduit en France en 1985, avec armes et explosifs. Jugé le 12 décembre 1986, il a été condamné à 4 années d'emprisonnement, dont deux avec sursis. Sa libération est d'ores et déjà prévue pour la fin 1987.

BOULOUQUE ABOULIQUE

Le 11 juillet, dans la soirée, le porte-parole de l'ambassade des Etats-Unis à Paris publie un communiqué où il déclare qu' « il est surpris » par la « légèreté » de la sentence de quatre ans de prison infligée à G. I. Abdallah. « ... Nous espérons qu'Abdallah, qui ne fait pas mystère de ses intentions violentes à l'égard des Américains et qui est associé à un groupe qui a tué ou essayé de tuer plusieurs diplomates américains, purgera la totalité de sa peine... (1) »

Ingérence dans le cours de la justice française ? C'est en tout cas ce que déclare dans un communiqué vengeur du lendemain le ministre des Affaires étrangères, Jean Bernard Raimond.

Premier concerné, Albin Chalandon hésite encore. Il n'est pas dans sa nature, certes, de recevoir des ordres venus d'ailleurs. Pour autant, il s'interroge : les Américains sont tout de même nos alliés ; mais, oui ou non, le gouvernement socialiste a-t-il formellement passé un accord avec les *Farl*, par l'intermédiaire des Algériens, pour la libération de Georges Ibrahim Abdallah ? Le Garde des Sceaux s'en ouvre à Jacques Chirac. Celui-ci posera la question au Président Mitterrand. Réponse : non, il n'y a pas d'accord autre que celui d'assurer le déroulement normal des procédures françaises. Avant de donner cette réponse catégorique, le Président a interrogé son vieil « ami Roland » (2). Albin Chalandon fera état de cette position des socialistes dans une interview à *Paris-Match* (3) « ... Seul le précédent gouvernement peut nous dire s'il y a eu accord ou pas. S'il n'a rien dit à ce jour, c'est qu'assurément il estime qu'aucun engagement n'a été pris par lui. »

Il n'empêche que les Algériens eux aussi se trouvent dans un grand embarras. Au point que de l'entourage de Lakmal Ayat, arrive dès le 11 juillet également un message au ministère de l'Intérieur : attention, les *Farl vous donnent jusqu'au 1er août* pour arrêter la machine, ne pas relancer un deuxième dossier Abdallah. Il suffit que le juge Boulouque se prononce à non-lieu de poursuite, l'affaire sera classée... Pandraud, à son tour, dans un crucial embarras.

(1) D'après *le Monde* en date du 15 juillet et *l'Express* de la même semaine : le Président Reagan a évoqué l'affaire avec F. Mitterrand le 4 juillet à New York lors de la visite du Président français pour le centenaire de la statue de la Liberté.
(2) Entretiens en octobre et novembre 1986 avec les auteurs.
(3) N° du 18 septembre 86.

Un hebdomadaire plutôt bien informé, en général, devait annoncer le 15 septembre suivant que le juge Boulouque était allé « consulter », en cette difficile deuxième quinzaine de juillet, Jacques Chirac et Charles Pasqua.

Erreur : ce n'est ni Jacques Chirac ni Charles Pasqua que le juge Boulouque a rencontrés mais Robert Pandraud. Pas vraiment par hasard : dans un dîner « prémédité » par un troisième homme, magistrat influent du Parquet, et légitimement désireux d'aider son « collègue ». Thème de Pandraud : assez de sang, assez d'horreur, mettons la pédale douce. Gagnons du temps au moins jusqu'à septembre... D'ici là, je l'espère, tout sera réglé... Compte tenu des pressions américaines, des exigences de suppléments d'information de la partie civile, l'instruction ne peut être considérée comme close. « On » le fera valoir à Alger. L'ultimatum du *Farl-Csppa* est repoussé au 1er septembre.

De fait, Gilles Boulouque part en vacances — quelque peu accablé, il y a de quoi ! — à la fin du mois de juillet, en Autriche. Sans avoir rien conclu : ni non-lieu ni poursuite en Assises d'Abdallah pour complicité d'assassinats. « Juillet aura été pour lui un calvaire — nous a confié l'un de ses collègues : le “ dossier ” lui a fait découvrir qu'il n'existe pas, lui le “ juge d'instruction ”, que tout se passe à côté, derrière, au-dessus, au-dessous de lui... Mais jamais *avec* lui. » Gilles Boulouque vit, à son tour, l'impossible contradiction entre sa fonction et son objet lorsqu'il s'agit de terrorisme !

Quant à Albin Chalandon, au reçu d'une lettre en date du 17 juillet, émanant de son homologue américain, l'Attorney général Edwin Meese (1), il balance toujours : ne pas choquer l'allié américain, mais ne pas donner l'impression que l'on est à ses ordres. Et surtout, ne pas compromettre la stabilité sociale en France... La « courtoisie appuyée » (2) de cette missive l'a touché. Après tout, n'est-il pas temps d'interrompre l'infernale spirale où se trouvent entraînées les démocraties par les agissements terroristes ? Mais alors, c'est la guerre : et si l'on s'y engage — en arrêtant tout dialogue, toute négociation — il faudra aller jusqu'au bout, subir bien des attentats, expliquer aux Français qu'ils auront encore bien des morts à déplorer avant la victoire finale... Cette société frileuse,

(1) Avocat californien, il est l'un des conseillers « historiques » du Président Reagan.
(2) Entretien avec les auteurs (1986).

bien-pensante qui attend tout de son gouvernement et rien d'elle-même est-elle prête à ces sacrifices ?

Chalandon répond donc (lettre du 20 juillet) : la justice suivra son cours. Mais l'affaire est encore dans sa phase d'instruction et « le souhait d'un gouvernement ne rejoint pas nécessairement ce qu'un magistrat d'instruction établit ou non... » (1).

Dans le courant du mois d'août, la 8e Section du Parquet de Paris — chargée pour un mois encore des affaires terroristes (2) — a reçu, sans que le Garde des Sceaux n'en fût informé (il était pourtant à Paris), des « instructions » du Parquet pour que fût dressé un projet de non-lieu sur l'affaire Abdallah. Il faut savoir que les chefs du Parquet de Paris, nommés par l'administration Mitterrand à partir de 1981, ne sont pas forcément très attentifs aux difficultés de l'administration Chirac.

Le juge Boulouque rentrera de vacances encore plus aboulique — sans volonté, paralysé par le retentissement de la décision qu'il a à prendre, sans que personne ne le « conseille ». Certes, cela ne serait pas de très bonne règle démocratique et serait contraire aux sacro-saints usages de la Justice « indépendante ». Mais il lui serait bien utile de savoir quel choix faire entre les proclamations renouvelées de fermeté du gouvernement de Jacques Chirac en particulier, et les implications terribles — le réveil des attentats — que pourrait entraîner la non-prise en compte de la négociation secrète entre la France et l'Algérie...

Le premier attentat — raté (3) — dans le RER, le 4 septembre achève de le plonger dans un désarroi total... Ce n'est que le début de la nouvelle « salve » pour la libération de Georges Ibrahim Abdallah.

(1) Entretien avec les auteurs (1986).

(2) La loi du 9 septembre 1986 créera une section du Parquet spécialisée dans les affaires terroristes à compétence nationale. Le juge Alain Marsaud sera désigné en qualité de chef de cette nouvelle structure.

(3) Ce « ratage » selon certains aurait été volontaire : un avertissement que les attentats allaient reprendre. Argument en faveur de cette thèse : la charge explosive (hexogène) était tellement puissante qu'elle eût été plus meurtrière qu'aucun attentat jamais exécuté en France. Les techniciens, quant à eux, soutiennent que le non-déclenchement de l'engin a été dû à un mauvais réglage. Argument que reprennent d'autres « analystes » qui estiment que cet attentat-là, s'il s'était produit, aurait eu un tel effet dévastateur que les *FARL* et le *CSPPA* n'auraient pas eu à en organiser d'autres...

TREIZE JOURS ET PLUS... DE TERREUR

Après cet attentat raté du RER du 4 septembre 1986, la capitale connaît cinq autres secousses. La panique collective s'amplifie chaque fois :

Le lundi 8 septembre (au moment où le conseil de sécurité se réunit à Matignon, pour la première fois depuis le 1er mai), à 19 h, un colis piégé (tolite-TNT) explose dans le bureau de poste de l'Hôtel de ville de Paris : une employée de maintenance tuée. Dix-huit blessés. Un nouveau défi *personnel* à Jacques Chirac. Revendication manuscrite *Cspppa.*

Le vendredi 12 septembre au cœur du monumental ensemble « tertiaire » de La Défense, à 13 h, un autre engin (hexogène) dissimulé sous une table explose dans la cafétéria du magasin « Casino » absolument comble : quarante et un blessés, pour la plupart des employés de bureau. *La Défense,* fleuron du modernisme parisien, est en fait installée sur le territoire administratif de l'ex-sénateur des Hauts-de-Seine, Charles Pasqua, devenu ministre de l'Intérieur. Revendication : *CSPPA.* Pour la première fois le texte dactylographié est très long, très « argumenté » : toute la politique française au Proche-Orient est passée au peigne fin. Et toujours la demande de libération des « Trois », dont un seul compte vraiment, Georges Ibrahim Abdallah.

L'avant-veille, le conseil de sécurité s'est de nouveau réuni. La guerre s'étant rallumée, il fallait réagir. Dès le samedi 13 septembre, Jacques Chirac s'envole pour Alger. Il est porteur d'un message élaboré par le conseil. Ses quatre points seront désormais une constante du gouvernement.

1) Les attentats ne peuvent que durcir les conditions pénitentiaires des prisonniers dont la libération est réclamée.

2) La poursuite des attentats ne peut que raidir, à l'avenir, l'attitude des magistrats et des jurés, en cas de remise de peine ou de nouveaux procès.

3) La population française, spécialement à Paris, qui vit déjà un phénomène de rejet à l'encontre du monde arabe en général, accentuera ce sentiment si les attentats continuent.

4) Plus vite les attentats cesseront, plus vite la Justice française pourra juger Georges Ibrahim Abdallah — et, selon le verdict, l'expulser...

Ce message directement transmis aux Algériens par Jacques Chirac est immédiatement relayé par le Quai d'Orsay et le ministère de la Défense à l'*Olp* (à Tunis), à l'Arabie Saoudite, au Maroc, à la Tunisie, à la Syrie.

Mais comme toujours, ce message-constat que le Premier ministre présente au Président algérien Chadli Ben Jeddid est assorti d'une cinquième clause, plus discrète, dont seuls les responsables français de la sécurité — Charles Pasqua et Robert Pandraud — sont chargés d'assurer la transmission à leurs homologues des pays en question. Cette cinquième clause dit en substance :

5) Aidez-nous à trouver dans chacun de vos pays des « gendarmes » qui aident la France à couper à leur source les actes de terrorisme commis en France. En échange, la France surveillera plus attentivement que jamais vos mouvements d'oppositions exilés ou réfugiés sur son territoire.

Tout naturellement, ce sont les Etats du Maghreb qui se montreront les plus attentifs aux quatre premiers points, mais surtout au cinquième. Sept cent quatre mille Algériens, quatre cent vingt mille Marocains, et cent quatre-vingt-dix mille Tunisiens vivent sur le sol français...

Dans un premier temps, cette contre-offensive diplomatico-économique française reste sans effet. Les poseurs de bombes sont pressés d'agir.

Dès son retour d'Alger, Jacques Chirac réunit le conseil de sécurité le dimanche 14 septembre. Le même jour, le Premier ministre doit présenter à l'émission *RTL-Le Monde*, vers 18 h 30, le plan de riposte français... Avant qu'il ne prenne la parole, à quelques minutes près, une explosion secoue le quartier des Champs-Elysées. Un maître d'hôtel avisé et courageux du Pub Renault a remarqué un colis suspect, l'a chargé sur un chariot, est allé chercher deux gardiens de la paix... Les trois hommes ont descendu le chariot au sous-sol par un ascenseur. La bombe explose : les deux policiers sont tués, le maître d'hôtel grièvement blessé. Explosif : tolite + TNT. Revendication *Csppa*, plus un nouveau venu : « Les Partisans du Droit et de la Liberté » (*Pdl*) qui s'associent du même coup à tous les attentats depuis décembre 1985... Comme le disait Mgr Capucci, les « petits ruisseaux ont toujours envie de se joindre en un grand fleuve... » (1).

(1) Le *PDL*, en fait, apparaît plutôt comme opposé au *CSPPA* à Beyrouth même. Mais le phénomène de synergie est toujours tentant. Le *PDL* ne réclame d'ailleurs nommément aucun des prisonniers arabes ou arméniens détenus en France.

Le lundi 15 septembre, dans la grande salle d'établissement et de retrait des cartes grises, au cœur de la Préfecture de police de Paris, un nouvel engin explosif (penthrite) ravage tout autour de lui ; un mort et cinquante et un blessés.

Par la voix de tous ses ministres et du Premier d'entre eux, le gouvernement ne cesse de répéter : « Nous ne céderons pas à la violence. » A Djakarta, le Président Mitterrand déclare, plus cohabitationniste que jamais : « ... Dans la lutte contre le terrorisme, nous marchons la main dans la main. » Les Parisiens ont de plus en plus peur — psychose collective qui suspecte les transports en commun, les centres commerciaux, les salles de spectacle... Comment vivre dans de telles conditions ?

Le mardi 16 septembre au soir, Robert Pandraud, par avion spécial du GLAM (1), se rend à Alger de nouveau. Il est accompagné de Bernard Gérard, patron de la DST, et de J.-B. *Menuet* désormais détaché du ministère de la Défense et rattaché au contre-espionnage comme conseiller technique. Le ministre français passe la nuit avec l'homme du président, M. Khediri, et le patron des « services spéciaux » Lakmat Ayat. « Où sont vos gendarmes ? On ne peut pas continuer comme ça... » Le ministre français laisse sur place pour vingt-quatre heures encore Gérard et *Menuet* et rentre le 17 septembre au matin. Le 17 septembre au soir, devant le magasin Tati, un engin — penthrite + grenailles métalliques — explose dans une poubelle fixe du trottoir. La rue de Rennes est emplie d'une foule serrée : sept morts, cinquante-deux blessés. L'apothéose de la terreur.

Le conseil de sécurité se réunit d'urgence.

Un témoin, une femme, a des choses à raconter au juge Alain Marsaud immédiatement saisi de cette affaire-là comme de toutes les autres...

HUIT JOURS ET PLUS... DE SECRETS

L'un des « gendarmes » que Robert Pandraud est allé chercher à Alger dans la nuit du 16 au 17 débarque Place Beauvau le samedi 20 septembre à 10 h 50 précises. C'est l'évêque Hilarion Capucci qui arrive de Rome. L'idée de faire venir le prélat syrien à Paris a été lancée par un ami personnel de Jacques Chirac... et acceptée par le

(1) Groupe de Liaisons Aériennes Ministérielles.

conseil de sécurité (1) réuni le 17 au soir. Le monde est petit : l'ami de l' « Ami Roland » (Dumas), qui a déjà eu à connaître du « cas » Abdallah en 1985, est aussi l'ami d'un ami de Jacques Chirac. Bonne mesure, en tout cas, de l'entregent international du personnage.

Croix pectorale brillant de mille feux sur le bleu presque métallique de la soutane, la barbe impeccablement taillée, le crâne revêtu de son *Panokalimato,* Hilarion Capucci, à l'arrière d'une Ford Escort grise, franchit la grande grille du ministère de l'Intérieur, comme il se rendrait au Saint Autel dire sa messe de rite grec. Solennité, sobriété. On l'attend — aucune tracasserie de contrôle. Il gravit le perron où se tient le préfet Pierre Jourdan, directeur de cabinet de Robert Pandraud...

Les trois hommes s'installent dans le bureau du ministre autour d'une petite table ronde recouverte d'un tapis vert, à proximité d'une grande baie vitrée donnant sur les jardins du ministère. Présentations, politesses. L'évêque prend la parole, pour trente minutes. Pratiquement sans aucune interruption de Pandraud qui l'observe — plutôt fasciné — roulant ses éternelles cigarettes pour en bourrer sa pipe, et l'écoute avidement... N'y a-t-il pas, en ce moment même, un autre attentat comme celui de la rue de Rennes en cours de préparation ? Comment savoir...

Premier thème de l'évêque, son idée de toujours : il faut agir vite. Chrétien, catholique de rite grec, propalestinien, Hilarion Capucci se déclare de culture française. Il se dit prêt à aider la France... Il en a les moyens : il peut « parler » à tous les chefs d'Etat du Proche et du Moyen-Orient (y compris l'imam Khomeiny !). Et il propose, en lentes, souples, savoureuses phrases rehaussées de son accent syrien : — je peux rencontrer Georges Ibrahim Abdallah; je peux le convaincre de faire une cassette vidéo où il condamnera les attentats ; je peux, sans doute, en obtenir autant du Président syrien El-Assad ; je peux aller voir la famille Abdallah à Kobayat, rassurer ses frères sur son sort... Il suffirait ensuite de diffuser simultanément les deux déclarations filmées à Paris, à Damas, à Beyrouth ! — Diplomate-né, politique initié à tous les secrets, voici Hilarion Capucci metteur en scène du plus beau coup « médiatique » qu'aucun diplomate, aucun politique n'eût osé imaginer...

Robert Pandraud en reste pantois.

(1) Jean-Bernard Raimond, paraît-il, prit un air pincé à l'idée de « traiter » avec Hilarion Capucci... Quant à André Giraud (Défense), il s'est déclaré formellement contre une telle démarche.

***

A l'heure même où son excellence Mgr Capucci quitte la place Beauvau, à la prison de la Santé, Georges Ibrahim Abdallah termine assez péniblement sa trente-cinquième heure de ce qu'il vit comme une « mise au secret »... « Inconfortable et inquiétante position », confiera Me Jacques Vergès, « ... Georges ne savait absolument pas le sort qu' " on " lui réservait (1) ».

L'idée, originale au plan juridique, est du juge Alain Marsaud... Depuis le déclenchement de la « salve » d'attentats un patronyme est sur toutes les lèvres, envahit les colonnes des journaux, nourrit les commentaires des radios et des télévisions : Abdallah. Que ce soit à la Défense où un témoin a cru reconnaître Robert Abdallah lorsque celui-ci a « oublié » son colis piégé ; que ce soit devant chez *Tati* où une femme a vu un homme déposer la bombe dans la poubelle avant de monter à bord d'une voiture noire : elle l'identifiera comme Emile... Paris, dans ses gares, ses lieux publics, s'est déjà couvert d'affiches représentant deux frères d'Abdallah, Robert et Emile.

Une récompense d'un million de francs pour toute personne aidant à les retrouver...

Le raisonnement de Marsaud ? Simplissime... Depuis son arrestation en octobre 1984, pour l'instruction lyonnaise du juge Kleinmann, ce sont exclusivement des hommes de la Surveillance du Territoire qui ont « traité » le prisonnier. Celui-ci, jugé depuis le 10 juillet 1986, purge la peine de détention de quatre ans à laquelle il a été condamné... S'il n'y avait un autre dossier d'instruction en cours — celui ouvert par le juge Boulouque pour complicité d'assassinats — Georges Ibrahim Abdallah pourrait même, compte tenu du temps qu'il a déjà passé en prison, être immédiatement libéré... Mais cette seconde instruction — suractivée par Me Kiejman, avocat de la partie civile (Etat américain et famille de Charles Ray), interdit toute libération de ce genre... Là est tout le problème. Pour Marsaud, chargé d'instruire la série d'attentats, une nécessité s'impose : voir Georges Ibrahim Abdallah, essayer de savoir si le prisonnier assume la responsabilité des attentats, déterminer si ce sont bien ses frères qui les exécutent...

Pourquoi, aussi, ne pas tenter de lui arracher un « halte au feu »

(1) Entretien avec les auteurs octobre-novembre 1986.

public qui interromprait les explosions — qui instaurerait pour le moins une « trêve » et freinerait le processus, chaque jour amplifié, de psychose collective, de peur, d'angoisse des Parisiens. Certaines mères de famille en sont déjà à ne plus oser envoyer leurs enfants à l'école — le « bruit » a couru que les prochaines cibles des terroristes seraient les établissements scolaires. Ayant consulté son collègue Boulouque (G. I. Abdallah est « son client »), Marsaud, dès le lundi 15, s'est rendu à la maison d'arrêt de Fleury-Mérogis où, dans le bureau du directeur, M. Dominique Fatrot, il a rencontré Abdallah... Il n'en a rien tiré.

Alain Marsaud, alors, a son idée, quelque peu insolite, mais « à laquelle rien ne s'oppose légalement » (1) : il va faire mettre G. I. Abdallah en garde à vue, et le faire entendre par ceux qui l'ont « traité » pendant toute l'année 1985, les spécialistes antiterroristes de la DST. En substance, demande-t-il à Gilles Boulouque, « est-ce que tu me prêtes ton client... Je veux l'entendre pendant quatre jours comme témoin dans ma propre instruction » (2).

Situation bizarre, tout de même... Dans son principe, le système de la garde à vue vise à permettre l'audition d'un témoin *libre, hors de la présence de tout avocat*, en le retenant à la disposition des enquêteurs. Là, avec Abdallah, le témoin est déjà condamné et emprisonné — il suffisait d'y penser : rien ne s'oppose à ce qu'il soit entendu comme « témoin » — sa « détention » change simplement de nature...

Jacques Vergès, immédiatement alerté, est impuissant : la manœuvre est imparable. Mais il a déjà une idée de riposte !

Le jeudi 18 septembre, dans la soirée, Georges Ibrahim Abdallah a été transféré de Fleury-Mérogis à la prison de la Santé... « On » ne lui a rien dit, rien expliqué — s'indignera Jacques Vergès... Lorsqu'on l'a extrait de sa cellule de Fleury-Mérogis, le chef de sa division est venu « saluer » son prisonnier, avec ces quelques mots : « tant que vous étiez ici, vous vous trouviez sous ma protection, désormais... » — et il lui a serré la main d'un air de compassion... Puis, conduits par les capitaines Legorjus et Carmichaël (3), les hommes du GIGN ont encadré le prisonnier, sans un mot d'explication, sinistres comme des

(1) De fait, ni la chancellerie, ni les avocats, ni le juge Boulouque ne trouvèrent de raison légale de refuser les mesures prises par le juge Marsaud.

(2) La loi « sécuritaire » votée le 9 septembre 1986 vient de porter de quarante-huit heures à quatre jours le délai de garde à vue des témoins dans les affaires de terrorisme. C'est la première fois que cette disposition — dans laquelle Alain Marsaud est pour beaucoup — se trouve mise en application.

(3) Ils ont remplacé le célèbre duo Prouteau-Barril à la tête du GIGN.

croquemorts dans leurs treillis noirs de combat... Une « mise en scène » plus qu'impressionnante (1).

Cela s'appelle aussi « tentative de déstabilisation psychologique » (2) du prisonnier Abdallah. Depuis le matin, à la prison de la Santé, on s'est démené. Le quartier d'isolement de la troisième division, vingt cellules, a été vidé de tous ses occupants. Deux détenus du « service général », un menuisier et un serrurier, ont « sur-isolé » le « quartier » en appliquant des panneaux d'aggloméré sur les grilles. Une porte avec serrure spéciale (trois clés seulement : pour le directeur de la prison, M. Daniel Philippon, une pour les hommes de la ST, une pour le juge Marsaud) a été percée dans ce « blindage ». Une équipe de plombiers a sonorisé la cellule — un bat-flanc, une table, des chaises... Des lignes téléphoniques directes — hors standard — ont été tirées vers le central du contre-espionnage et le cabinet du juge d'instruction.

Ce vendredi 19 septembre 1986, à 0 h, Abdallah est introduit dans ce *no man's land* coupé du monde... Soulagé, Abdallah serre la main de ses gardiens du GIGN. Surviennent immédiatement le juge et les « spéciaux » de la DST... « Personne n'informe Georges de sa situation », observe Me Vergès. Pour quatre jours encore, il devra rester dans cette pénible incertitude... Immédiatement interrogé, Georges Ibrahim Abdallah déclare en substance que l'ennemi de sa cause — donc le sien — est l'impérialisme américain et le sionisme et que, en aucun cas, il n'a cherché à affronter la France... « seul interlocuteur valable avec les pays arabes... ». Six heures plus tôt, les agents de la DST ont sollicité et obtenu un permis spécial de visite pour aller voir G. I. Abdallah... en réalité pour l'interroger.

***

Tandis que se poursuivent les interrogatoires d'Abdallah dans son isoloir de la prison de la Santé, Mgr Hilarion Capucci se présente à nouveau, à 17 h, ce samedi 20 septembre, à la grille du ministère de l'Intérieur. Personne ne sait où il s'est rendu, qui il a vu, qui il a appelé depuis 11 h 30 du matin. Nouveau tête-à-tête avec Robert Pandraud. Encore un monologue ; mais, cette fois, c'est le ministre français de la Sécurité qui parle. En substance : la proposition d'une

(1) Témoignage de l'un des gendarmes participant à la « manœuvre ».
(2) Jacques Vergès, *ibid.*

double projection vidéo ne peut être retenue (1). Mais, bien sûr, le gouvernement français reste sensible aux efforts du prélat.

Capucci ne dit mot. Mais il prend bonne note que les Français considèrent les attentats comme la plus mauvaise des méthodes pour obtenir la libération de Georges Ibrahim Abdallah. Faire couler le sang braque l'opinion.

Un troisième rendez-vous est pris pour le lendemain dimanche... A 11 h du matin. Nouvelle proposition du prélat : il est prêt à aller voir la famille de Georges Ibrahim Abdallah, à Kobayat — mais il ne fera cette démarche qu'*après* avoir rencontré le détenu. Il sait par expérience ce que peut avoir de difficile une telle détention... S'il peut voir Abdallah, il ira ensuite « faire le point » avec le Président El-Assad à Damas.

Au tour de Pandraud d'enregistrer : c'est clair, pour Hilarion Capucci, la « clé » passe par Damas. Georges Ibrahim Abdallah n'est, en vérité, qu'un « pion ».

*
**

A la prison de la Santé, deux nouveaux venus en ce même dimanche 21 septembre, toujours dans la procédure de garde à vue du juge Marsaud. Varouj Garbidjian (condamné à perpétuité pour l'exécution de l'attentat d'Orly le 15 juillet 1983) arrive dès le samedi, en fourgon cellulaire, de la centrale de Moulins. Anis Naccache (condamné également à perpétuité pour la tentative d'assassinat de Chapour Bakhtiar, en 1980) rejoint depuis Clairvaux, par hélicoptère, la prison de la Santé.

Voici donc « les Trois », dont le *Cspp*a réclame la libération, réunis sous le même toit. Seul, cependant, Georges Ibrahim Abdallah continue de « bénéficier » d'un isolement total. Cette triple détention, pour l'instant, n'est connue de personne.

— ... Jamais mon organisation et mes frères n'ont frappé des cibles populaires. Ils ont toujours visé des intérêts américains ou israéliens... Mes frères sont incapables d'être mêlés aux attentats dont votre pays est victime, particulièrement celui de la rue de Rennes... Même pour me faire libérer, ils ne feraient pas ça... Oui, mes frères ont participé à l'enlèvement de Peyrolles pour obtenir ma libération :

(1) Informés dès le début de l'après-midi de la proposition Capucci, plusieurs ministres — dont Albin Chalandon — ont refusé de « montrer la France à genoux ».

c'est un acte logique au Liban... Mais les attentats d'aujourd'hui sont le fait d'une organisation majeure... Il y a sûrement un problème entre vous et un Etat... C'est à cet Etat qu'il faut vous adresser » — telles sont en substance les réponses faites par Abdallah au long de ses multiples interrogatoires (dans la nuit du 18 au 19 jusqu'à 4 h 30 du matin; de 11 h 30 à 15 h 30, de 18 h à 20 h, de 23 h à 2 h du matin, le vendredi 19; le samedi 20, de 12 h à 17 h, reprise à 22 h jusqu'au lendemain 1 h 30, etc.). Six « spéciaux » de la Surveillance du Territoire se sont relayés pour accomplir le « harcèlement » (1) du prisonnier...

Le dimanche 21 septembre, avec l' « autoritaire permission » du juge Marsaud, Garbidjian est sousmis à un tête-à-tête avec Georges Ibrahim Abdallah... Relâche... Dûment « sonorisés », les deux hommes se donnent l'accolade, parlent de la moustache de l'un, de la barbe de l'autre, se passent de brefs messages écrits en arabe... Rien à en tirer de plus.

C'est le moment que choisit leur avocat commun, Me J. Vergès, pour lancer sa « manipulation de riposte »...

Il télégraphie au Président de la République française, au Président Gemayel à Beyrouth, au Président Chadli à Alger. Contrairement à ce qui a pu être dit dans la presse — toute l'opération repose sur le fait qu'elle soit « médiatisée » — l'avocat envoie le *même texte*, celui adressé au Président Mitterrand, à ses deux autres destinataires... Seules les formules de politesse changent d'un interlocuteur à l'autre : « Salutations respectueuses » pour Mitterrand et Chadli ; aucune formule pour Gemayel.

Voici le texte de ce triple télégramme destiné à secouer l'opinion de ce côté-ci de la Méditerranée, mais surtout de l'autre (2) : « Honneur vous informer, en violation de la Constitution et des lois de la République, en violation des droits de la défense, et des principes généraux du droit admis par tous les peuples civilisés, gardien chef refuse de présenter ce jour à son avocat muni d'un permis de visite régulier le citoyen libanais Georges Ibrahim Abdallah actuellement en détention provisoire à la prison de la Santé. Des confrères du Barreau de Paris sont témoins de ce refus. Le Procureur de la République est informé. J'ai lieu de craindre pour son intégrité physique et même pour sa vie. Je vous

(1) J. Vergès, *ibid*.
(2) Le message sera lu à la télévision libanaise et publié par tous les journaux syriens et libanais.

prie d'agir pour le respect des lois de la République dont vous êtes le garant. »

Dès ce dimanche soir, un médecin se rendra auprès d'Abdallah pour constater qu'il n'a subi aucune violence... Mais voilà qui donne du poids à l'idée de Capucci d'un « entretien » avec Abdallah.

Anis Naccache, « hébergé » à la Santé lui aussi, refusera de rencontrer l'un et l'autre de ses deux « co-détenus ». Il se dit prêt à se désolidariser complètement, publiquement, devant les caméras de télévision, de tous les attentats qui viennent de se produire... L'Iran veut rester en dehors de l'affaire...

*
**

Le « coup » des télégrammes fait grand bruit au Liban et dans les « pays frères »... Abdallah serait-il vraiment en danger ? L'aurait-on « suicidé », se serait-il « étranglé en avalant sa soupe » ?... Un seul point positif : il n'y a plus d'attentat depuis celui de la rue de Rennes — excepté à Beyrouth, l'assassinat du colonel Gouttière, attaché militaire... Mais Beyrouth, c'est loin.

Il faut conforter ce retour à l'optimisme de l'opinion publique, ne pas le laisser entaché du soupçon qu'Abdallah a subi de mauvais traitements. Aussi, à l'issue d'une nouvelle visite de Mgr Capucci à Robert Pandraud, le lundi 22 à 11 h, celui-ci l'autorise-t-il à aller rendre visite, le soir même, à Abdallah. Le juge Marsaud donne son accord. Hilarion Capucci a enfoncé le clou : vous êtes pris, a-t-il dit, dans un triangle. L'une des pointes, ce sont les *Farl;* l'autre, c'est la Syrie ; la troisième, c'est l'Iran. J'ai vérifié vos rapports avec Téhéran. Ils ne sont pas au bon niveau et il s'agit d'autre chose. Votre seule planche de salut, me semble-t-il, c'est la Syrie...

Le plus urgent pour l'instant, c'est de couper court aux « rumeurs » sur le sort d'Abdallah. Mgr Capucci se rendra donc à la Santé dans la soirée du 22, et passera un court moment, seul, avec Abdallah... Comme à confesse, les deux hommes se parlent à voix à peine chuchotée — les « sonos » des « plombiers » de la ST ne captent pratiquement rien de leur échange (1). Pour le compte rendu, il faudra attendre l'ultime rencontre avec Pandraud — le mardi 23, en fin de matinée... J'ai trouvé, dit Capucci, un chrétien serein, un

(1) Un des deux circuits d'écoute n'a rien « pris ». L'autre n'a restitué que des banalités.

homme tranquille, de haut niveau intellectuel. Il ne veut pas sortir sali de toute cette affaire. Son nom, son engagement sont étrangers à ces morts couchés sur le trottoir... Il faut chercher ailleurs que dans sa famille...

Prenant congé de Robert Pandraud, Capucci ajoute : je serai le 5 octobre à Damas, le 6 je verrai le Président El-Assad... En quittant la place Beauvau, le prélat s'en va tranquillement déjeuner avec Me Jacques Vergès... Lequel « rendra compte » de l'état de la situation à Roland Dumas (qui s'est soigneusement tenu à l'écart de toutes ces tractations) (1).

Les choses sont allées très vite : dès le soir du lundi 22 septembre — Mgr Capucci vient juste de quitter Abdallah — Jacques Chirac a reçu de Damas un appel du Vice-Président syrien Abdel-Halim Khaddam. Le Premier ministre confiera à Gérard Carreyrou (2)... « Il était 22 h. Khaddam m'a dit : " ... Nous sommes ennuyés de la campagne anti-syrienne. Vous savez que nous avons condamné les attentats de Paris aussi bien que l'assassinat de l'attaché militaire à Beyrouth... Nous voudrions que vous nous envoyiez un plénipotentiaire de confiance... " »

Le mardi 23, à 7 h du matin, sur les conseils de Maurice Ulrich (3), directeur de cabinet du Premier ministre, Michel Aurillac, ministre de la Coopération, s'envole pour Damas. Le lendemain, mercredi 24 septembre, le préfet Gérard (directeur de la DST) et l'inévitable *J.-B. Menuet* se rendent à leur tour dans la capitale syrienne...

Menuet met au point les modalités techniques de l'accord : les Syriens sont prêts à tout — s'il le faut à supprimer physiquement les membres de la famille Abdallah... L'ex-officier du SDECE les en dissuade : il suffit de les « neutraliser ». Une spécialité, déjà ancienne, de *Menuet*... Toujours les « méthodes douces ». Il repartira pour Damas le 8 octobre et y restera une bonne semaine en compagnie des trois principaux responsables des « services syriens » et notamment du général Mohamed El-Khouly, coordinateur des six services spéciaux dont le bureau est proche de celui du chef de l'Etat syrien. El-Khouly, « déstabilisé » par ses « ratages européens », demandera aux Français d'atténuer les campagnes de presse qui stigmatisent son rôle. *Menuet* accompagné du chef de la division antiterroriste de la DST passera « des heures plus efficaces et moins

(1) Entretiens avec J. Vergès et R. Dumas, novembre 1986.
(2) Directeur de l'Information à *Europe 1*.
(3) Entretien avec les auteurs (novembre 1986).

tortueuses » avec les généraux Ali Douba, chef des Services secrets militaires, et son adjoint chargé du Liban, le général Ghazi Kanaan, « superviseur » de la succursale syrienne du *Jihad islamique*. C'est à lui que sera confiée la tâche de « veiller » sur le réseau des *Farl*.

En échange — ce fut la mission d'Aurillac — la France s'est engagée à continuer à livrer du blé à la Syrie, à ne pas la gêner sur le plan international en ne s'associant pas, notamment, à la demande d' « excommunication » réclamée par les Britanniques — bien soutenus en cela par les Américains... Signe concret de l'accord : les ministres français répéteront en un chœur unanime : « Rien ne permet de mettre en cause la Syrie dans la vague d'attentats... Il n'existe aucune preuve. Si nous avions le moindre soupçon, étayé par des faits, notre position ne serait plus la même » (1).

En tout cas, depuis le 17 septembre 1986, il n'y a plus eu d'attentat aveugle à Paris...

LA DOUBLE « RÉSURRECTION » DU CHRÉTIEN LIBANAIS...

Revenons — une dernière fois — en arrière...

Le lundi 22 septembre 1986, à 24 h, la garde à vue (exceptionnelle) de Georges Ibrahim Abdallah a pris fin... Non sans quelque solennité : soumis depuis quatre jours pleins à la pression des « spéciaux » de la DST, le « beau brun » chef d'un réseau terroriste ultra-renseigné — et sans doute responsable de la mort de quatre hommes au moins — a failli « craquer ». C'est la maladresse involontaire d'un « méchant » de la Surveillance du Territoire qui lui a permis de se ressaisir. Cet agent français, d'origine libanaise, en définitive plus énervé que son « prisonnier », a fait état, devant lui, ce lundi matin, des démarches télégraphiques de l'avocat Jacques

(1) Le lundi 10 novembre, le *Washington Times* publiait une interview de Jacques Chirac. Celui-ci y déclarait qu'il ne croyait pas à la culpabilité syrienne dans l'affaire Hindawi, jugée en Grande-Bretagne — une tentative d'attentat évidemment syrienne contre un Boeing de la compagnie israélienne El Al au départ de Londres. La Grande-Bretagne venait de rompre ses relations diplomatiques avec Damas et priait ses partenaires européens d'en faire autant... Jacques Chirac justifiait son refus de suivre Mme Thatcher et les Américains, l'adversaire principal étant pour lui l'intégrisme expansionniste islamique ! et non la Syrie partenaire obligatoire pour restabiliser la région et le Liban qu'il n'y avait pas lieu d'affaiblir...

Vergès. Coupé de tout depuis trois jours, Abdallah s'est ressaisi : il n'était plus seul. Il ne risquait plus rien...

La visite de Mgr Capucci a fini de le conforter... Du coup, il rappelle à ses « questionneurs » sa position : « ... Je suis un combattant marxiste depuis dix-sept ans, en faveur de la libération du territoire palestinien, des peuples palestinien et arabe... Je ne pense pas que (mes camarades) s'attaqueraient à la France qui est considérée par nous comme un allié possible... Jamais la France n'acceptera de me libérer après (... les attentats...), alors qu'avec ma *faible* condamnation, j'aurais dû sortir prochainement de prison... »

Et il a ajouté, déjà un peu plus menaçant : vous êtes responsables de la campagne médiatique qui a mis en cause mes frères... Tout ceci est machination... Et il a précisé : « ... En ce qui concerne l'organisation qui se fait appeler *CSPPA*, je n'en ai jamais entendu parler... Mais c'est l'œuvre d'une organisation majeure et de gens qui ont un différend avec la France. »

A 23 h 55, ce lundi 22 septembre 1986, le juge Marsaud est venu prendre congé de son « gardé à vue » — qui l'ignore... On peut imaginer la scène qu'Abdallah a racontée à son avocat (1).

— Eh bien ! c'est fini, aurait dit le juge Marsaud.

— Quoi, qu'est-ce qui est fini ? — aurait demandé Abdallah. — La peur, de nouveau, l'inconnu devant lui...

— C'est fini, aurait répondu Marsaud... A la différence de ce que font vos amis, vous avez été entendu dans un cadre légal. Vous êtes « libre »... — de regagner votre cellule...

Selon les gardiens, lorsque la porte de l'isoloir s'est ouverte, Abdallah, emportant sous son bras sa paillasse, a esquissé un bref, hésitant signe de tête à l'endroit du juge. C'était bien la première fois qu'il le saluait.

Alain Marsaud, pour autant, n'a pas voulu « oublier » les frères Abdallah. Dès le jeudi 9 octobre, il s'est rendu à Larnaca (Chypre), sur l'aéroport. Pour vérifier si, oui ou non, il était possible que l'un ou plusieurs de ces frères aient quitté Paris le soir même de l'attentat de la rue de Rennes pour gagner Vienne, Chypre, Damas et... Kobayat afin d'y tenir, le lendemain, une conférence de presse mondialement diffusée. Sur le thème : « Nous n'avons pas mis les pieds en France depuis plusieurs années. »

Mensonges sur toute la ligne. En juin, juillet (août, c'est moins

(1) Entretiens J. Vergès. *Ibid.*

sûr), plusieurs frères Abdallah ont transité par Larnaca en direction de Rome, Athènes, Paris... Album de photos en main, le juge Marsaud a fait le tour des comptoirs. Les identifications n'ont guère été difficiles. Cinq « hôtesses au sol » reconnaissent ces passagers. Les Abdallah étaient des « habitués »... L'un d'eux, Robert, s'est particulièrement fait remarquer, le 27 mai. Suivant la file de passagers qui s'apprêtaient à monter dans un vol pour Paris via Athènes, il a soudain détalé au bas de la passerelle pour revenir en courant dans l'aéroport... Qu'a-t-il vu au moment d'embarquer ? Un agent du *Mossad ?* de la CIA ? Robert Abdallah a été immédiatement saisi par les services de sécurité chypriotes. Il voyageait sous un faux nom, « Matni », avec un authentique passeport libanais — et il portait des cicatrices, récentes, sur l'abdomen. Il devait être reconduit au Liban, par bateau, au port de Jounieh, dès le lendemain. Etrange affaire... En tout cas, Emile, Joseph, Robert Abdallah ont beaucoup voyagé vers l'Europe au début de l'été 1986.

Sous la double insistance de l'avocat de la partie civile américaine, Me Kiejman, et du Garde des Sceaux, Albin Chalandon — l'un comme l'autre désireux que l'affaire aille à son terme juridique normal —, le juge Boulouque, dès le début du mois de novembre 1986, a repris du poil de la bête.

Me Kiejman, le 10 novembre 1986, a écrit au Garde des Sceaux une lettre très argumentée — communiquée comme il se devait au juge Boulouque. L'avocat des victimes insistait pour que fût joint aux dossiers d'assassinat de Charles Ray et de Yacov Barsimentov, celui de la tentative de meurtre, en mars 1984, du consul américain à Strasbourg, Robert Homme. Albin Chalandon a publiquement appuyé cette démarche. Conclusion : si de nouvelles preuves à charge étaient apportées par ce dossier, Georges Ibrahim Abdallah devrait — après appréciation du juge instructeur — être traduit devant une cour d'Assises.

Le juge Boulouque a bel et bien cru trouver ces nouveaux éléments. Dans le coffre arrière de la CX achetée le 9 mars 1984, à Lyon, dix-sept jours avant l'attentat, avec l'argent fourni par Jacqueline Esber, retrouvée abandonnée en septembre 1985 à Belgrade, et avec laquelle les « tueurs » ont visé le consul américain. Dans ce coffre : des preuves (?) manuscrites de la participation de Georges Ibrahim Abdallah et de Jacqueline Esber, meurtrière présumée de Yacov Barsimentov, à la préparation de l'attentat de Strasbourg. Notamment, un plan de la ville, sur lequel un point indique le domicile du consul (1). Sur la page de garde de ce document — un guide Blay — en français la mention « Francs-Bourgeois » écrite de la main de Georges Ibrahim Abdallah. Cette rue abritait naguère le consulat d'Israël (déménagé en 1983).

Les experts diligentés par le magistrat instructeur étaient formels.

Pour la première fois, Georges Ibrahim Abdallah se trouvait — selon ces experts — concrètement impliqué, au moins en tant que complice, dans une tentative d'assassinat. Ce qui alourdissait la présomption pour les meurtres de Charles Ray et de Yacov Barsimentov au printemps 1982.

Lors de sa dernière audition, le 9 décembre 1986, par le juge Boulouque, Georges Ibrahim Abdallah n'a eu qu'une phrase, au moment de prendre congé : « ... Vous, juge Boulouque et votre ami Marsaud, vous êtes les deux faces d'une même pièce de monnaie : le dollar américain. »

Comment ne pas prendre au sérieux la menace implicite contenue dans cette simple phrase ? Le juge Boulouque, pourtant, a continué de refuser toute protection. Quant au juge Marsaud, devenu « Patron » du nouveau Parquet antiterroriste, il ne supportait plus, dès la fin de l'année 1986, la présence permanente à ses côtés de deux gardes du corps du RAID.

Le chantage à la terreur ne se joue pas seulement par attentats collectifs ; il peut aussi viser les magistrats. Ne serait-ce que de ce point de vue, pour ces magistrats, et d'abord pour les juges d'instruction, il est désormais parfaitement clair que « ... les affaires de terrorisme ne peuvent être traitées comme les autres ». Faut-il se « réjouir » — comme l'a fait devant nous un ministre du gouvernement Chirac — de cette prise de conscience ? Pourquoi pas... Il est toujours préférable, dans un combat, de mesurer la vraie puissance de l'adversaire. Il est évident, s'agissant de l'adversaire terroriste, que « ... l'application pointilleuse des règles normales de la procédure porte le chantage à son paroxysme et aboutit à la peur, et à la mort d'innocents ».

Le savoir, malheureusement, ne résout pas le problème.

(1) Au croisement des rues Brahms et Verdun.

POSTFACE
(début décembre 1986)

Au moment même où cet ouvrage partait sous presse, on apprenait l'assassinat à Paris, Boulevard Edgard-Quinet, du PDG de la Régie Renault, Georges Besse, le 17 novembre 1986.

Exécution, revendication, explication parfaitement limpides : 1) Deux « jeunes femmes » ont exécuté froidement et méthodiquement le « néo-patron de choc » de Renault ; 2) *Action Directe* se vante de l' « exploit » ; 3) pour les analystes un tant soit peu avertis des réalités du terrorisme — et nous voulons croire que le lecteur parvenu à ces lignes en fait désormais partie — le crime est lié à l'ouverture proche (le 3 décembre 1986) du procès de Schleicher... qui, finalement, n'a pu se dérouler.

Dès la première audience, le principal inculpé Régis Schleicher a en effet menacé de mort les jurés. Ceux-ci se récuseront les uns après les autres, contraignant le Président Xavier Versini à ajourner le procès *sine die*...

Le soir même, le Garde des Sceaux a demandé à sa Direction des Affaires criminelles et des Grâces de lui préparer un texte pour modifier la loi de procédure promulguée le 9 septembre précédent. Objectif : instituer un jury de magistrats *professionnels* pour juger les terroristes.

Cette entrave faite à la Justice a tout de même permis à la terreur de marquer un nouveau point et d'espérer de nouvelles victoires. Subsiste le risque de voir les magistrats eux-mêmes ne pas rester insensibles à de telles menaces. Ce ne sera sans doute pas le cas du juge Bruguière, qu'une arme de poing ne quitte plus depuis belle lurette. Le « célibataire » du Palais se complaît dans une telle atmosphère de soufre (1).

***

Pour autant, ce n'est pas à lui qu'a été confiée l'instruction de l'affaire Besse... La guerre des clans du Palais de Justice de Paris continue comme par le passé.

***

Le 28 mars 1986, le nouveau ministre des Affaires Etrangères du gouvernement Chirac, M. Jean-Bernard Raimond, a trouvé sur son bureau une note de synthèse — signée *Roublanglov* — donnant tout l'éclairage nécessaire (c'est-à-dire iranien) au problème de la libération des otages français détenus au Liban. Nous n'avons pas voulu parler trop directement de cette autre face du chantage terroriste afin de ne pas compromettre les processus de libération éventuellement en cours. (De fait, plusieurs otages ont été libérés durant la rédaction de cet ouvrage).

Dans la dernière partie de cette note, *Roublanglov* expliquait comment, depuis le mois de mai 1985, le « fil » avait été renoué avec Téhéran. C'est ainsi que le « messager » avait appris par son ami Hani Al-Hassan que le lieutenant-colonel Esquivié (de la cellule de l'Elysée) venait de se rendre à Damas où il avait rencontré secrètement le ministre iranien des *Pasdarans* Rafigh Daoust... Vaine démarche, à la veille des enlèvements de Seurat et Kauffman... Une nouvelle intervention de *Roublanglov* (actionné par Jean-Claude Cousseran, directeur-adjoint du Cabinet de Roland Dumas) auprès de Rafigh Daoust permit à l'automne 1985 de transmettre aux familles quelques informations sur le sort des otages...

Durant tout l'hiver 85-86, de nouvelles rencontres entre Français et le Palestinien Hani Al-Hassan eurent lieu à Paris. Ce dernier « ne voyait pas comment on pouvait aboutir... il fallait attendre les élections du 16 mars pour que fût reconsidéré le problème de la libération des « cinq » en échange des otages français... Sans en traiter avec les Syriens mais aussi sans les négliger et en ne recourant qu'aux Palestiniens toujours prêts à servir d'intermédiaires ».

(1) Le juge Bruguière a été l'objet d'une tentative d'attentat, à la grenade piégée, à son domicile « ... dans les halles », le 5 janvier 1987.

Apparemment, c'est cette « bonne voie » que le gouvernement Chirac a commencé d'emprunter. En réalité, donc, « on » négocie... tout en disant que l'on « normalise » — mieux tout de même que les Américains qui ne peuvent plus jouer les professeurs de morale depuis qu'ont été révélées les tractations secrètes de l'administration Reagan avec Téhéran ! « On » achète les Iraniens pour la paix des otages et de leurs familles.

Y a-t-il, au vrai, d'autre solution possible ? Il ne semble pas... De pays « sanctuarisé », la France est devenue un champ de bataille.

Avec un détail nouveau dans le paysage antiterroriste français : la cohabitation... Le Président Mitterrand, en octobre 1986, au cours de la préparation de l'émission « Découvertes » pour *Europe 1* a confié à Jean-Pierre Elkabbach qu'il « ... trouvait regrettable d'avoir été informé — dans leurs détails — des négociations et des accords sur les affaires terroristes... par le Président syrien El-Assad et par l'entourage du Président libanais Gemayel ».

Regrettable ? Surprenant en tout cas... Mais n'est-ce pas, peu ou prou, la répétition — simplement inversée — de ce qui se passait lorsque, de l'Elysée, les conseillers du Président Mitterrand menaient à leur façon les délicates tractations que ce livre a racontées, sans que le gouvernement en fût toujours informé ? Le *secret* n'est pas chose aisée à manipuler en démocratie...

TABLE DES MATIÈRES

Achevé d'imprimer en février 1987
sur presse CAMERON
dans les ateliers de la S.E.P.C.
à Saint-Amand-Montrond (Cher)
pour Plon,
éditeur à Paris.

Dépôt légal : février 1987.
N° d'Édition : 11556. N° d'Impression : 3491-2317
Imprimé en France